烽火·亂世·家

王雲五家族口述史

王泰瑛 Veronica Li——著
朱其元 Chelsea Chu——譯

我要把這本書獻給我的母親，
她的一生都在致力照顧她的家庭；
我也要將這本書獻給我的父親，
因為他盡了最大的力來過他的一生；

同時，

我也要感謝我的先生斯佛力爾（Sverrir），
因為他的支持，
我才能夠在寫作這段時間，
還能同時照顧我的父母。

好評推薦

「我非常喜愛這本書。她講的是一個不尋常的女性，在面對命運的變化，用她的決心及毅力，以及些許的運氣，克服萬難的真實故事。這本書寫的雖然只是一位女性，但這卻是一個百萬人都能認同的故事。是一部具備了暢銷書籍必備條件的好書！」

——Frank Ching，《南華早報》專欄作家

「李純瑛的故事，是非常特別的口述歷史的記載，是一個大家族家運起伏的傳奇，由一個非常盡心的女兒，優雅的詮釋了這個發生在英國統治下的香港以及抗戰時期的中國的真實生活的故事。這本書也把讀者帶到了曼谷以及台北——戰後很多中國人散居之處。整本書節奏明快而吸引人。李純瑛女士的故事，在某一方面，是一個集失落，失望，和一個多事的婚姻下一段非常私人的敘述。但是在另一個層次，她的故事卻反映了那一個年代，所有像李純瑛女士一樣移居到國外的中國人的故事——他們不畏懼生活所帶來的種種困難，不被環境擊敗，下定決心要尋找安身立命之處，一個確保家庭生活能夠生存和發展的地方。」

——Paula Harrell，馬里蘭大學客座教授，《為改變撒種：中國學生、日本老師，1895-1905》作者

「一個有膽量的中國女子，有著與生俱來的詼諧與直率，她在英國人統治下的香港長大，逃離了日本人侵略下的中國；生長於一個窮苦的家庭，嫁給了國民黨權力高層人士的兒子；要在這樣的錯綜複雜的大家庭裡維護她自己的小家庭。她的自傳是歷史的見證，掀起老一輩中國人思鄉的情懷。這也是她一生冒險犯難的故事，故事中有著所有飄流海外的中國人的幽默，書中人物令人印象深刻的個性栩栩如生。連譚恩美（Amy Tan）也要甘拜下風。」

——Eduardo Lachica，東南亞安全及軍事部門分析顧問，前任華爾街日報記者及亞洲華爾街日報華盛頓辦公室主任

「這個故事帶出了中國文化的中心——對下一代的教育。一位中國女子，為了達到她的目標，犧牲了一切，克服重重障礙。就如同古代的孟母，她願意離鄉背井為她的子女尋找最好的教育。」

——Mi Chu Wiens，美國眾議院圖書館，亞洲區學術研究部門主任

前言

我的父母在一九九九年從加州搬到華府和我同住。那時他們倆人已八十多歲，健康情形逐漸在走下坡。自從我父母在一九六〇年代左右移民到美國後，一直都住在加州。我們家五個兄弟姐妹，只有我離開西岸，搬到遙遠的東岸。父母退休後，由我的兄弟姐妹們輪流照顧，一段時間之後，我覺得是該我照顧他們的時候了。我們舉行了一個家庭會議，大家認為我是作家，工作時間比較自由有彈性，父母現在年紀大，需要更多的照顧，我是最好的人選。

我的媽媽是一個非常會說故事的人，她喜歡用說故事的方式來告訴我們她的一生。自從她搬來和我同住後，媽媽的話匣子又打開來了。雖然她的故事我以前已經聽她說過很多次，不覺得有什麼稀奇。可是我的朋友們卻是第一次聽到，他們都非常感興趣。有人建議我把她的故事記錄下來。我覺得這不失為一個保存我們家族歷史的好方法。三十多年前，媽媽帶著我們一家來到美國，我們的家族在這裡不斷的成長茁壯。媽媽等於是我們家族在美國的創始者，我覺得我們的後代子孫，都應該知道當初她為什麼選擇來到美國。

就這樣，我開始幫她錄音，我們並排坐在我的書房裡。我放一個小錄音機在她的腿上，按下紅色的「錄音」鍵。她開始滔滔不絕的講她過去的故事，有如洪水般淹沒了這個世界。我起初擔心她對著錄音機說話會有些緊張，但是看到她一派自然，侃侃而談時，我原本的顧慮一掃而空。媽媽不停地說，只有在錄音機需要換電池的時候，她才停下來稍作休息。她是用她最熟悉的廣東話來說她自己的故事，不消多久，她的故事就錄滿了十卷錄音帶。

媽媽的故事是這麼說的……

（本書是以作者母親為第一人稱敘述，文中的「父親」、「母親」指的是作者母親的父母，也就是作者的外公外婆；書中內容為作者母親口述回憶錄，不代表作者本身的言論、想法或意見。）

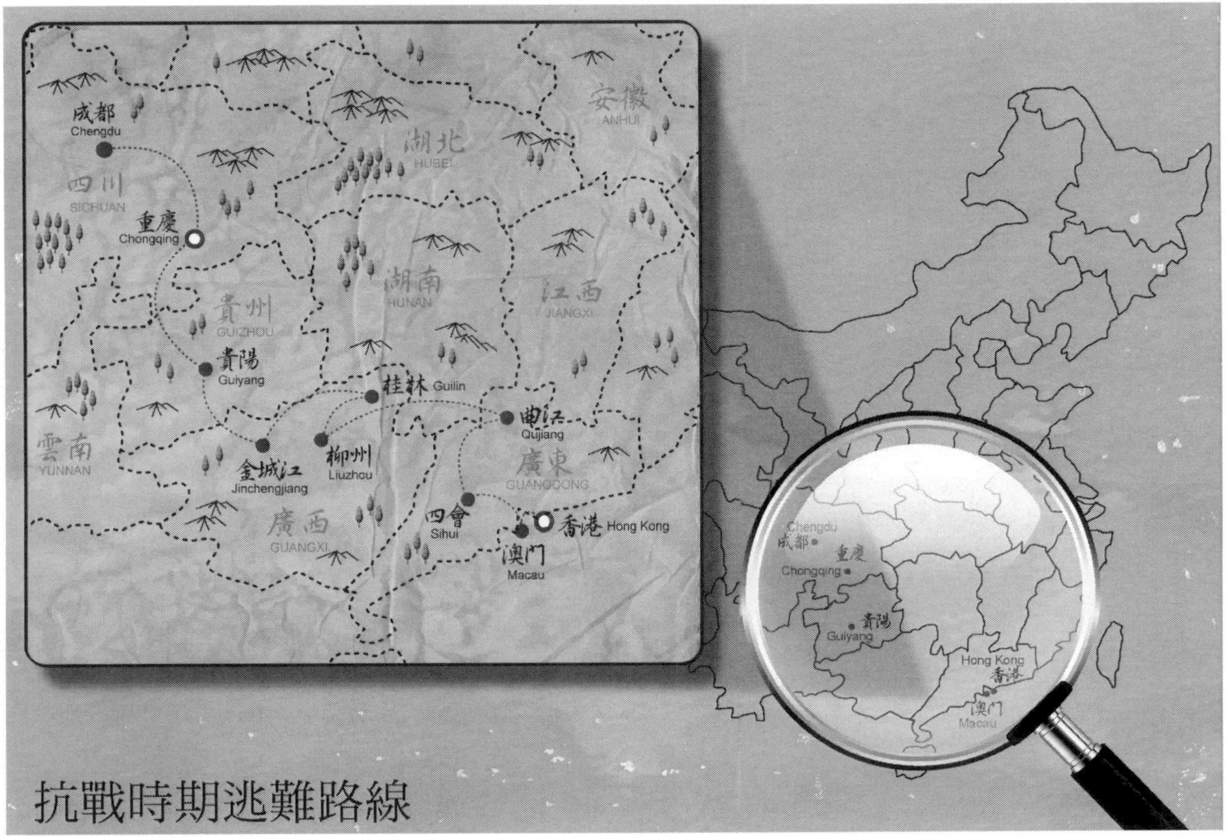
成都
Chengdu
四川
SICHUAN
重慶
Chongqing
湖北
HUBEI
安徽
ANHUI
貴州
GUIZHOU
湖南
HUNAN
江西
JIANGXI
貴陽
Guiyang
桂林 Guilin
曲江
Qujiang
雲南
YUNNAN
金城江
Jinchengjiang
柳州
Liuzhou
廣東
GUANGDONG
廣西
GUANGXI
四會
Sihui
香港 Hong Kong
澳门
Macau
抗戰時期逃難路線

地圖1

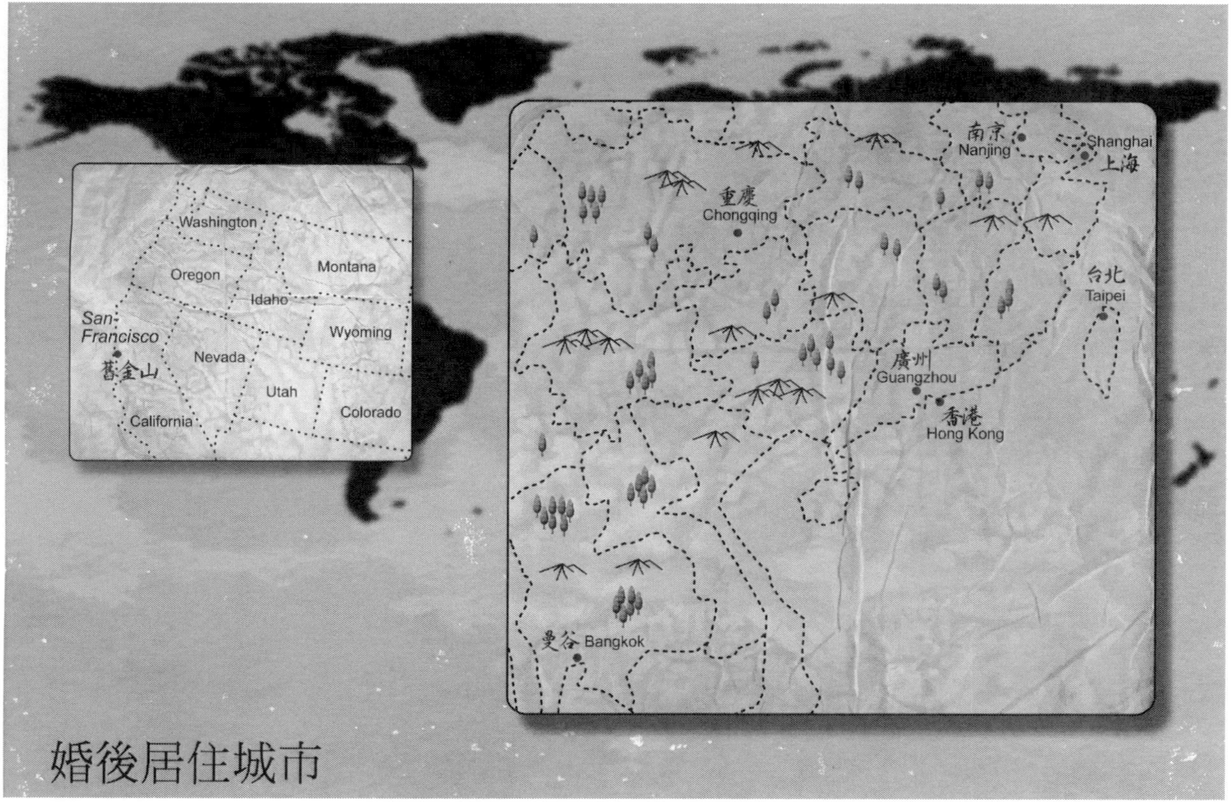
婚後居住城市
Washington
Oregon
Montana
Idaho
Wyoming
San-Francisco
舊金山
Nevada
Utah
California
Colorado
重慶
Chongqing
南京
Nanjing
Shanghai
上海
台北
Taipei
廣州
Guangzhou
香港
Hong Kong
曼谷 Bangkok

地圖2

目錄

第一卷
吃苦瓜

一

我三歲的時候，父親就去世了。父親去世的地方離家很遠，我無法在他的身旁送終。那個時候我也太小，不了解死亡是什麼，但是父親臨終前的樣子佔據了我童年的記憶。我的腦海裡想像著他躺在旅館裡一張單薄的床上，上面鋪著一條骯髒床單，嘴巴裡咳出一口黃色的痰。他空虛的雙眼盯著房門，等待著我母親的身影出現。

那是一九二一年。我和我的母親以及其他的三個兄弟住在香港。那時的香港不過是英國人一個沉睡的基地，只有幾萬人口而已。我們中國人住在靠海的平地上，那些綠眼睛的統治者住在山上。我們是人，他們是鬼，我們各自過著井水不犯河水的生活。

我的母親出生於香港一個富裕的家庭。我父親的家在汕頭，是中國沿海的一個城市。他經年在外做生意。常常奔波於老家汕頭和泰國曼谷之間，有時也會在他經過的城市停一下，像是香港。這也是他遇到我母親的地方，他在香港和我母親生了四個小孩。

在父親去世之前，他正要到溫州去。溫州是上海附近的一個城市。因為父親是一個商人，晚上常常要和客戶應酬。一天晚上，他多喝了一點，跌跌撞撞地回到旅舍就睡了下來，連被都忘記蓋好。那時正值冬天，旅舍裡沒有暖氣，他因此感冒。母親收到父親生意合夥人寄來的信說父親病了。她想要過去看他，但是老么才七個月大，還在哺乳。把他留在家裡是不可能的，但是如果在冬天最冷的時候帶著他一起北上，又怕對他的健康有影響。所以後來我母親決定等到天氣暖和一點後，再帶著老么一起去看父親。就在這個時候，第二封信又到了。信上說我父親已經死於肺炎，享年三十三歲。

因為父親不是在家鄉過世的，所以沒有一個正式的喪禮，只能埋葬在他去世的地方。一直到我的大哥十八歲後，才去把父親的骨灰帶回汕頭和祖墳埋在一起。為了彌補父親過世時沒有個正式的儀式，母親在父親去世一周年時，帶著全家從香港到汕頭去祭拜父親。

我們是坐船去汕頭的。汕頭是中國南方的一個港口，是我父親家族世世代代出港的城市。他們遠航到很多不同的地方，買賣米糧、草藥、珠寶或是任何賺錢的貨品。如果你去曼谷，提到汕頭的李家，當地人會告訴你，他們這幫人是最早到泰國做生意的中國人。很多人娶了當地人做妻子。他們的子孫都是訓練有素的精明商人。很快的，李家就在當地建立了一個商業王國，觸角橫跨了泰國每一項的經濟活動。

在我們到達汕頭時，已經有一些人在碼頭等我們了。我記得他們要我見一位女士，要我喊她母親。我馬上直覺不對勁。瞄了這個人一眼，我嘴巴閉得緊緊的，一句話都不肯說。出乎我意料之外，母親並沒有強迫我開口。我曉得通常我們稱呼長輩叔叔伯伯，姑姑阿姨，但是除了我自己的母親以外，我從來沒有叫過別人母親。這位女士，也有四個小孩，年紀也和我們家的小孩相仿。我一開始搞不懂怎麼回事，不過後來在我要離開汕頭前曉得，這位女士是我父親的大太太。那些小孩是我同父異母的兄弟姐妹。

我們到了汕頭後，住在十五叔的家裡。十五叔是父親的小弟，是四兄弟裡的老三。但是在家譜裡，他在他那一代的男孩裡是排行十五。在中國社會裡，整個大家族才是一個單元。堂兄弟就如同親兄弟。我對這個叔叔印象很深刻是因為他的老大叫「歪嘴」。這個孩子生了一場病，嘴巴因此歪了回不來。在他吃飯或是說話的時候，我的眼睛就不由自主的一直瞪著他一邊的臉。他大概十歲，做我的玩伴有點太大了。但是我老是像一隻迷途的小貓一樣，跟著他後面跑。我不曉得為什麼我對他特別有興趣。也許因為我覺得他很可憐，因此可以忘掉我自己也很可憐。很多人來看到我就嘆氣，拍我的頭，有些人甚至眼眶裡還泛著淚水。

通常我是不敢在母親面前哭的，因為母親認為眼淚會給家裡帶來壞運。但是當我看到母親在祭拜父親時哭得在顫抖，我也不管三七二十一的大哭起來。我不但沒有被罵，反而被稱讚說是一個孝順父親，愛父親的好女兒。

我好奇的觀察整個儀式的進行。和尚們繞著祭桌走，口中不斷念經，好像是同一個人唱出不同的聲調一樣。這些和尚的頭都剃的像小孩子的頭。他們走路時，身上穿的黃袍飄起來像波浪一樣。人們一個個地進來向父親的遺像行禮並拈香祭拜。輪到我的時候，母親輕輕推我一下要我走向祭桌。她教我雙手拿著香，離開眼睛，深深的三鞠躬。但是當我一站到祭桌前面，就忘記了她說的話。

父親照片裡的目光對著我看過來。那些唸經還有哭泣的聲音好像離我非常遙遠，房間裡只剩下父親和我。我們面對面，安靜地聊起天來。我告訴他，我很想摸摸他，摸摸他開朗的臉，堅毅的下顎，還有烏黑的頭髮。他說他也想再摸摸我，他已經很久沒有這麼做了。我要他從曼谷，或是上海，或是不管他在哪裡，回家來。他想了一會兒之後，臉上有一種悲傷的表情，四歲的小孩都懂得他要說什麼。

「趕快鞠躬！」母親催我。

我的身體慢慢地深深彎下。一滴眼淚掉到我的布鞋上，把鞋子弄溼了一小塊。我終於知道為什麼大家都在哭泣，因為我的父親永遠不會回來了，我的父親死了。

祭拜的儀式持續了好幾天，到最後的時候，我好像一條擠乾掉的毛巾，我的每一滴眼淚都被擠了出來，我的哥哥們也是個個眼光空洞，連最小的嬰兒都變得很安靜。唯一仍然忙碌不停的是我母親。她突然非常想回香港，不管親戚們怎麼勸，她都堅持要搭下一班船回香港。當我在幫母親收拾衣服的時候，母親對我說：「我有一個預感，好像有什麼不好的事要發生，我不曉得是什麼事，但是我曉得我們得趕快離開這裡，趕快回去。」她往窗外看了一下，回過頭來繼續打包。我看著她把父親的遺照包在好幾層的衣服裡面，然後用一塊布包在外面，包好後再打一個大結。

來港口送我們的其中一個親戚就是「歪嘴」。我想要和他說一些道別的話。但是我想得出來的都是我聽大人說過的話。我對他說：「要乖乖的聽妳媽媽的話。」每個人聽了都忍不住笑了出來。我一直感覺緊迫的胸腔，突然間豁然開朗，我很驕傲我的話讓大家都高興起來。

回去的船程似乎比來的時候要快。我們在弟弟開始不耐煩之前回到了香港。當我們回到家裡的那一刻，房東到我們的公寓裡來，他激動地說：「菩薩保佑，你們終於回來了！」他開始唸他手裡的報紙，裡面有很多我聽不懂的字。但是我聽懂一件事，「一個大颱風登陸汕頭，整個城都淹水，房子被水沖走，幾千人死亡。」母親很擔心她的公婆家人，想要知道他們是否平安。但是她聯絡不到他們。之後的幾天很多人來看我們，他們講的都是誰在汕頭發生了什麼事。有時候母親會說，「感謝觀音保佑他！」但有的時候她的反應又是，「到底上輩子做了什麼，怎麼會遇到這種事？」我沒有看到任何人哭，但是每個人講話的時候都好像有根魚骨頭卡在喉嚨裡一樣。

母親把我們小孩子叫到她的房間裡。那時我的大哥「成勇」和二哥「成堅」，不過才十二歲和十歲。我是老三，家裡唯一的女兒，我的名字是「純瑛」，是家裡的寶貝。「成毅」也只有兩歲。母親說二哥和我差了六歲的原因是因為父親那段時間很少回家。如果那個時候她沒有到上海去看他，她也不會懷了我。好長一段時間，我以為我是上海來的。

母親坐在床邊，小弟坐在她的大腿上，我們其他幾個小孩全神貫注的站在一旁。

「你們現在都聽好了，」她說，「我不要你們再哭了。你們的眼淚已經把你們父親的家鄉淹沒了。你們不要以為因為你們的父親去世了，別人就應該同情你們。看看十五叔的家裡，颱風來的時候他不在家，他的房子和家人都被洪水沖走了。他是全家唯一倖存下來的。」母親把眼睛閉起來，喃喃自語地說，「生不如死，菩薩保佑。」

一下子我好像看到了「歪嘴」在海裡游泳的樣子，他歪到一邊的嘴巴，張開又閉起來，像是一條有病的金魚。

「從現在開始，我們不能再靠你們汕頭的叔叔們來幫我們。不但如此，其實我們還要去幫他們。你們的父親留給了你們一些錢，但是我們要小心花用，並且要處處節省。七姨已經同意讓我們住在她的公寓裡。房子的租金只有現在的一半，但是地方也只有現在的一半。我不要聽到你們任何一個人抱怨。」

我的呼吸停下來，我覺得我的哥哥們也是一樣。

「成勇，你是最大的，」媽媽繼續說，「在你現在這個年紀，你的父親已經陪著他的父親開始出外做生意了。我可以送你到泰國去學做生意，但是我心裡覺得那對你不好。生意就像天氣一樣難預測。一天好，另外一天就是暴風雨。上學校是比較沒有風險的途徑。雖然我不會寫也不會讀，但是我知道受教育比錢來的有用。錢會被花掉，但是沒有人可以把你學到的東西從你身上拿走。成堅，你也是。」她對著她的二兒子搖擺著她的手指。「你們兩個一定都要拿到最好的成績，如果你們拿不到助學金，那就只好出去做苦力了。我沒有辦法又付你們的學費又供你們吃喝。」

「那我呢？」我大聲的說。「我什麼時候可以去上學呢？」母親對我的童言童語笑了一笑，「妳是女孩子，女孩子不上學的。」她停了一下好好地打量了我一番。每一個人都說我的皮膚又白又細，以後長大會像她一樣漂亮。「要嫁到一個有錢人家，一定不可以弄髒妳的手。妳的手要保護的像蓮花一樣潔白，不然媒婆會以為妳是不好的人家出來的女兒。記得，你一定不能碰任何的家事，絕對不能進廚房。」

母親把我的手放在她的手掌裡，細細的檢查。她的皮膚摸起來粗粗的。但是我喜歡她的手摩擦我的手的感覺。讓我覺得渺小而安全。母親會保護我，就像她在颱風時保護我一樣。我發誓要做一個乖女兒，聽母親的話。

我們搬出了原來的公寓，住進了另一個半邊的公寓。公寓的另一半住的是我們的房東，我稱她七姨。她和我母親很親近。她小的時候就到我母親家做丫頭，一個商人把她買去做他的三姨太。她從來沒有生過小孩，很高興我們來和她作伴。

母親，我的兄弟們，還有我擠在一個房間裡。母親和小弟睡在一起。我和我的兩個哥哥睡在一張大床上。除此之外，我們還有一個傭人來幫我們做家事交換食宿。她的名字叫「阿瘦」，但是她是一個胖女孩，我們叫她「肥瘦」。到了晚上，她就拉出一張帆布床，睡在走廊裡。

我們和七姨一起共用客廳和廚房。她的丈夫偶爾會過來和我們一起吃晚飯。大人們總是有很多的話可以聊。我喜歡他們講話的聲音，但是我的哥哥們老是恨不得可以趕快離開餐桌。七姨丈常常提到一個叫做「大有」的百貨公司。他總是把這家百貨公司說的好像非常神奇的樣子，據說這是一個從衣服到糖果什麼都賣的店。當他停下來的時候，七姨就會在媽媽的耳邊小聲說話，「要用你的錢來『長錢』」。那時候我覺得這句話很奇怪，樹會長，小孩會長，但是錢怎麼長錢？母親總是一邊聽一邊點頭。她說話的時候，聲音很低，不像平常教訓我們一樣。

很長一段時間，他們老是在談「大有」。「大有」開了，報紙提到「大有」，「大有」生意很好，等等這些的。但是後來他們的語調開始慢慢的變了。談到「大有」的聲音越來越小了。「大有」的問題好像是關於裡面的員工打蒼蠅。我不懂那有什麼不好的，母親認為這些員工應該做不只是打蒼蠅的事。但是七姨父告訴她要有耐心，雖然聽起來他對我母親並不怎麼有耐心。他來吃晚飯的次數越來越少了，母親吃的越來越多。她從用飯碗變成用麵碗添飯，麵碗比飯碗大好幾倍。她的臉越來越圓，但是不是那種看起來很快樂的圓臉。當她不是在罵我們的時候，她的嘴角總是往下垂著。

有一天晚上，當只有七姨和母親在餐桌旁時，母親說：「現在變成這樣，『大有』變成『大無』，我還能把我的錢拿回來嗎？」

「唉，請別再問我們家老爺這個問題。現在已經很多人追著他了。他得先還那些人的錢，不然他就要坐牢。而且，我曉得他一定會盡力把妳的錢想辦法還給妳的。不要擔心，我是妳的姐妹，妳不相信我，還相信誰呢？」七姨笑了，但是我可以感覺那是一種不懷好意的笑，好像是做了什麼壞事想要掩蓋的那種笑聲。

母親起身要回房，我跟在她後面一起進去。我們一進了房間大哥就從他的書裡抬起頭來說，「我明天要錢買書。」

母親跳起來，好像是她的這個大兒子突然拿針刺了她一樣。

「書，書，書，你為什麼老是講『書』？」書和輸同音。母親從來不准我們在她打麻將那天提到「書」。「你每天想的，就是你的『書』嗎？」。然後她伸手去拿樣東西，在我們可以反應過來之前，她拿了一根雞毛撣子，一下子打在大哥背上。他大叫出來。一條紅色的痕跡在他的背上馬上腫起來，大哥摀著臉哭了起來。

母親對著他大吼，「你老是哭，所以你把壞運都帶到家裡來了。你把你父親給哭死了，你現在又要把我的錢給哭掉。看你還要不要再哭。」她又往他的脖子上打下去。大哥從椅子上跳起來，用他的雙手擋住他的臉，不讓母親發瘋一樣的到處亂打他。大哥像隻猴子一樣的又跳又躲，淚水流滿了他的臉龐。我求母親不要再打了。

「妳這個眼淚包！」母親高聲的罵我。她的眼睛變成黃色，看起來一點都不像我的母親！「父親也是被妳哭死的！妳運氣好，我沒有把妳賣去別人家當丫頭。不准再哭了！」她的雞毛撣子揮向我的腿，我的腿被她抽得好痛，我突然「哇！」一聲的大哭起來。「我叫你不准再哭了！」母親說，又抽了我一下。這一次，我屏住氣，不敢再讓眼淚流出來。

連小弟都挨了一下打，「你是罪魁禍首，如果我沒有懷你，你父親生病的時候，我就可以去看他，他現在就還會活著！」

唯一逃過沒挨打的是二哥。她只瞪了他一眼叫他站一邊去。不知道為什麼，母親從來沒有解釋過為什麼父親會去世，她也從來不怪二哥。大家都說我的二哥是母親最寵愛的，因為他和父親一樣英俊。我覺得，最重要的原因是，他喜歡做鬼臉，常常逗我母親發笑。我們其他幾個人，從來沒有辦法讓她笑得出來。

❖ ❖ ❖

我們居住的環境也越來越不好。搬出七姨的半間公寓後，我們搬進另一個公寓的一個房間裡。我對我們在伊力近街四十七號四樓的那個破爛的家記得很清楚。「肥瘦」和我們住在一個房間裡。我們睡覺，吃飯，玩耍，還有做功課都在那個房間裡。除了「肥瘦」，還有父親。他的遺照和供桌，原來是擺在客廳裡，現在夾在我們兩張床的中間。有時候我也希望他可以把他的眼睛閉起來睡覺，就像我們一樣。

但是最糟的是，這個房間正好是在廚房的上面。每次母親在煤爐上炒菜，油煙就會往上飄。就算我們馬上把窗戶打開來，還是要好一會兒才能把房間裡的油煙清掉。所以每次母親一炒菜，我們就滿眼淚水，不停的咳嗽，油煙的味道沾滿了頭髮和衣服。我們的身上聞起來總都是晚餐的味道。那時的通風不良肯定是造成我後來肺很虛弱的原因。

我們住在這裡時，倒是有一件好的事情發生。在我們才搬進來沒多久，母親又重新調整了我們睡覺的方式。她調整的原因是因為「肥瘦」說了一些話。那時我六歲，「肥瘦」十二歲，在我眼裡，她看起來像一個大人。母親那時送「肥瘦」去當地的一個慈善機關辦的學校唸書，每天當她從學校上完課回來，就炫耀她在學校裡學到生活上的知識，我對她非常的佩服。「妳要有麻煩了，」她告訴我，「一個女孩子和一個男孩子一起睡覺是會懷孕的。妳每天晚上和兩個男生睡覺。」

想到肚子會脹大，馬上就把我給嚇到了。我向母親抗議，她看著我好像要笑出來，但是她的臉馬上又回到非常嚴厲的樣子，「我要告訴『肥瘦』不要把這些東西放進你的腦袋裡。別一直瞪著我看，去把妳的被子拿到我的床上來。」從那天晚上開始，他們三個男生睡一張床，我和母親睡一張床。

為了逃出那個臭房間，母親常去打麻將。我不在乎，因為她都把這幾個男生留在家裡，她總是帶著我去。我看到一些比我們住的地方要好的家，如果那家人正好有小孩子的話，我會乖乖的跟他們玩。大部分的時候，我只是安安靜靜地坐在旁邊，著迷地看著這個吵鬧又有戲劇性的遊戲。母親的牌友總是稱讚我非常聽話。其中一個人非常喜歡我，認我做乾女兒。雖然我們從來沒有一個正式相認的儀式，但是大家都曉得，我能夠受教育，都是因為她。我這一輩子都欠她。

她的名字是三姑，因為她在家排行老三。我從來不曉得她真正的名字。三姑只有小學畢業，在他們那個年代是非常了不起的了。她的眼光銳利，說話更是厲害，她的嘴巴嘟嘟的像是鸚鵡的嘴一樣。她從來沒有結過婚，因為，她自己說的，她恨男人恨死了。那個時代，每個男人至少都有兩個太太，有些有七八個。女人通常不是接受事實，不然就是不結婚。「老小姐」通常就讓父親或是兄弟來照顧，但是三姑也不要。她找到一份在學校教書的工作，自己獨立生活。當我鬧彆扭的時候，她會威脅我說，「妳要是再這樣下去，我就要去結婚了！」沒有比這句話更讓我害怕的，我一聽到就馬上把嘴巴閉起來。

我們變成了她的家人，我是她從來不可能會有的女兒。她常常晚上到我們家來，擠在母親和我的床上。她對我就像是對待一個洋娃娃一樣。幫我打扮，幫我紮辮子，在我的辮子上綁著漂亮的蝴蝶結和花。我的哥哥們常常看到我就唱，「看啊看，花店來了！」他們都嫉妒我。我是唯一的女孩子，大人所有的注意力都在我身上。

三姑在育智小學教書，她也住在學校裡，和學校裡另外一位老師共住一間宿舍。雖然她的床很窄，但是我小巧的身軀總是可以很舒服的睡在她旁邊騰出來的空間。我在她的床上睡了好幾個禮拜，那裡每一個人我都認識了。有一天，校長來看三姑。她看到我畫了一個人，她問我那是誰。我說那是我的母親。

她說：「妳曉得妳母親的名字嗎？」她的眉毛彎起來的樣子，好像不認為我會給她答案。

我非常有信心地用力的點我的頭。我常常聽到和母親打牌的阿姨們叫她的名字。所以我很大聲地說，「我母親的名字叫做『爛賭四』。」

校長聽到我說的話，笑個不停。我不知道這個我覺得聽起來不錯的名字其實只是一個小名。「爛賭四」，因為我母親是老四，這就是（廣東話）叫我母親「賭鬼」的意思。

校長一定覺得我很可憐。她讓我坐在一年級的教室裡。老師還把我的名字放在點名冊裡。每次她一叫「李純瑛」我就跳起來說「在」。我在那裡上了兩個禮拜的課，直到有一天母親命令我回家，我的課程因此暫停下來。

三姑週末的時候到我們家來，像她以往來看我們一樣，她晚上就跟我們住在一起。我一邊睡的是三姑，另一邊睡的是母親。夾在他們兩個的中間，她們兩個人講的每一個字我都聽得見。三姑說，她們的校長對我的學費會「睜一隻眼，閉一隻眼」。母親說，就算我不用付學費，每天怎麼帶我去學校也還是一個問題。我們家住在灣仔，是在香港島的平地的區域。育智是在維多利亞山頂的半山上。距離太遠我走不到，電車又只在沿著海岸邊的地方才有。三姑說，她會幫忙想辦法，但是要母親也要好好想想。三姑繼續講到教育對女孩子的重要，男人是如何無法依靠之類的話。母親打了一個大呼來回答她。

隔天，三姑離開了後，母親帶我到麵包店的麻將聚會去。我很喜歡到那裡因為那不是一間普通的房子，房主也不是一個普通做麵包的人。從他們在麻將桌上聊的聽來，我知道他是專門供應駐香港英軍的麵包商。要餵這麼多飢餓的士兵，讓他賺了不少錢，所以他可以養八個太太，還有好多個小孩。他的房子是一棟三層樓的樓房，分做很多不同的單元。每一個太太都有一個屬於她們的私人單元。這裡幾階下去，那裡幾階上來，我到每一個單元裡面好像進到了不同的公寓一樣。在那裡面的特權階級是這些太太們生的兒子，整層二樓都是他們的。女兒們和她們的媽媽一起睡。

當母親和這個麵包師傅的太太們打麻將的時候，我就和她其中一個牌友的女兒玩，她叫容真，我們同年。我們花很多時間照顧她的洋娃娃。她的娃娃是布做的，有著一張像瓷器一樣潔白的臉蛋和一雙又圓又大的眼睛，長長的睫毛。

當她們叫我們吃晚餐的時候，容真和我就把洋娃娃放到床裡面蓋好被，下樓吃飯。這時房子異常的安靜，聽不到麻將碰撞吵鬧的聲音。在飯廳裡，我可以看到這些打麻將的人已經坐在三個圓桌的其中之一。我直覺就是要去和我母親坐在一起，但是有一個人很大聲的把我叫住，「靚女，來，坐我旁邊。」一隻手就伸過來把我拉到桌子的另外一邊。我抬頭，顫抖的看著這個麵包師傅的二太太。她有一個很大的頭，和一頭不聽指揮的亂髮，讓我想起獅子的樣子。母親警告過我要小心二太太，她從來不會說任何一個人的好話。也沒有人說過她的好話。她是家裡權力最大的人，控制著整個家的荷包袋。

這隻獅子露出她不整齊的牙齒把我拉到她的旁邊。不曉得為什麼，這個大家都不喜歡的人，反而對我有興趣。她一直都威脅我要收我做乾女兒。當丫頭送上來一盤熱騰騰的菜，獅子大聲說：「喔，太好了！我們今天晚上有苦瓜。我一看到苦瓜就流口水。妳不是也喜歡嗎？」

我抬起頭來，看到她的又大又溼的嘴巴好像要把我吃掉一樣。在我可以開口之前，她拿了一匙的苦瓜放在我的碗裡。我一向被母親訓練得是有什麼就吃什麼，我馬上就把苦瓜放進嘴巴裡。但是苦瓜之苦，差點讓我從椅子上跌下去。我想把它吐出來，但是我看了母親一眼，馬上停下來。我閉著眼睛，不管怎麼樣也把苦瓜吞了下去。

獅子大聲的對大家說：「她喜歡吃苦瓜！」她抬起她的胖手臂，又拿了一瓢苦瓜放進我的碗裡。我一口又吞下去，像第一口一樣快。

「我真是愛看妳的千金。」她隔著桌子對著我的母親大聲地說。

「不要叫我女兒『千金』。」母親大聲地回她。「女孩子是賠錢貨。她父親死的時候，我就該把她賣到有錢人家去。但是她很聽話，也不吵我。所以我才把她留在身邊。」

「我應該不只叫她『千金』，應該叫她『萬金』才對！」這隻獅子又大聲地說。她抬起頭好好地打量了我一番，她又說，「她有一張這麼漂亮的臉蛋，一定可以找到一個有錢的丈夫！」

「丈夫有什麼用？管他有錢還是沒錢？」母親說，「看看我就曉得，所以我常說啊，一個女孩子要受教育，是她一生最好的保障。」

我驚訝地看著母親。聲音雖然是她的，但是話其實是三姑說的。

當這些阿姨們都點頭稱是，母親繼續說，「我剛剛幫我們家這個女兒報名了育智。但是問題是這學校這麼遠，我不曉得每天早上我怎麼帶她去學校。」

獅子馬上說，「這不是問題，容真和她的姊姊也是去這個學校，我們僱了輛黃包車每天送她們上學。我可以叫車伕早上經過妳們家去接妳的千金。」她轉過頭對著七太太，也就是容真的母親，大聲的問她，「妳說這是不是個好主意？」七太太彎腰謙恭的回答說她也覺得那是一個好辦法。

這就是我正式上學的開始。我加入麵包師傅家裡的黃包車。因為黃包車只能坐兩個人，他把我放在一個小凳子上，把我們三個一起拉上山上學。

二

做為一個女兒的好處不少。就算在這樣一個男人至上的社會裡，做一個女孩子，尤其是家裡唯一的女孩子，是很佔優勢的。譬如說，母親最疼我，不管她平常怎麼抱怨女孩子是賠錢貨，只要她買得起的東西，她就會買給我而不是我的兄弟們。當然啦！因為我和她最親近。每天晚上睡在她的床上，我可以感受到她的呼吸，她的心跳。當她翻身時，我也翻身；她嘆氣時，我也嘆氣，她起床時，我睜開眼睛。就算在夢裡，我們仍然在一起，母親可以信任我瞭解她對我的一番期望。

做女兒的另外一個好處就是我有獲得消息的管道。當我的兄弟們還摸不著頭腦在狀況外的時候，我永遠都有一個年長的女士帶領著我，照亮我的路。這個人有時候是母親，有時是三姑，還有的時候是母親的牌友阿姨們。她們總會有一個人警告我將會遇到的麻煩。但是從來沒有人警告我的兄弟們對將要到來或是已經到來的災難。身為家中唯一女孩子的特殊地位，對我下一段的人生有著重大的影響。

在我入學第一年的學期接近尾聲時，母親又回了汕頭一次。她說至少一個禮拜，最多兩個禮拜。三姑在母親不在的時候來和我們住，我們要聽她的話。當二哥問母親為什麼她一定要去汕頭的時候，母親的回答是，「小孩子不應該問大人的事。」

我不需要問就曉得為什麼。那晚，三姑帶我去看廣東大戲，她是個大戲迷，只要是有她最喜歡演員的表演，她一定不會缺席。通常，如果隔天要上課的話，母親是不會讓我去看戲的。但是現在她人在汕頭，三姑趁著這個機會就帶我去了。當我們走到戲院的時候，她問我，「妳曉得妳母親在汕頭做什麼嗎？她是去向妳的十五叔要債去的。幾個月前，你的叔叔從汕頭來，他告訴妳母親有一個債主在向他討債，如果他不付錢，警察就會把他抓起來關進牢裡。他哭得像一個小孩子一樣，求妳母親救救他。妳曉得，妳的母親也許平時對你們兄妹們很兇，但是她的心其實是很軟的。她不但把妳父親留下來的一大部分的錢借給他，她還向我再借了一些去幫他。我把錢給妳母親，因為我覺得你十五叔很可憐。老天給他一個最可怕的懲罰，讓他家破人亡，老婆和四個小孩通通都死了。」

三姑搗著她的胸口像是有很嚴重的胸痛。我也淚水盈眶。雖然我並不是真的那麼難過，我已經曉得會哭是能夠討好人的。為死去的人流的眼淚是好的眼淚。

「但是有人說妳十五叔現在變了一個人，」三姑繼續說，「自從他失去了他的家庭後，也失掉了良心。也許是因為他認為老天不可能再給他更嚴重的懲罰了。所以殺人放火搶劫，無惡不做。所有不要臉的事他都做了，但是他做了一件比不要臉還要壞的事，」三姑壓低了聲音，她說，「他和妳父親的大老婆攪和上了，他們現在同住在一個豬窩裡。」

我不曉得那是什麼意思，但是聽起來很齷齪。一個農婦偶爾會過來我們家收集剩飯剩菜去餵豬，我想到從那個桶子裡散發出來的臭味就想吐。

「妳十五叔還賄賂了那裡的官員，把祖宗傳下來的田地轉到他自己的名下，」三姑說，「他把地賣了，然後把賣得的錢中飽私囊。他如果現在不還妳母親錢的話，以後也不會還了。我只要餵飽我自己，但是妳母親還有你們四兄妹要餵。沒有這筆錢，妳的日子要比苦瓜還要苦。」

她提到那個難吃的瓜引起了我的注意。我開始瞭解到這件「大人」的事情的嚴重性。我多麼希望母親能夠趕快回家。

一個禮拜過了，我開始越來越想念母親。這是她第一次離開我們這麼久。雖然她平時對我們又打又罵，但是不管怎樣，她還是母親。就算是三姑，也不能夠做母親為我們所做的事。每天早晨，母親比我們都早起來做早飯給我們吃。等我們都準備好後，煮好的飯、醬菜、鹹魚已經在桌上等我們。午餐和晚餐，她會準備素菜和魚，她都買眼睛最大的魚。母親說，魚的眼睛如果又小又凹進去，表示這條魚是好幾天前捕上來的，她從不會讓我們吃壞掉的食物。有的時候她用薑和蔥清蒸，其他的時候，她把魚放在砂鍋裡和豆豉一起煮。沒有人比她會煮菜。我開始擔心她會不會被汕頭的海浪給淹沒了！

幾天後，我的恐懼消失了。大門打開，母親回來了！因為爬了四層樓上來，她進門時喘得很厲害。她到家時，只有三姑，我，還有小弟在家。小弟馬上張開雙手跑向母親。那時的我已經八歲了，不能再有這些幼稚的舉動。我對著她微笑，告訴她我心裡有多高興看到她回家。母親對我點點頭，還沒喘過氣來。她的臉不但很紅，而且比她走之前更大更圓。她的樣子看起來很不好，三姑說過，母親因為心情不好，所以越吃越多。

我可以感覺到兩個大人很想講話。所以我就帶著小弟回他的床上。讓他坐下來不吵的好方法就是講岳飛的故事給他聽。這個故事我已經說過好多遍，所以我可以邊講邊聽房間的另一頭在說什麼。

我聽到母親說，「十五叔連出來見我都不願意。」「這個王八烏龜蛋，每次我到他家去，下人就出來告訴我沒人在家。我早上去，下午去，晚上也去。他怎麼可能每次都不在？我花了這麼多錢住旅社。我看我乾脆上吊算了。」

三姑試著讓母親心情平靜下來，她說一些像是：「不過是錢而已。」我繼續說著這個宋朝大將軍的故事，跳過那些比較沒有意思的部分，講一些打仗的故事。小弟如果現在吵起來的話，母親會像刮魚鱗一樣刮掉他一層皮。我已經學會在母親心情不好的時候，和她保持距離，但是小弟還不懂這些。

沒多久，三姑回去了。我又說西遊記的故事給小弟聽。我雖然背對著母親，但是我可以感覺到她每一個動作，她坐下來脫鞋子的聲音，她換回居家服布料窸窣的聲音。然後還有另外一個方向來的聲音，一步步靠近的腳步聲。我想要跑去警告我的哥哥們，但是太遲了。他們已經進到房間裡了。

二哥露出他迷人的酒窩對著母親微笑，大哥嘟起嘴巴迎接母親。再也沒有兩兄弟會比他們兩個還要不同的了。二哥有一張像陽光一樣的寬臉，讓人看到他就會微笑，大哥的臉長而窄，讓人想要學他那張嘟起來的嘴唇。

母親看到他們點點頭示意。當我看到母親瞄到祖宗牌位上放了一本書，我急得想要用眼神警告我兩個哥哥。但是她已經看到了，「是誰把書放在祖宗桌上？」她問。

大哥把書拿起來，看了一眼，放回去，「那不是我的。」他說。

「我想那是我的。」二哥終於開口承認，「我來拿。」

「你站在這裡不要動，讓大哥去拿。他是老大。他應該做你們每一個人的榜樣。如果弟弟妹妹做錯事了，那是因為大的沒有盡到他該盡的責任。成勇，你到底是要不要去拿？」

「可是那是成堅的。」大哥抱怨。我想叫他閉嘴不要再說了，「母親叫你做什麼你就做什麼。」我這個可憐的哥哥是一個書呆子。他可以在數學、歷史和英文考最高分，但是看人臉色這一科，他永遠不及格。

母親頓時抓著雞毛撣子像是在砍一個魔鬼一樣。小弟和我躲在床後面，我們把耳朵捂起來，眼裡流露出害怕的眼神。我們不敢再看了，但是我們兩個誰也不能不看。母親把她整個人壓在大哥身上，把他按在地上。把他當作馬一樣跨在下面，雞毛撣子從前胸打到後背。雖然我的手蓋著我的耳朵，但是我還是可以聽到大哥刺耳的哭喊聲。二哥試著向母親求情，但是我看他去和野獸求情都比向母親求情容易些。這兩個十幾歲的孩子如果聯合起來的話是可以克制住他們的母親，但是他們想都不敢想。如果一個孩子傷了父母一根的毛髮，是要下地獄，永遠不會被原諒的。換句話說，孩子的死活是由父母來決定！

母親終於沒有力氣停下來了，她用力的站起來，步伐踉蹌地走到廚房裡。那天晚上沒有人有胃口吃飯。大哥的臉和手被打的到處都紅腫起來。他的衣服下面一定還有更多。他的每一個動作似乎都很痛苦，坐著，站著，甚至舉起手拿筷子的時候都在痛。兩行淚掛在他的臉上，讓我非常的緊張。就怕他又突然哭起來，只有天曉得母親這次又會發什麼脾氣！

那天晚上，每個人都一早就上床。我慢慢地爬上床，小心的睡在離母親最遠的地方。

我對母親非常的生氣，氣到覺得連碰到她的皮膚都會讓我憤怒。我不曉得就這個樣子睡了多久，一直到突然有個聲音把我吵醒。我看到母親坐在床邊，兩手不曉得捧著什麼東西。她清喉嚨的聲音好像在啜泣。先是她的肩膀在顫抖，然後她整個身體開始搖晃，床也在我的身體下面震動。整個房間漆黑一片，我看不見她手裡到底捧著什麼東西，但是我的眼睛知道到哪裡去找。我發現原來擺在供桌上的父親相片不在了。我看到母親把父親的相框抱在懷裡。溫熱的眼淚滾進我的耳朵裡。我不敢去擦它，怕母親曉得我醒了。我的情緒很激動，那是對父親的思念和對母親的愛，就在那一刻，我已經原諒了她的所做所為。

如同我前面說的，我的消息一向比我的哥哥們靈通。但是知道這麼多事情不見得是一件好事。有時候也是一種負擔。我這些哥哥們，可以毫無感覺的大嚥大啖母親做的好菜，我卻是看著一桌的菜，想著母親要如何才能餵飽我們這一群孩子。因為是我陪著母親到當舖去，看著她把金項鍊、金牌，還有戒指當掉換錢。每一次去當舖，母親就會灌輸我女人在有錢時要多買珠寶的觀念，就像她一樣，所以生活不好了才能當掉變現。

我永遠都會記得第一次和母親出去乞討的那一幕。雖然那是七十多年前的事，但是我對那次乞討的記憶始終不能忘記，比我昨天吃過的中飯都記得還要清楚。就在母親回汕頭討債回來後沒多久，她帶我去看外婆。出門前，她要我穿上她剛剛幫我縫製好的旗袍。雖然我不喜歡，但是我還是乖乖的把衣服穿起來。為了省錢，我的每一件衣服幾乎都是母親親手做的。但是她好像是做給別人穿的，衣服不是太長就是太短，而且每一件都太寬。我越來越不好意思穿著這些衣服出門。

外婆的房子在香港島的西邊，離家很遠。那天的天氣炎熱，但是有著海風從背後徐徐吹來。母親步伐沉重，我跟著她，在她身旁邊走邊跳，很高興我們要去看外婆。在我的記憶裡，外婆家有滿屋的零嘴甜食。每年過年的時候，母親就會帶著我到外婆家向她拜年。每次去外婆家都有著一個盤子，上面放著十二種不同的甜食任我挑選。

母親和我到了外婆住的地方，這裡有一排的房子。整排房子大約都是四層樓高，陽台上有著雕花的欄杆。其中一棟是外婆家的。雖然她只住在其中的一層，母親說那整棟樓都屬於外婆的。

一個年紀和我差不多的女孩子出來開門。看起來一定是外婆新買來的「妹仔」，因為我以前從來沒有看過她。外婆在客廳裡側躺著，抱著一個長長的煙斗。一圈圈的煙從她薄薄的嘴唇裡吐出來。母親稱這種抽法「追龍」。四個女孩子圍著她。這些就是所謂的「鴉片妹」。她們唯一的工作就是幫外婆填滿她的煙斗。她有其他的「妹仔」在後面做其他的家事，像是煮飯洗衣之類的。

當鴉片妹幫外婆添煙斗的時候，母親和我就站在旁邊。外婆的樣子就像是一個靠在一排枕頭上的一具骷髏頭。我到外婆跟前，用母親教我的甜美的聲音向她問好。外婆瞪著我，我只看到她的眼白，不曉得她到底看到我沒有。

大人講話時，母親就叫我去坐在旁邊的椅子上。這回沒有人拿甜食給我，我很失望，但是我很高興他們讓我坐在那裡，那椅子就在外婆家古董櫃子的旁邊。我懂得不能去碰這些古董。我第一次來外婆家的時候，母親就警告過我，如果把這些古董打破的話，會有嚴重的後果。我把兩隻手緊緊的握著，這樣才不會有把手伸出去的衝動。我仔細地觀看這些盤子和花瓶，它們屬於好幾個不同的朝代，像是明朝和清朝，唐朝大概是對一個八歲小孩子來說最遙遠的朝代。我對歷史非常著迷，這些年代對我而言，就像是兒歌一般熟悉。從我的第一本書《岳飛傳》開始，我就對歷史故事有著非常強烈的興趣。岳飛是宋朝的英雄，一個在一千年前把匈奴打退的將軍。我在三姑桌上一堆亂七八糟的東西裡發現這本書。每次我到她家，我就會把這本書找出來重新看一次，讓自己沉浸在英雄和壞人的世界裡。我的第二本書是《三國演義》，也是在那一堆裡找出來的書。故事中的君王和他們的大臣對我而言太複雜，但是每次讀的時候，我就懂得更多一點。看著外婆架子上的這些古董寶藏，讓我似乎更能夠瞭解書中那些陪伴我度過漫長時光的人物。

突然間一聲叱喝把我抓回了現實。原來是外婆在罵一個幫她搧扇子的「妹仔」，嫌她動作太慢。這個丫鬟趕緊加快她搧風的速度，她的手腕前後搖動得越來越快，快到好像隨時都會斷掉一樣。我為她感到難過。母親告訴我，外婆不但會打這些丫鬟，打她們之前，還要她們先把衣服脫掉。

母親站起來要走了。我也跟著站起來，準備母親叫我去向外婆說再見。但是母親不但沒有這麼做，她抓了我的手，拉著我就離開外婆的公寓。等門一關，母親就對我說：「她不是妳的外婆。一個長輩絕對不會做這樣的事。她寧願看到妳餓死，也不願意拿一毛錢出來幫忙。我告訴妳，」母親拉高聲調，「她不是我的母親，我一定是她從窮人家裡買來的妹仔，我早就在懷疑，現在我終於可以確定了！」

母親氣到跑了起來，但是她不能跑，她只能很快地走，走到她身上的贅肉在她的旗袍裡抖動。就在家前面我們碰到幫房東洗衣服的太太。母親叫我上樓，我就上去了，但是，我並沒有完全聽她的話。等我走進公寓裡，我轉過身從角落偷看她，母親在和這個洗衣服的太太說話。

這個太太從她一團亂糟糟的口袋裡拿出來一些錢。母親把手伸出來。我看不下去了。我跑上樓去，我的心裡感到十分可恥。她怎麼可以彎腰到去向一個洗衣服的打工仔要錢？而且是為了我才這麼做的！

❖ ❖ ❖

三姑的話果真沒錯。我的日子變得比苦瓜還要苦。不管母親煮得多好吃，但是在我嘴裡都留下不好的味道。我總是苦著一張臉。隨便一點小事情就會讓我流淚，有時候沒什麼事情也會哭。但是我從來不讓別人看見我的眼淚，尤其是母親。只有在三姑面前我敢哭。她不但不會打我，還會安慰我，有時候她會威脅我如果我再哭的話，她會對我生氣。不管怎樣，她總是能讓我的心情好一些。她喜歡用一些意義很深的詞彙來指引我，像是「報應」「積德」，還有「因果關係」。我不是很懂這些話的意思，但是我把它們牢記在心，這些字眼就像是能夠開啟一扇大門的鑰匙，只要能夠打開這扇大門，我就能夠離開現在的苦海。

一天晚上，在看完了一個悲劇收場的大戲後，我心裡很不好受，在回家的路上又開始哭了起來。

「妳這次又是怎麼了，妳這個眼淚包？」三姑斥責我。

「那一對情侶死掉了。」我哭喪著說。

「沒錯，但是他們變成蝴蝶飛出了他們的墳墓。他們從此以後不會再分離了。那兩隻蝴蝶不是很漂亮嗎？」

「那是假的，那是紙做的！」我大叫著。

「妳給我聽著。」三姑提高了嗓門蓋住我的聲音。她是老師，大聲說話對她而言很自然。「我曉得妳的日子苦，但是妳要記得，每一件事情都有陰有陽。在死亡裡，這對情侶找到了生命。在失望裡，一個人可以找到快樂。就算是苦日子，其中也有甜美的時光。」

這個正反的比喻像是魔咒一樣控制住了我。我開始停下來不哭了。

三姑繼續說，「就算窮人也可以像富人一樣享受屬於他們自己的快樂時光。看看我們兩個，我們半價買了戲票。我們中場才進去，但是誰要看前半段？我們已經曉得是怎麼回事了。妳看到那些穿著閃閃發光的旗袍，坐在前排的女士們嗎？」

我點點頭。記得她們看起來很好笑。大聲尖叫，又伸手去摸她們偶像的戲服。「她們的票，比我們貴多了。但是她們會比我們更享受這齣戲嗎？」

我想了一想，搖搖頭。

「妳看是不是？妳可以窮，可是還是可以和有錢人一樣快樂。」

這又是另一個讓我思考關於陰陽的比方。我腦子裡努力的想，想得忘記了難過。我居然完全靜下來不哭了。三姑開始唱著梁山伯與祝英台裡的一段曲子。我的喉嚨感覺好像剛剛哭乾了。但是我還是忍不住跟著哼。已經過了半夜，只有我們兩個人走在街上。我張開嘴，歌詞就像是那小小隻的黃蝴蝶從我嘴裡飛了出來。

從那個時候開始，我了解我還是可以開懷的笑，雖然我為母親感到可憐，三姑卻容許我快樂起來。三姑還說，好日子和壞日子就像太陽和月亮，通常我們只看到其中一個，另一個看不到，但是其實兩個都一直在那裡。所以，她的結論是，當妳運氣好的時候，不要驕傲，但是運氣不好的時候，也不需要氣餒。我不了解她說的每件事，但是我喜歡三姑把我當成大人一樣對我說話的感覺。

❖ ❖ ❖

我九歲的那年夏天，是一個非常特別的暑假。整個香港歡聲雷動，因為一個香港的女孩打敗中國的選手贏得了游泳比賽冠軍。只有十三歲，大家叫她做「小美人魚」。我們充滿了自豪，香港這麼小小一塊地方，居然出了一個這麼耀眼的星星，蓋過了全中國的人口。游泳變成一個風潮，所有的小孩子和祖父母都一窩蜂的到海灘去。

當學校結束後，二哥每天都帶我去游泳。那個時候，還沒有高樓大廈和到處鋪著的水泥路面，香港是一個金沙天堂。只要幾分錢，我們就可以搭電車到北角附近的一個海灘。我們總是一群人一起去，包括我的堂妹海倫，她從廣東來看我們，還有房東的小孩和他們的朋友。那些會游泳的，他們就游到浮動的船塢去，不會游泳的，就在水淺的地方玩水。海倫和我都不會游，所以二哥教我們游。他教我們游蛙式，當他教完了後，海倫和我兩個人就會互相幫忙練習。我會把手伸到她的肚子下面抬著她，讓她可以踢水。然後我們再互換。

一天下午，二哥對我們說：「今天是期末考，如果妳可以從這裡游到浮動的船塢那裡，妳就過關了。不要害怕，我會和妳一起游過去。抓著我這裡。」我抓著他的手然後我們一起游出去。游到一半時，他把手抽掉，嚇得我亂拍水。我想要叫他，可是一開口，海水就灌進我的嘴裡。二哥翻過來仰著游，兩條腿像剪刀一樣打水，臉上帶著微笑，一下子就游走了。我喘了口氣，看看岸邊，再回頭看看船塢，兩邊一樣遠。我把頭抬起來深深呼進一口氣，跟著二哥游過去。

當我爬到船塢上的時候，十幾雙眼睛瞪著我看。全是年輕的男生，有幾個人在擦眼睛，以為自己看錯了。一個這麼小的女孩子怎麼可能游這麼遠？不可能的！但是我已驕傲地站在海面中間的船塢上面。

第二卷
紅樓夢

一

我小的時候一直希望有一個父親。如果他還在，母親的生活就不會這麼困難，我們也會有一個像樣的家。每天早晚看著他的照片，很難讓我不去想，如果父親還在，他可以幫我們做多少事。其實現在回想起來，父親一直都借用我的兄弟們陪我在一起。他們三個合起來用三種不同的方式做我的小天使、老師和朋友。

讓我來告訴你我的每一個兄弟。從小弟「成毅」開始說。「成毅」是一個很好動的孩子。母親常說他的屁股是尖的，一分鐘都坐不住，所以靜下來唸書對他而言很痛苦。成毅差一點就要被他的小學開除，但是當他進到初中沒多久，發生了一件事，讓他有了重大的改變，有一天他在學校告訴大家，長大以後他要做三軍總司令。成毅的老師稱讚他有遠大的志向，並且告訴他，唯有用功讀書才能達到他的目標。一夜之間，他的屁股從尖的變成圓的，排名從吊車尾變成火車頭。多年之後，當我對我自己兒子的教育煩惱的時候，我就會想起成毅的轉變，讓我重新燃起希望。我懷疑男孩子多比女孩子晚熟，但是只要他們開始追上來，就可以超越他們的同儕。

我和成毅差兩歲，成毅和我最親近。我們那時候沒有玩具可以玩，我們得想自己的遊戲。我們最喜歡的一個遊戲就是模仿統治我們的英國人。這遊戲是我發明的，有一天我上街幫母親跑腿，看到一個英國人穿著一身白色的西裝。他的褲子包著他的腿，讓我想起來母親的理論，她說「鬼佬」如果一摔跤就爬不起來，因為他們的褲子太緊了。這個英國人的皮鞋踩在馬路上發出嘎搭嘎搭的聲音，那個景象和聲音吸引了我的注意力。他整個人樣子和舉止對我來說非常的稀奇。我們中國人穿寬鬆的褲子所以移動方便，我們的布鞋也絕對不會走起路來發出這麼吵的聲音。沒多久我看到一個乞丐向他走過去。這個英國人揮舞著他的拐杖，大聲地對這個乞丐吼了幾句。這個英國人的臉漲紅得像猴子屁股，這幕景象讓我印象深刻，回家後，我重新表演給成毅看。我拿著母親的雞毛撣子當作是英國人的拐杖揮舞著，我學著英國人說「Get away, chop chop!」。但是我完全不曉得我講的其實就是「走開，快點！」為了結束我的表演，我很

1933年，作者母親Flora（站立中間穿旗袍）在香港和小弟成毅（左後），大哥成勇（右後），Flora的母親（右前）以及三姑（左前）合影。

神氣地走過去，用我的舌頭模仿英國人的鞋子走路時的聲音。成毅就會笑得在地上打滾。從那時開始，我們兩個人就輪流扮演英國人和乞丐的遊戲。

當我開始唸書時，我的二哥「成堅」已經是一個十幾歲的少年了。雖然我叫他「堅哥」，但是他的行為並不值得我這樣尊敬他。他調皮搗蛋，也最會開玩笑。我是一個很嚴肅的人，我從來不曉得到底他什麼時候才是正經的。有一次，他幫我解出一道算術題目，他要我用食物來付他酬勞。任何我吃的東西，都要分他一半。我誠心誠意的信守我的承諾，把所有我吃的東西，都分一半給他。我把所有為他留下來的東西都包在一塊手帕裡。幾天之後，我小心翼翼地把留給他的蛋糕水果拿給他，結果他哈哈大笑，讓我覺得自尊心很受傷害，因為我犧牲了這麼多東西沒吃要留給他吃。更可惡的是，他居然每吃一口就作出一副很痛苦的表情，抱怨這個太酸，那個太甜。

只要成堅在家，家裡就不得安寧。好在他常在外面和朋友在一起，他的那些朋友簇擁著他就像是蜜蜂繞著花朵一樣。並不是二哥有什麼好東西可以和他們分享，但是只要他口袋裡有一個銅板，他就要搶著付錢請客。母親說奢侈是他的缺點，二哥也不過就是對母親吐個舌頭，給她一個迷人的微笑。

當二哥十六歲那個夏天，他參加了基督教青年會（YMCA）的救生員團隊。他每天都去那裡，希望有一天能夠救到一個人。開學了後，他還是每天去青年會（YMCA），他的成績開始受到影響變壞。母親如果受過一點教育的話，就會馬上注意到這個問題，讓二哥的成績不要再繼續壞下去。但是母親一天的書也沒唸過，她不曉得什麼是成績單和分數，她只曉得只要她的兒子上學不要錢，他們就可以繼續受教育。

當學校決定不再繼續給成堅獎學金時，母親已經無法挽回了。母親沒錢供二哥唸書，所以她決定把他帶出學校，送他上船到泰國去。二哥也不反對，因為他一直非常想要追隨祖先的腳步經商。

如果父親還在，他老早就會帶著他的二兒子和他一起去做生意。他的事業夥伴會發現二哥遺傳了父親英俊的相貌和精明的頭腦。父親會非常以成堅為榮。但是父親過世了，唯一願意把我們的家傳教給二哥的是炳叔，父親的小弟。他定居在泰國，而且在米糧的買賣和運輸行業裡闖出了一點名氣。二哥接下來的幾年到炳叔在泰國的公司裡做學徒。我必須要說，自私的來看，二哥這個人生的轉換，對我而言，是最好的改變。在他自己創業，成為一個成功的商

這張是Flora的二哥成堅。攝于1928年，離開香港去泰國學做生意之前所攝。

人時，我的學費已經貴到我非得要有一個有錢的爸爸才付得起。不然我是唸不起港大的。二哥在這個時候承擔起了這個有錢爸爸的角色。

我的大哥成勇，是我們幾個裡面最聰明的。儘管他被貧窮和我的母親追打，但是他的成績一直都很優秀。總是考第一名，不僅是他的學校的第一名，而是整個香港殖民地的第一名。大哥常常得到各式各樣的獎項。每個人都說他注定是要進最優秀的香港大學。他以後可以做醫生、律師，或是工程師，不管他要做什麼，他都會成為社會的領導人。每個人都說他的前途無可限量。所以當他把學業丟在一邊，跑去做了一個辦公室的小職員的時候，大家都不敢相信他的決定。大哥做了一件只有父親才會做的事。他為了造就我的前途，犧牲了他自己的前途。

下面這段母親和大哥的對話，他們說的時候，我就在旁邊，我們家太小，沒有容納祕密的空間。

「成勇，你不能去上大學，」母親說，「沒有其他的路，你非得要去找份工作，不然我們全家都只好挨餓。我們不能每一餐飯都要靠朋友和親戚來接濟。」

「那妳的珠寶呢？不是還有一些在妳箱子裡？」

母親似乎累到連搖頭的力氣都沒有，「我已經把所有的珠寶都變賣掉了。全部賣完了，一件都不剩，連一個豆子大的珠寶都沒有了。我不是開玩笑，你不能去上大學。」

「但是你一毛錢都不用出。學校已經給我全額獎學金，而且一個英商答應給我八百塊一年讓我付宿舍和吃飯的錢。」

「那個錢也許夠養你自己，但是你的弟弟妹妹怎麼辦？你要他們喝西北風嗎？」

「母親，您不懂！我的分數是全香港最高的。我不能就這樣放棄。而且，只有四年而已，等我一畢業，我馬上就可以找到一份好工作，您一輩子就都不愁吃不愁穿了。」

「四年以後我們早就都餓死了。我老實跟你講，成勇，我真的已經山窮水盡，走投無路了。」

家裡的空氣一片死寂。我看看母親，再看看大哥。母親的臉很平靜，她的聲音也是。所以她的話比她生氣抓狂時所說出來的字更令人顫慄。我可以看得出來大哥不高興，但是一直到他抬起頭來，我才曉得他有多不高興。他的眼睛裡充滿了淚水，他的嘴唇顫動著說：「隨便妳怎麼說。」大哥的眼淚泉湧而出，一直哭到他不能再哭。

二

我還有另外一個同父異母的弟弟。他的母親就是我父親在汕頭的太太。他的名字叫「飛子」。他來和我們住了有一年左右，自從他來了之後，我的命運從此改變了。「飛子」是一個臉色蒼白，看起來很可愛的男孩子，他的年紀夾在我和小弟成毅的中間。他來的那年，我十二歲，他十一歲，成毅十歲。

「飛子」是二哥成堅送來的。他們兩個都在炳叔曼谷的公司裡做學徒。但是不像我的二哥，「飛子」很懶惰。他常常在下午的時候失蹤好幾個小時，沒有人知道他躲在哪裡，直到炳叔發現他躺在倉庫裡的米袋上面睡覺，而且睡得像死人一樣。叔叔試著要他改變他的工作態度，但是「飛子」改不了。除了睡覺和吃飯之外，他沒有一點點的志向。

當話傳出來炳叔準備把他送回汕頭，二哥看他可憐。覺得香港可能對「飛子」來說會是一個比較好的地方。「飛子」可以去一個好的學校學英文，也許自己以後可以闖出一點名堂來。就像我前面說的，我的二哥，太過大方。他的出發點是好的，但是可能會招了一堆螞蟻進到自己褲子裡。他幫「飛子」買了一個到香港的船位，讓他來和我們一起住。母親除了再拉一張行軍床出來，把他塞在我們那個又小又髒的房間裡，還能怎麼辦？

「飛子」就如同他們說的一樣懶。從學校一回到家，他就躲到他的行軍床上睡到第二天。母親對他非常不高興。我們沒有人懷疑他的健康有任何問題。直到有一天，我看到他吐了一口血在痰桶裡。我警覺到不對馬上大叫，他趕緊把痰桶拿走，告訴我：「血是從我牙齦流出來的。」

暑假到了的時候，他要求回汕頭去看他母親。我母親覺得那是應該的，所以就買了張船票讓他回去。不久之後，我們收到「飛子」的母親寄來一封信，要向母親借錢。說是「飛子」生病了；她需要錢帶他去看醫生。如果你還記得，「飛子」的母親和十五叔兩個人搞在一起，十五叔那個混帳拿走了一大筆屬於母親的遺產。但是這兩個人在一起沒多久就分了。十五叔殺了一個鎮裡的有錢人，以搶劫殺人罪被起訴，判處死刑。判決下來後馬上就被處死。這個女人的請求簡直是太荒唐了。母親沒理她的信。幾個禮拜後，我們聽到「飛子」已經死掉的消息。大家都非常震驚。怎麼可能一個人這麼快就死了？他是怎麼死的？一直到村裡一個親戚來看我們，母親才曉得「飛子」是死於肺結核。原來大家都曉得，他有肺結核，而且也病了好一陣子了，但是只有我們不曉得！

同一年，我也病了。持續的頭痛和發燒。我總是抱怨我的「腦子」疼，那是我自己的感覺，好像是有人把一根長釘子搥到我腦殼裡。這個疼時好時壞，但是痛起來的時候，可以連續好幾天。我常常抱著頭哭著睡著。十三歲的時候，我開始成長進入少女時期，我長高了，但是卻變輕了。我的皮膚一向很白，但是現在看起來卻是毫無血色。我覺得自己一定是生了什麼病。

母親建議我自己到菜市場去看一個草藥醫生。因為她一天到晚都在打麻將。我得自己走到那裡去。這個醫生坐在菜攤旁一張破爛的桌子後面，為一個女病人把脈。沉寂了一會兒之後，他嘴巴裡唱了一些話出來，像是唸詩一樣晃著頭說：「妳氣血虛弱，內寒外熱，肝火上升。」他拿起一支毛筆，寫了好幾種草藥藥方來治療她的毛病。

輪到我的時候，我坐在椅子上，照他說的把舌頭伸出來。這個醫生看起來很老，穿著一件中國式的長袍，一邊檢查，嘴裡一邊喃喃說著「好」。然後他幫我把脈的時候，又說了個「好」。之後他用同樣像唱歌一樣的聲調說出他的診斷。這次這首詩聽起來很像他剛才才說過的那一首，又熱又虛，血和氣之類的。然後我聽到他說了「白血病」三個字。我瞭解到這嚴重性，所以特別把這幾個字記起來。

「醫生怎麼說？」母親問我。

「他說我有白血病。」我說給母親聽，感覺自己很重要的樣子。

「他有給你草藥嗎？」

「沒有，他說我應該在家修養。他說我至少要在家休息半年不要去上學。」

母親瞪我一眼，我不敢回看她，怕她看出來我心裡在想什麼。就像別的孩子，一個長假是再好不過的！

「那就不要上了，妳的兄弟們上學比較重要。妳看妳，又瘦又高，像根竹竿似的。我燉給妳喝的魚頭湯不曉得喝到哪裡去了。」母親搖搖頭。她的下巴像是果凍一樣地抖動。她現在已經胖到連脖子都看不見了。

這段沒有上學的長假裡，我又重看了《紅樓夢》。第一次看這本書的時候我只有七歲。整本書要表達的東西，對七歲的我而言太深奧了，但是我現在十三歲，比那時成熟了很多。我把裡面的詩抄下來，然後背起來。我和書中的人物交談，和他們一起哭，和他們在紅樓的世界裡一起做夢。

裡面的女主角「黛玉」，變成我最好的朋友。也許是因為我們同樣都是孤兒，而且又都窮困，身體虛弱。黛玉的母親去世了之後，黛玉被送去住到一個有錢的叔叔家的大觀園裡。她和她叔叔的兒子賈寶玉相愛，但是因為受到封建禮教的束縛，家長反對他們成婚。賈寶玉被騙去娶了他有錢的表妹。當婚禮正在大廳裡進行的時候，慶祝歡樂的聲音傳到黛玉住的廂房。她把她寫給寶玉所有的詩一首一首的燒掉。就在那個晚上她吐血而死。

我為黛玉哭，為這個世界的不公平掉淚。她的父母雙雙早逝並不是她的錯，難道她不希望過一個好一點的生活嗎？描述她死去的那一章總是讓我沮喪悲傷。好在等我讀到最後的時候，心情又會好起來。小說中道家的哲理就像是三姑跟我說過的一樣。人生是一場夢，不管好壞，遲早都會過去。你蓋的房子就算再豪華又能怎麼樣？一下子就會變成灰燼。這就如同道家所說的，要能達到「空即自在」的境界。不管遇到了什麼困難，我都抱著希望，事情一定有辦法可以解決。

這段時間裡，我也試著寫一些東西。我在腦海裡編寫了一頁頁的故事，但是從來沒有機會把這些東西寫出來。我總是想著，等有一天我長大了，我會把這些故事寫下來。我生活中所學到的經驗，可以寫出一本像是《紅樓夢》一樣的小說，人們會記得我是那個成長在苦難中的作者。

❖ ❖ ❖

漸漸地我的頭痛消失了，我的體重開始增加一兩磅，臉上開始有了血色。但是同時，我也開始感覺這樣很無聊。我沒辦法整天在床上看這些古典小說。我回到「養中」，這是一個由三姑和一群她的老師朋友們一起創辦的初中。因為我的初二有六個月沒有上課，校長要我留級。我非常的生氣，我是班上功課最好的學生之一，我寧願退學也不要重讀，和那些爛橘子一起留在籃子的最下面。母親對這些事一竅不通，她無法給我任何意見。三姑也許可以幫忙，但是她也是學校行政人員之一，因為他們要我重讀，我對大部分的行政人員都非常不滿。

我決定自己解決這件事。「養中」所在的街上，有另一個學校叫「義大利英堂」。我第一天經過這裡的時候，就看到他們的海報上面寫著想要報名的學生，可以在某天來面試。我一直都很想知道那一片大石牆的另一邊是什麼。這是一個可以進去參觀看看的好機會。

面試的那一天，我推開鐵門進去，一進去就是一大排的階梯。爬上去是又長又陡。我每走到一個平台就趕快喘口氣。這不只是一所學校，而是一個自成一格的小城市。他們有很多的建築物散佈在山坡上。我後來曉得不是所有的建築都是教室。一棟是修道院，另外一棟是孤兒院，第三棟是外國學生的宿舍。這些外國學生大部分是葡萄牙來的女生們。她們的父母在香港的工作期滿調回到葡萄牙，留她們在這裡完成英堂所提供的第一流教育。

我停在一個女子的雕塑前面。一層頭紗包裹著她的頭，她對我張開雙臂。這個雕像的臉龐是這麼的甜美和溫柔，我覺得她好像在直視著我。她和觀音有相同的氣質，但是她應該不是觀音，因為她不但有一雙深邃的眼睛，還有「鬼佬」那又高又尖的鼻子。她的腳邊有一塊牌子，我只認識兩個字Mother Mary。我大聲的唸出來，這些字美妙地從我的舌尖上流出，我又再唸了幾次。

面試我的是一位修女，她要我我稱呼她「Mother Angelina」（安吉麗娜修女），我一點也不害怕。她從頭到腳都包裹著黑色的布，唯一露出來的部分是她的臉。她身上一層層的衣服看起來非常複雜，我心裡想著的是她洗澡的時候有多麻煩？

看了我一會兒之後，這位修女問我，「Do you have an English name?」（妳有英文名字嗎？）

我的英文程度足夠讓我瞭解她的問題來回答她「No.」（沒有）。

這位修女拿了一張紙，在上面寫了一個英文名字交給我。「Flo-ra」她慢慢的說。「This... is... your... name.」（這是妳的名字）。

然後安吉麗娜修女說了一長串我聽不懂的話。但是從她和善的態度和她給我的英文名字，我想我大概已經被錄取了。

面試後的下個禮拜一，我就去向學校報到了。第一個禮拜過去，沒有一個人叫我的名字，好像我不存在一樣。我的導師，一位葡萄牙裔的女士，叫了每一個人的名字，但是就是沒有叫我的名字。我想問她為什麼，但是那表示我要用我的非常有限的英文來問她。我等了好久，終於鼓足了勇氣問她。

「What's your name?」（妳叫什麼名字？）我把手伸進口袋裡，拿出那張安吉麗娜修女給我的那張上面寫著我的英文名字的紙條給她看。「Flora Li」她大聲的說。「I've been calling your name all week and you didn't respond!」（我整個禮拜都在叫妳的名字，但是妳都沒有反應！）

其實是，我根本不曉得那是我的名字。現在讓我來解釋一下香港的教育系統。香港有三種學校：中文，英文，和中英雙語的學校。我原來上的學校是中文學校，所有的科目都是以中文教學。英文只有在初中第一年的時候排在課程裡面。所以在來這裡面試的時候，我只上過一年的英文課，而且一個禮拜只有一次。我把英文字叫做「雞腸」，因為英文字扭來扭去彎彎曲曲的寫法很有趣，讓我想起雞的腸子。

我是在義大利英堂的輔導課班上遇見我的朋友「安娜」和「艾芙琳」。安娜大我兩歲，她比我高也比我壯。艾芙琳和我同年，是學校裡最纖細秀氣的女孩子。她的母親是蘇州人，蘇州的美女是有名的。艾芙琳那吹彈即破的肌膚和秀氣的五官，是傳統古典的蘇州美女的樣子。我記得我第一次慶祝聖誕節，就是在艾芙琳的家。她家是基督徒，他們以最歡欣的心情慶祝這個節日。家裡到處都有聖誕節的擺飾。就好像是故事書裡一樣，聖誕樹上吊滿了燈飾和彩色的球，色彩繽紛的包裝紙包好的禮物，晚餐的餐桌上擺滿了銀製的刀叉，這真的就像活在童話故事中一樣。我自己的家裡太窮，無法慶祝任何的節日。我生日的時候，母親會在我的碗裡放一隻烤鴨腿，如果不是那隻鴨腿的話，我根本也就忘了自己的生日。

安娜和我常常在艾芙琳家過夜。有一次，我們在房間裡關了三天三夜，除了吃飯和上廁所，連續七十二個小時沒有踏出臥房門一步。我們窩在床上，旁邊放了一疊愛情小說，把我們自己完完全全沉浸在珍・奧斯汀（Jane Austen）還有夏綠蒂・勃朗特（Charlotte Brontë）的世界裡。看累的時候，我們就計劃著我們的未來，我們三個發誓我們永遠都不結婚，我們長大後要住在一起，平均分擔家事。安娜，是一個最實際，最不誇張的人，答應負責我們家中所有清潔的工作。艾芙琳在那時已經從她母親那裡學了做幾道菜，她答應做我們家的大廚。她們兩個看著我，「妳最沒用，」艾芙琳說，「妳不會煮飯，也不會打掃，妳能做什麼？」

她們說的一點都沒錯。我在家裡從來沒有做過家事。我只要一走進廚房，母親就把我噓出去。最近，她更是常常告訴我那個住在樓上的女孩子的故事。雖然她是個好女孩，五官對稱，但是因為她的雙手膚色暗又粗，媒婆對於幫她找到合適的對象，不抱太大的希望。母親說，有錢人要出身好的女人，有一雙潔白如蓮花般的雙手。如果我的手又粗又黑，別人會笑我。

「我可以記帳。」我對安娜和艾芙琳說。

我的朋友們同意。她們也認為那是家裡面一件很重要的事，而且也只好給一個像我這樣沒什麼其他技能的人做。

安娜、艾芙琳，和我成大家口中的「三劍客」。我們一起做功課，但是我們向來都是各做各的。等到做完了後，再彼此比較答案，我們從來不互相抄襲。我們的努力終於有了成果，很快的，我們三個人的英文已經進步到和大部分人一樣好。英文中學的年級是越高年級，年級數字越小。我們是從七年級升到一年級，而不是從一年級到七年級。但是在進階的過程裡，有兩個難關，第一關是在三年級的時候，有一個全香港的考試，篩選出最好的學生，淘汰二流的學生。第二關就是一年級的時候，過了這一級，就可以參加香港大學的入學考試。在我們進到一年級的時候，班上從原來的三十個人，淘汰到只剩下十三個人。我們三劍客，全部都進入了一年級。

❖ ❖ ❖

義大利英堂裡，除了每一個女孩子都學了一口義大利腔的英文之外，每一個人都一定要學法文。在我的最後一年，我的法文老師瑪麗修女（Mother Mary）得了肺結核。一個那時還在香港大學唸書的年輕法國女孩子，來學校代課。她不但只比我們大幾歲，而且從來沒有教過書，只要我們犯了一點點的錯，她馬上就對我們說，「Non, non, non!」（不，不，不！）然後就會又吼又跺腳。一天她問我一個問題，我不會回答。那天大概她的心情很不好，她衝著我來的侮蔑，比平常更兇。她說我又笨又懶，然後對我說，她可以預料我這樣的法文程度，絕對進不了大學。我氣急敗壞，不禁脫口而出對她說：「我不一定要靠法文進港大，我可以考中文。」

她對著我冷笑，「是嗎？去啊！妳去唸中文啊！」

她一這樣說，我馬上意識到我拿了石頭砸了自己的腳。理論上，入學考的要求裡，我是可以挑中文或是法文應試，但是實際上，在最後的時候從法文換成中文，對我而言，是一大挑戰。我已經七年沒有上過中文課了。我怎麼可能在最後短短不到一年的時間，把我的中文程度提升到應考時應有的程度？我跑去找三姑哭訴。她馬上撒下天羅地網幫我去找全香港最好的家教。三姑在學校教了這麼多年的書，她的桃李滿天下，認識無數的家長，她可以從她的認識的人中幫我找到一個家教。透過朋友的朋友，她找到一位穿著長袍的年長的學者。他是一位出生在清朝的進士，可以把四書五經倒背如流。他要幫我補習的是第一個部分，中國文學。我要準備的第二個部分中國歷史，三姑幫我找了一個她學校的同事，大家叫他做歷史王。他熟知所有的中國歷史，可以睡著和你討論歷史。最後一部分是翻譯，三姑找到一個中文英文水平都很好的記者來做我的家教。但是上了三節課之後，他忙得找不出時間來替我補習。我必須得自己來應付翻譯這個部分。

中文考試的那一天到了。前面兩個部分，中國文學和中國歷史，我考得一帆風順。雖然七年沒有上中文課，但是我的中文根基深紮在古典文學裡，就算是進了義大利英堂，我在閒暇時仍然在閱讀中國古典小說。但是第三個翻譯的部分，卻不是一個「慘」字可以形容的。那一篇要我們翻譯的文章是滑鐵盧條約。裡面一整篇都是一些我從來沒聽過的軍事戰略的詞彙，或是槍炮彈藥的名詞。雖然我盡力作答，但是當我走出考場的時候，我已經可以確定，上大學是一個遙不可及的夢。

放榜的結果出乎我的意料之外。我的分數不但不是低空飛過，而且居然名列前茅，在幾千名其他報考的高等中學的學生之上。我被香港大學錄取了！我從來沒有想到我可以唸書唸到這樣的成果。我對中文這麼努力的準備也只不過是想要證明給我的法文老師看而已。但是現在香港大學的錄取書在我手上，我反而不曉得該怎麼辦才好。母親看到我唸完高中已經很高興了，她擔心如果我再唸大學的話會嫁不掉。因為這樣只有也唸了大學的男生才敢娶我，在那時的香港，這樣的人不多。再來，母親也無法負擔龐大的學費以及住宿的費用。但是三姑認為我應該抓住這個機會。而且她花了這麼多的精神幫助我考上港大。最後決定性的關鍵來自在曼谷的二哥。那時他幫一個美國公司做買辦，收入不錯。他答應幫助我付學費。母親被她最喜歡的兒子說服了，她終於同意讓我去唸大學。這就是我身為一個女孩子，如何成為家中第一個大學生的過程。

我們班上十三個同學只有六個考上。安娜是其中之一，但是她的父親只是一個帳房，沒有辦法拿出這麼多錢來供她唸大學，她選擇去讀一個兩年制的師專。可憐的艾芙琳沒有考上，她的母親對她很失望，不但罵她沒用，而且公開的表現出她對艾芙琳弟弟的偏心，艾芙琳的弟弟在我們後一年進了港大。艾芙琳後來去唸了一個夜校，但是因為戰爭和健康的因素，她沒有唸完。她三十出頭就死於癌症，癌症開始的時候，只不過是身上一個水泡一樣的痣，然後擴散到她的血液裡，結果變成了血癌。那時我住在曼谷，雖然我趕回去看她，可惜終究沒來得及見她最後一面。

三

我在港大的第一年包括了所有愛情小說裡的情節——那種暖洋洋的感受，還有興奮雀躍並洋溢在女主角嘴上的微笑，和每當愛情靠近時那種感動。這些景象裡唯一缺少的是一個男主角。我的白馬王子的條件是要個子高挑，皮膚白皙，長相英俊，心地善良，還要有智慧，夠成熟。雖然我的同學裡一些人符合其中一些條件，但是沒有人能夠符合其中非常重要的一項——成熟。在我的眼裡，我那些同學只不過是一群乳臭未乾的小伙子。他們年紀最大的只有十八歲，但是那時的我已經是一個成熟的二十歲的小姐了。因為在我毫不知情的情況下，為了補英文課，在義大利英堂多上了兩年高中的課。

我的羅曼史裡沒有白馬王子。我只能和自己談戀愛，和我修的課談戀愛，和我的社交生活談戀愛，還有和港大校園動人的風景談戀愛。香港大學的校園是在一個山坡上面，佇立在蔚藍的天空之下，臨越在綻藍的海洋之上。女生宿舍眺望著大海，九龍島就在海的另一邊，中間有一個小島，叫做昂船洲。如果可以，我很希望能夠住在那棟宿舍裡，但是為了省錢，母親要我通學。

上了大學後，我改頭換面，變成一個全新的人。連我的外表都完全不一樣。義大利英堂的女孩子們規定頭髮要梳直髮，頭髮上不能帶任何的髮飾。她們還要穿著像是又寬又大的藍色旗袍，從頭包到腳踝，把身上所有的曲線都掩蓋住。鞋子則是藍色的布鞋，平淡無比。英堂的時尚是趕不上港大這樣一個現代學府的。我大方的哥哥們給了我一些零用錢，我用這些錢燙了個頭髮，買了一雙有一點高跟的皮鞋，還買了幾件顏色亮麗的旗袍。我所謂的亮麗是指有一點的設計，像是在粉色的布料上有點小花邊。太時髦的款式還是不對我的胃口。

現在讓我來告訴妳我是怎麼決定我的主修的。我的「自然科學」成績非常優秀，因此我被港大的醫學院接受了。義大利英堂的「自然科學」其實是「聖經科學」，不曉得為什麼港大的行政部門把這科和生物以及化學劃上等號。不過我自己很清楚我讀不了醫學院。「自然科學」是我最差的科目，而且我也沒有那樣的體力來完成醫學院艱鉅的訓練。

我在文科的選擇上侷限於三個主修：英國文學，中國文學，還有經濟。雖然我熱愛文學，心理上也從來沒有放棄想要寫書的念頭。但是女生主修文學一點也沒什麼稀奇。我想要唸一些不同的，驚世駭俗的。經濟對我而言有那麼一點陽剛的吸引力。雖然我對這科完全沒有概念，但是我選擇經濟作為我的主修，成為經濟系的三個女生之一。

我的第一年風平浪靜的度過了。我的課堂生活就是我所有的寄託。經濟對我而言不容易，但是也沒有難倒我。只是我在和同學交往時，覺得格格不入。每天和有錢人家的小孩坐在教室裡一同上課，下課後，我必需回到我的茅草屋去。我多麼希望可以和大家一樣住在宿舍裡，她們晚上睡覺前的聊天交談聽起來實在好有意思！

大學的第一個暑假，我和母親、成毅一起坐船到曼谷去看二哥成堅。我們發現他住在一個大房子裡，家裡僱了太多的傭人，多到他一個人根本用不著。他的事業做得非常好，二哥是一家美國貿易公司在當地的採購代表。他的工作就是去和供貨的泰國公司打交道，還有處理任何和泰國當地政府有關的問題。二哥是這個工作的最佳人選，因為他在這裡有家族裡寬廣的人脈，還有他說得一口流利的英文、泰文，還有廣東話和潮州話。

那個離開家的男孩，現在已經是一個男人了。他的肩膀變寬了，他四方的臉頰讓他看起來更有英俊瀟灑的感覺。在二十七歲的年齡，二哥已經是事業有成，他可以在曼谷挑選任何一個他喜歡的中國女孩子結婚。當我和他開玩笑問他有沒有女朋友的時候，他很嚴肅地回答我，「我要等我的弟妹學業都完成之後，我才會考慮結婚。」我不敢相信我有一個這麼好的哥哥！他的話深深地感動了我。當我們在曼谷的這段時間，二哥央求母親讓全家搬到曼谷去。他聽說了中國那時候一些令人警覺的消息。日本軍隊在幾年前打下南京後，已經變成了一隻膽大妄為的老虎。他們把國民黨政府打得退守到西邊的重慶。整個中國像是一塊吊在老虎前面的肥肉。每天收音機都會報導日本軍隊的行動，並且猜測他們的下一個目標將會是哪裡。香港就在中國外面，雖然很小，但是卻是一塊令人垂涎欲滴的小島。

那是一個很難的決定。母親很想在曼谷留下來，可是她也曉得我和成毅的教育不能因為一個還不確定會不會發生的事而中斷。成毅那時剛要進港大，也是全額獎學金。他的志願已經從做三軍統帥變成做中國的經濟部長，他也選擇了經濟做他的主修。

母親不曉得是不是該讓我和成毅兩個自己回香港。她擔心如果她留下來就沒有人可以照顧我們。我們的大哥成勇在跑船，很少在香港。二哥又再次的幫母親解決了問題。他答應負責我和成毅住在學校的宿舍費用，包括了吃飯和其他基本的需要。母親思考了一會兒，不曉得如何讓一群陌生人代替她來照顧我們兩個，但是她也不再反對了。

我很難過要離開母親，但是也沒有太悲傷，因為我曉得我下一個暑假還會再看到她。一上了船之後，我的眼淚很快就乾了，我馬上就開始思考我的未來。這麼多年之後，我終於可以搬出這個我長大的地方，這個只有一個房間的蹩腳公寓。原本就是一個很不像樣的住處，這麼幾年下來，更是每況愈下。那間公寓充滿了我成長過程中挨打和貧窮的記憶。我等不及可以離開那個地方。我的新家聖史蒂芬堂，以她美麗的風景和派對出名。我一直都很羨慕住在裡面的女同學，從來沒想到有一天，我也有機會住進這裡。這是我的二哥送我的禮物，我恨不得有一陣大風，可以馬上就把我吹回香港。

❖ ❖ ❖

搬進宿舍後，我發現就寢前和我的室友聊天就如同我想像的一樣有意思。這裡一層樓有四個房間，兩個女孩一間。白天上完課回來後，我們就把房門打開，讓我們和別的寢室的女孩們講話可以方便一點。當我們在自己的鏡子前面捲頭髮的時候，我們會大聲的互相問來問去，說一些有的沒有的。

我的室友叫「芮妮」，她的個子很小，只到我的耳朵而已，她有一張長相普通的長臉，但是當她笑起來的時候，整個房間都會亮起來！她的父親是一個非常有身分地位的工業家，家裡有好幾個連鎖的染料工廠。當我剛聽到她富裕的家庭背景時，我很擔心她會像是公主一樣很難伺候。但是結果我發現她非常平易近人，善體人意。我們因此變成了好朋友。

說到這裡，我要講一件我已經很久很久沒有向任何人提過的事情。在我搬進聖史蒂芬堂不久之後，我兒時的頭痛和發燒又回來了。起初我只是不管他，還是拖著不舒服的身體去上課，在芮妮面前假裝沒事。但是到了晚上，是燒得最嚴重的時候，我不停地出汗，汗多到我的枕頭和床單都溼透了。我一定有哪裡不對，我的病沒辦法再隱藏太久了。

只有一個人我可以傾訴，那就是三姑，我坐在她的床邊，告訴她我的症狀。

「不准哭了，妳這個眼淚包！」她訶斥著我，三姑把她塞在旗袍釦子裡的手帕拿出來給我。「我會幫妳找一個好醫生。以現代的醫療技術，沒有病是醫不好的。我一個學生的母親，我去看她時，她已經病了好一陣子，整個人發黃又瘦得皮包骨，眼睛發出青光。我以為她的日子不多了。後來她不但好好的活著，人比以前更圓潤，皮膚更白皙。」三姑又說了一堆她平常喜歡講的那些她的學生和家長的事。我沒有注意在聽，一直到她提到一個美國唸書的醫生是肺結核病的專家。難道她是在暗示我有肺結核嗎？

「只有一個問題，」三姑接著說，「這個醫生是美國畢業的，他沒有在香港行醫的執照。他只能偷偷的幫病人看病。讓我來想辦法，妳下個週末來找我。」

又過了一個頭痛得讓人坐立難安的禮拜。週末到了，我準備要去三姑的宿舍。一出學校，我就看到她就站在學校的門口等我。我跟著她到了電車站，三姑只告訴我這個美國訓練的醫生願意看我，但是我還是不曉得她要帶我去哪裡。

我們在「跑馬地」下車。三姑帶著我走進一個公寓裡面。她敲著其中一個門，一個人來開門讓我們進去。這個人看起來很年輕，但是我知道如果他有人家所說的這麼多的訓練和經歷的話，他一定沒有外表這麼年輕。他的頭髮像波浪一樣，我心裡在想他是不是喝了外國水所以頭髮捲成這個樣子。我們跟著他進到一個看起來像是辦公室的房間。他的證書掛得滿牆都是，我稍微放心了一點。

三姑做我的發言人，我靜靜地坐在旁邊任醫生用各式各樣的器具來擺佈我。因為這是我第一次看西醫，他辦公室裡的每一樣東西對我來說都非常新奇。他的指示很簡單，我也儘量配合。當他放一根棍子到我嘴巴裡，我就把嘴巴張大，然後說「啊」。當他用一塊冰冷的金屬放在我的背上，我就深深的吸一口氣，然後屏住氣。但是當他要我把衣服脫掉，換一件很薄的長袍的時候，我猶豫了。現在想起來很蠢，但是那個時候，要我半身裸露地站在一個陌生人前面，我感到十分的不自在。還好三姑在，而且照X光一點也不痛苦。然後醫生走開來一下，回來的時候，他帶了好幾張很大的底片進來。他拿起一張放在非常亮的燈光下面。我的肺照得很亮，看起來像是一對巨大的葉子但是在上面的地方有被蟲咬過的洞。

我聽到醫生說「肺結核」，然後我就聽到三姑的聲音開始說話。兩個人來來去去好像是在唱雙簧一樣。我安靜的坐在一旁聽他們的對話。

他們說完後，我像是夢遊一樣走出醫生的公寓，上了電車，我往外面看出去，窗外空無一物。我一直等著自己醒過來，所以可以告訴自己這只不過是一場噩夢。但是這一刻從來沒有到來，因為我已經是清醒的了。我的噩夢就是我的現實，我得了肺結核。這個可怕的疾病在我的肺上面侵噬了一個個的洞，馬上我就會像「飛子」一樣吐血。我在宿舍裡的朋友會開始不理我，港大會把我從註冊名單上剔除，就連我的家人都會害怕和我接近，別人會開始叫我「沒用的東西」，就像他們叫「飛子」一樣。和這種羞恥比起來，死亡也許反而是一種解脫。

回到三姑的房間，我把我的臉埋在她的腿上大哭。我的命怎麼會這麼苦！這麼多年來的辛苦奮鬥，我才剛剛開始品嚐甜美的果實。我想到紅樓夢裡的我所憐惜的林黛玉，我為我們兩個同樣的悲慘命運流淚。就因為我們都是孤兒，所以我們就可以在實現我們人生夢想之前就離開人世嗎？這都是「飛子」的錯。為什麼他明明曉得自己有肺結核還要來和我們住在一起？我們吃住都在同一個狹小的空間裡，二十四小時都呼吸同樣的空氣。醫生認為肺結核的細菌已經在我的身體裡潛伏了很多年。我小時候像是感冒一樣的毛病就是感染初期的症狀。這個病在我的身體裡隱藏著，現在正好利用身體虛弱的時候再度攻擊我。

如果三姑那時候沒有幫我做主，我今天沒有辦法在這裡告訴你這個故事。她責備我，要我寫信去向二哥要錢來治病。她拿了一條溼毛巾來把我的臉擦乾淨，然後要我回到宿舍繼續唸書，就像沒事一樣。醫生告訴我，只要治療一開始，我就不會再有傳染給別人的危險。第一期的治療我必須要住院幾天。以後的治療一個月一次，需要兩年的時間。我只要定時回到醫院來看病就好。春假就要到了，我可以消失一陣子，沒有人會起疑心的。

回到學校裡，我就像是沒事一樣，上學、功課、就寢前的聊天。唯一不同的是，只要我一進到房間，我就把所有的窗戶打開來，讓新鮮空氣進到房間裡。如果芮妮被傳染到，我永遠也不會原諒自己。

春假終於到了。我們收拾好行李，祝大家春假快樂，但是每個人都曉得，春假只不過是準備考試的一個藉口而已。我的第一站是先到三姑的宿舍。從那裡，我們再搭巴士轉幾次到一個在樹林裡的一個私人天主教醫院。修女幫我辦好住院手續，很快的，我就躺在手術台上了。

醫生在我身上進行「氣胸」手術。這個手術就是把氣體從我感染的肺裡抽出來。在這部分肺功能喪失的狀態下，肺裡的細菌就無法再生長。因此也不會再傳染給別的人。一段時間下來，細菌就會全部死光，肺部被感染的地方也就會慢慢痊愈。所以每個月的持續治療，關閉那一部分的肺功能，是非常重要的治療程序。他們告訴我第一次開刀的時候，他們放了一個很大的注射器在我的左肺裡。感謝老天我一點都不曉得。

等我從麻醉藥裡醒過來時，我覺得全身都在燒。護士不停地進進出出，插一根溫度計到我嘴巴裡面，量我的脈搏，灌我藥吃。我的體溫好幾天都到攝氏四十度居高不下。我整個人完全無力，對學校的功課擔心到極點。我已經失去了寶貴的春假沒有唸書，如果高溫再不能趕快停止，那我乾脆不要回去上課算了。

休息，休息，休息，只有休息才是最好的良藥。我幾乎每天都在睡覺，或是讀一些輕鬆的小說，只有在要上廁所的時候才下床。一個禮拜後，我的體溫恢復正常。我一秒都沒有停下來，趕緊回到宿舍繼續我的大學生活。

我原來的身材已經是像竹竿一樣瘦，現在這些治療讓我的身體的負擔更加沉重。體重掉到只有四十二公斤。我有一百五十七公分高，我看起來像風箏一樣輕。隨便動一下，體力就消耗殆盡。「氣胸」手術把我的整個左肺功能關閉，只能靠右肺來運作呼吸。我走路開始變得非常的緩慢。還好我是女孩子，如果是男孩子的話，一定會被別人笑是個軟腳蟹，但是如果女孩子小步走路，大家只會說妳很斯文。

為了要能夠多休息，我不再去禮拜六晚上的舞會，我的舞伴，小弟成毅，是少數曉得原因的人。他每天早上來陪我出去散步。新鮮空氣和運動變成他的熱衷的兩件事情，而且他發誓「飛子」的細菌不會傳染給他的。

每個月的二十二號的一早，我進到醫院，晚上我就可以回到宿舍。後續治療也不會再像是第一次那麼痛苦可怕。除了呼吸急促之外，也沒有什麼副作用發生。我不但還能維持學校的成績，我在治療的這件事，也都一直保持祕密，沒有讓別人曉得。唯一後悔的是那一年的暑假，因為要持續治療，我不能去泰國看家人。

❖ ❖ ❖

我繼續唸到大三，大三是四年中很重要的一年。通常如果一科沒過，可以補考。但是大三的學生不能補考。如果一科沒有過，整年的課都要重修。不管合不合理，這就是港大的規定。

我的主修經濟的大考，正好在我氣胸手術治療的隔一天。為了爭取寶貴的唸書時間，我把書帶到巴士上看。這堂課是我所有修過的課裡面最難的一科。大部分的原因要怪我的老師，這位英國來的阿爾琪教授。是一個很糟糕的老師。上課的時候，她只曉得怎麼樣要我們寫筆記。她幾乎不抬頭看我們到底是不是聽懂她在唸的東西。我們給她取了個外號叫做「機關槍」，因為她可以把一些定義說得飛快像是機關槍掃射一樣，我們根本都來不及把這些東西寫下來，更不要說還有時間去想通是什麼意思。班上每一個人對她的教法都不滿意，但是我們做夢也不敢去向一個教授抗議。

等到醫生把我的肺抽完氣之後，我馬上回到宿舍。芮妮從我早上離開到回來，都還坐在她的桌子前動也沒沒動過，她整個人都埋在書裡。我可以告訴她我去了圖書館，但是她連頭都沒有抬起來，只是坐在那裡不停地啃，啃，啃。就算宿舍著火了，她大概是還黏在椅子上被人抬出來的。這就考期末考的景象。

我一口水也沒喝就坐回桌子前面。我的肺發出咻咻的聲音，還有心臟大聲的跳動，都是氣胸手續後的副作用，所以我想都沒有多想。阿爾琪教授給的定義比這些更糟糕。並不是我一整學期都沒有好好用功，一直拖到最後才來唸。我已經把這些觀念復習了很多次，但是我的腦袋就是無法吸收。靠記憶學習對我而言很容易，我的老師總是稱讚我能夠輕易的背誦好幾頁的詩。阿爾琪教授的定義，卻像是沒有意義的詩句。舉例來說，「邊際效用：每增加一個貨品單位所得到的利益。」沒有說明或是圖解，這只不過就是一串無法消化的字而已。

我心不在焉的抓抓我的耳朵後面，突然我抓到一個凸起來的東西。我問芮妮，「我耳朵後面怎麼搞得？」

她把我的頭髮撥開，「看起來好像是疹子，喔，這裡還有。」當她把我的頭髮掀起來的時候，我覺得脖子冷冷的。「妳的整個脖子都是！」她大叫！

我趕快回到房間。一照鏡子，鏡子裡的樣子把我自己給嚇壞了，這是哪個痲瘋病人？我不敢相信是我，但是也不可能是別人啊！這些在脖子後面的紅點已經變成腫起來的疹塊，而且已經到了我的臉上。新的疹塊繼續出現，舊的疹塊就在我眼前變大。我的臉看起來像一張世界地圖，雕了小島和大陸，中間凹陷的部分就是大海。芮妮叫我趕快去找舍監。我沒聽她的話，說這麼一點點小事沒關係的。我最怕的就是舍監發現我的健康有問題。雖然我的病已經不再會傳染了，但是學校不見得瞭解。

我坐在兩隻手上面所以可以抑制我想抓癢的衝動。但是怎麼可能呢？那感覺就像是被一群蜜蜂攻擊一樣。我整個人扭來扭去，手臂伸到身體到處去抓癢，六雙手都不夠抓。疹子現在全身都是，我的肚子，背後，胳肢窩下面。我站起來要去照鏡子，我還沒看到鏡子，芮妮就告訴我，「妳看起來像一個豬頭」。果然，我看到我臉上的疹塊已經越來越大，我的頭現在看起來真的像一個大豬頭。

想再假裝用功也沒用了，我鑽回到被窩裡睡覺，全身又癢又痛。我的頭痛得好像有一個斧頭在從中間劈下去一樣。我把身體轉過去面對著牆睡，避開芮妮桌上的燈光，自己默默的流淚。芮妮燈關了很久後，我還是不停的翻轉，全身發癢。

第二天早上，所有宿舍裡的女孩子看到我的豬頭都嚇了一跳。「妳怎麼了？」她們大叫。大廳裡，每一個看到我的人都問相同的問題。我只回答我吃錯東西過敏。我的同班同學沒有繼續追問下去，因為他們要先救自己。馬上要開始的考試，需要消耗他們一大筆的心力和體力。

我們走進大廳。我敢說，這個世界上沒有比這個大廳還要更嚴肅的地方。大廳裡打蠟打得發亮的地板，讓人不敢在上面刮上一道痕跡，桌子和椅子排列得就像墓園裡的墓碑一樣整齊，高高在上的天花板下，飄來一陣涼風。不管是什麼季節，只要你一走進大廳，就會打哆嗦。阿爾琪教授，一邊舔她的食指，一邊分發考卷，正面朝下，蓋在每個人的桌上。早上考第一單元：經濟理論。下午考第二和第三個單元：經濟歷史及經濟政策。每一個單元都要考三個鐘頭。這個馬拉松考試在早上八點開始，一直要考到晚上七點結束。這不只是考我們的知識，也是考驗我們的體力。

當我坐下來的時候，我的身體還是在癢，頭也還在痛。但是當阿爾琪教授一宣佈「考試開始」，我就忘記了所有的不舒服。抓了筆就開始寫。我把阿爾琪教授的定義背得滾瓜爛熟。我自己都很驚訝，我記得的比我自己以為的還要多——但是我的手沒辦法寫這麼快。我的筆一直從腫起來的手指之間滑出來。我寫出來的字看起來像是個小孩子慢慢寫出來的那種筆畫不順的字。鈴響的時候，四題我只寫完了三題。

短暫的午餐後，我們又坐下來繼續第二個單元。經濟歷史是我的強項，因此我希望這科能夠彌補我早上的挫敗。我先把題目看了一遍，有六題問答題，都在我意料之中。但是我的手指腫得像香蕉一樣。無法好好握筆。我艱苦的努力答題，寫完兩題之後，我的手抽筋，我停下來休息一下。無助的聽著別人振筆疾飛的聲音。

突然一陣疲倦淹沒了我。地板好像要從我腳下滑出去。我扶著桌子讓自己穩住。抬起頭來，白色的牆壁好像龍捲風一樣對著我捲過來，阿爾琪教授也在其中。我閉上眼睛，我最後記憶就是我的臉靠在冰冷的桌子上的感覺。

鈴聲把我叫了起來。剛醒過來的那一剎那，我不曉得自己身在何處。我聽到身邊椅子碰撞和腳步聲。同學們一個個走出大廳。一本打開來的寫了一半的筆記本瞪著我，一個本來應該完成的句子，寫了一半後面空無一字。我恨不得可以拿起筆來再寫，但是考場的規定非常嚴格。如果任何人不遵守規定，考試成績就作廢。我的眼眶裡充滿了眼淚，可是我忍了下來，踉踉蹌蹌地走出考場。

當我們回去考第三單元時，我的頭仍然十分的不舒服。中間休息的時候，我的同學故意避著我不和我說話就像我避著他們一樣。好像沒有人注意到我昏了過去。我咬著牙，拿起筆，在我的手指能夠承受的範圍裡飛快地寫。我三分之二的經濟歷史考卷是空白的。只有經濟政策考到幾乎近滿分才可能救我平安過關。

我差兩分沒過。這一年對所有經濟系的學生而言非常的不幸，我們班上三十個學生，三分之一的人沒有過。朋友沒有辦法安慰我，尤其是我們這經濟系的三個女孩裡，我是唯一被當掉的。「艾美」是一個聰明的中日混血兒，她是班上的第一名。另外一個女孩，「友蘭」，比以前更驕傲。她的外號是「天下第一」，所以妳就曉得她是多麼的大嘴又愛炫耀。

整個暑假，我都躲在三姑的宿舍裡。二哥寄錢給我，要我去泰國看他，但是因為我每個月的治療，我還是不能去。不能去也好，因為我也不想面對我那些東問西問的親戚。要重修一年，對我而言是奇恥大辱，我不想去向每個人去解釋我為什麼要重修。只有三姑曉得原因。她不但沒有像母親一樣揍我揍到哭，反而不厭其煩的安慰我。她盡了最大的力氣，用哲學的眼光來解釋我不幸的遭遇，但是在暑假即將結束的時候，我還是看不出來，這對我會有什麼好處。

第三卷
對太陽射箭

一

接著下來雖然是一個新的學期，可是我卻要把去年唸過的科目全部重讀一次。我的眼睛雖然是在看書，我的耳朵卻是在注意聽收音機。日本軍在九龍租界外面會合，他們的企圖有如司馬昭之心，人人皆知。但在同時，人們其實也不相信日本人敢對大英帝國的領土染指。不過香港政府仍然謹慎應對，小心處理，以防萬一。英國在香港的駐軍開始軍事演練；香港居民都要參與防空演習，政府也鼓勵年輕人加入後備軍隊。我們班上許多同學都去登記。在參加過幾個小時的訓練後，軍隊就發槍和制服給他們。這些年輕人，熱愛他們的國土，誓死也要保衛家園。

那段日子，每個晚上我都做著相同的夢。夢裡一條兇猛的龍在追我。這條龍有好幾個頭，每一個頭往不同的方向噴火。我身在一片寬闊的平地上，沒有地方可以躲。我越想跑，我的腳越是好像綁在地上動不了。這條龍慢慢逼近，我總是在睡夢中驚醒。

在一九四一年十二月的一個晚上，我正在準備第二天的期中考。收音機裡播放著日本軍隊的行蹤。新聞播報員總是報導得讓人聽起來以為日本軍在二十四小時內就要打進來。大部分的人都已經學乖不會馬上就跑去躲起來，因為過去的三個月裡，播音員每天都預測日本人會打進來。我把耳朵矇起來，把頭埋進阿爾琪教授的筆記裡。不管打不打仗，我都不能再被當掉了。我復習到深夜，也睡了幾個鐘頭。隔天早上，當芮妮和我正準備穿衣服上學時，空襲警報突然大聲的響起來。是誰決定現在要做防空襲演習的？難道他不曉得再過一個小時就要開始考試了嗎？當我們正在討論該不該疏散撤離的時候，舍監慢條斯理的走到我們這樓。

「大家不要緊張，」這位英國女士平靜的說，「只不過是演習而已。」大家聽到外面飛機飛過嗡嗡的聲音都跑到陽台上去看。我們看見一組戰鬥機飛過「昂船洲」，「昂船洲」是一個拿來儲存火藥的無人小島。我們看不出來飛機上的國旗是什麼，但是我們都認為這不過就是演習而已。

突然一小顆一小顆的子彈像是鳥屎一樣從飛機上掉下來。當我正在好奇的時候，突然一聲巨響震動我的耳膜，火燄從昂船洲裡頭射出來。我和宿舍裡的朋友嚇得互相對看。這不是演習！剛剛的爆炸是真的，那架飛機一定不是英國飛機。我們跑回宿舍打開收音機。接下來的幾個小時，我們聽到兩則令人顫慄的消息：一則是日本飛機攻擊珍珠港，又把英國在太平洋的戰艦擊沉。另一則就是美國和英國向日本宣戰。

我們剛才所目睹的正是世界歷史的轉戾點。直到那一刻之前，歐洲和亞洲各有自己的衝突。歐洲的戰爭和亞洲的戰爭是沒有關係的。但是當日本人越了界限去攻打西方國家的時候，兩邊的戲合為一齣，從此變成了一個全球的戰爭。那一天才是第二次世界大戰真正開始的第一天。

學校宣告考試取消。校務人員命令所有的學生返家。他們並宣佈，大四最後一年的學生會發給戰時文憑。我聽到這個宣佈時哭了起來，我的同學們在那一天都畢業了，但是我還要重讀第三年。

因為母親在泰國，成毅和我無處可去。成毅的一個朋友邀他一起去避難，但是我寧願到三姑在養中的宿舍。那時的公車已經停駛，所以我只能步行去她的學校。街上的人都在逃命，每個人看起來都驚慌不知所措。商店急著關門，那時有很多人正在店面前面排隊等著購買囤積貨品，爆炸發生後，這些店家只能把受到驚嚇的客人趕快送出門去。當我到了三姑的學校的時候，三姑正在那裡跑來跑去找東西。原來在炸彈丟下來後，她把所有值錢的東西，包括二哥寄給我的幾百塊錢，放在一個「安全」的地方。當我問她東西放到哪裡去時，她不停地眨眼睛。不管她的腦筋怎麼努力想，她都想不起來她把那些東西放到哪裡去了。我越是問她，她越是搞不清楚。幾個鐘頭之後，她突然想起來她把錢放在一個紙袋裡，然後扔在教室裡的垃圾桶裡面。我們趕快跑去教室救回那一堆「垃圾」，但是為時已晚，學校的工友已經把垃圾桶倒掉了。

❖　❖　❖

日本軍進駐到九龍半島。但是在香港島仍然可以聽到日軍和英軍來來往往的槍聲。這樣打了幾天後，突然安靜下來。我們可以看到英軍慌張的爬上渡輪和舢板要過到香港島這邊來，因為那時九龍半島已經失守了。

三姑和我認為我們兩個女人家，不能單獨處在這麼危險的時候。因此我去找九伯，他是父親的大哥，他和他的太太同意收容我們，他們的小孩都在泰國，所以他們有空出來的房間給我們兩個住。三姑和我把所有的衣物都塞在兩個帆布袋裡，一起走到九伯在維多利亞半山處的公寓。他的單元在地面那層，還包括了一個地下室。通常用來儲藏東西，我搬進去那天發現，在打仗的時候有個地下室，倒是個不錯的藏身之處。

黑夜之後，轟炸就開始了。日本人在九龍的山上放了一圈的大炮，利用高度的優勢，他們可以閉著眼睛就把砲彈射到香港島上。九伯似乎已經準備好如何應付這種情況，他帶著大家拿著油燈進到地下室。三姑和我拿了一張毯子窩在一個角落。我才剛剛坐下來，就被一陣用力敲門的聲音嚇到，外面的人在叫九伯的名字。「那是鄰居！」九伯說，然後就摸著黑去開門，一大群的影子進來裡面。我往三姑旁靠過去，多騰一點空間出來給鄰居們，沒多久整條街的居民都來擠在這裡。

大家雖然害怕，但是仍然很好奇。我從窗戶裡看出去，看到火花四處亂射。我的夢居然是真的。那一排大炮就是我惡夢中那個好幾個頭的龍。爆炸的聲音越來越靠近。整棟建築物開始搖晃起來，窗戶在震動，我緊緊地矇住我的耳朵，我以為下一個就要炸到我們了。但是砲彈略過我們炸到另外一邊。爆炸聲開始漸漸遠去。我們每一個人都鬆了一口氣。但是才沒多久，砲彈又掃射回來，聲音越來越近，一直到我們變成他們標靶的中心。

突然一個震耳欲聾的聲音炸到我們所在的建築。我的魂都出竅了。我身邊的佛教徒大喊「阿彌陀佛」，基督徒則唸著「耶穌救我」，我用手臂抱著我的頭。幾秒鐘後，房子並沒倒下來。我靠著的那面牆和以前一樣豎立著。爆炸聲又再次離我們遠去。

聽到這些人在對他們的神呼喊求救的話，我突然覺得很想笑。雖然我去了一個教會學校，也和三姑去廟裡，我不覺得我需要任何一個宗教來保護我。如果房子真的倒塌了，佛教徒認為他們死了之後會輪迴轉世再回來，基督徒希望到天堂去。至於我，我不知道我要去哪裡。嚴肅地說，其實我是沒有權利嘲笑別人的宗教信仰。

喃喃的禱告聲音繼續不斷，還有時大時小的爆炸聲。我大概靠在三姑的肩膀上睡著了，因為當我睜開眼睛時，太陽已經出來了，九伯叫大家回家，我跟著他上去，一陣冷風把我吹醒。我們趕緊走進家裡去看這風是哪裡吹進來的。走到廚房，抬頭一看天空在上方注視著我們，廚房的天花板已經不見了。

每個晚上，整條街的居民都躲到地下室來。當沒有炮彈攻擊的時候，我們說故事打發時間。九伯在一盞油燈下，瞇著眼唸，唸著這本中國的星相家幾百年前所寫的書。是九伯從汕頭的一個舊書攤裡買回來的。裡面有很多的手繪圖案，像是漫畫書一樣，內容是用沒有幾個人懂得的古文寫的。九伯年輕的時候是一個進士，他解釋書上的預言給大家聽。裡面有一張圖畫，在門的兩邊散落著屍體。根據九伯的說法，這是代表有兩個同時發生的事件。一件就是中國自己的革命，在一九一一年推翻滿清政府，另外一個事件就是一九一四年發生的第一次世界大戰。這些躺在門裡門外的屍體就代表千千萬萬死在中國大門裡外的人。

另外一張圖片是一個男人對著太陽射箭。九伯說，這就是指現在的中日戰爭。太陽是日本的國徽，射箭的人就代表中國。「誰會贏？」我問九伯。我們都很想知道這一章的結果。但是九伯還是繼續唸，最後他終於說：「我們沒有贏，但是也沒有輸。」大家發出了一陣不高興的聲音。每個人都很失望預言裡沒有說中國會打贏這場戰爭。一直到好幾年之後我才瞭解，九伯的解釋是正確的。中國並沒有打敗日本。是美國的原子彈讓日本最後棄械投降的。

這本書的最後一頁又畫了另外一幅戰爭的圖片。這次有一個男士在按一個按鈕。你可以想像嗎？幾百年前，這個作者已經看到按鈕的核子戰爭。「誰會贏？」我們又很緊張的問九伯。這次九伯沒有再看書，他自己回答我們：「當然是中國！」

「我不明白，為什麼英國人沒有再多送一些軍隊過來？」九伯在那裡自言自語。黑暗中，一位男士的聲音回答：「英國人一邊要和德國打仗，另一邊又要和日本打仗。他們根本不在乎香港。他們為什麼要在我們身上浪費錢？」

「那我們就應該投降，」九伯說，「沒有救兵，香港是無法自衛的。反抗就像是螳臂擋車。我們會被壓垮，而且很多人會不明不白的死掉。」

「我們絕對不能投降，他們說中國的軍隊已經在路上。我們馬上就會看到他們穿過邊界向我們這裡進軍。他們會把日本人趕回東京去。」

雖然我看不見說話的人，但是我聽得出來是一位年輕男子。他愛國的言論又讓大家嘆了一輪的氣。

「只有懦夫才投降，」年輕人勇敢的說，「我寧死也不會向敵人投降！」

「如果你那麼勇敢，為什麼要躲在這裡？出去打日本鬼子啊！」

「好了，夠了。我們不要自己內訌。」九伯告訴大家。

一個新的聲音說，「我們應該不惜任何代價打倒日本鬼子。不是因為我勇敢，是因為我害怕。記得他們在南京殺了千千萬萬的人嗎？光是這個例子，就曉得小日本如果把香港拿下來，會怎麼對付我們。日本兵會在街上東混西晃找女人。這些日本鬼子的殘忍，比起動物，只有過之而無不及。」

一陣顫慄穿過地下室。我們都安靜了下來，好一陣子沒有人說話。

聖誕節那天，是日本人開始攻擊香港的第十七天，該發生的事終於發生了。日本人的船在香港島登陸。沒多久，香港政府就投降了。雖然我們一點都不意外，但是聽到新聞還是令人震驚。日本人一定是從他們的間諜那裡拿到情報，不然他們不可能會挑這麼好的地點登陸。日本鬼子降落在北角的一個海邊，靠近我學游泳的地方。只有三百個後備軍人在守在那裡。這些志願兵對抗日軍，就如同小孩子在和職業軍人玩打仗一樣。這場浴血之戰，死傷慘重。只有一個人受傷生還。

我整天以淚洗面。許多志願兵都是我的同學。我為他們哭泣，這麼有前途的年輕人，他們的這一生還沒有開始就結束了。我為他們的父母、愛人，和他們的妻子哭泣，因為他們才是要背著這種天人永別的折磨繼續走下去的人。我非常的同情這些家屬的遭遇。我的父親去世了許多年，這些年來我的生命沒有一天是完整的。

❖ ❖ ❖

在日軍剛佔據的頭幾天，所有在九伯那裡避難的女性都留在緊鎖的大門後面。只有男人們兩三個一起出去。他們回來時總是帶來令人震驚的消息。他們告訴大家日本人攻略了一家醫院，用刺刀去刺已經受傷的士兵，並且還殺了醫生和護士。他們還說，日本人把所有的英國人趕到赤柱去。幾個我在香港大學的教授已經被關起來，其中包括一個也是英國人的金格敦教授（Dr. Gordon King），雖然他是醫學院的院長，和其他學院的學生沒有什麼關係，但是大家都曉得他。我在校園裡看過他，個子很高穿著一件實驗室的白袍。他不像其他的英國人那樣高高在上，他對學生十分和善，就像是對待平輩一樣。我聽到他被日本人關起來酷刑拷打折磨虐待，我的心痛簡直難以言喻。

九伯也帶回外面搶劫和強暴的消息。日本士兵饑渴地尋找「花姑娘」，這是日文對年輕的女子的叫法。如果反抗不從則死。但是那些沒有反抗的，在被日本人糟蹋完了後，也是生不如死。我那時只有二十三歲，身形瘦弱，皮膚白皙，我的五官讓有些人誤以為我是歐亞混血。

三姑擔心我的長相會吸引日本人的眼光，她開始想辦法讓我變醜。第一個，她不讓我穿合身的旗袍，所以不會曲線畢露招惹日本人的注意力。然後她找到一套苦力穿的黑色中式服裝，叫我套上去。最後，為了要讓我的臉配合我的衣服，三姑把醬油擦在我的臉上。我潔白細嫩的皮膚變得又暗又皺，而且癢得厲害。我連在家裡都得保持這個「妝」，因為日本兵隨時都可能會闖進來。

整個香港已經到了沒有法制的境界。所有的供應都中斷，食物的短缺越來越嚴重。就連一些有身分地位的居民都為了家裡的溫飽出來打劫。因為香港警察已經解散了，日本兵就變成法律的執行者，但是他們執行的法律和我們以前的法律完全不同。日本兵可以一句話都不問，就叫你跪下、頭低下。他還可以一下突襲，把劍就落在你的脖子上。日本人這種極端的懲罰是想為了要阻止人們偷東西，但是他們不可能阻止得了。一個飢餓的人還有選擇嗎？如果他不闖進那家店去那兒拿一袋米，他一家老小就會被活活的餓死。

我很幸運九伯在戰爭開始前，就已經把他的儲藏室都存滿了糧食。但是每次九嬸打開一個罐頭，我就會想到要是哪一天所有的存糧都吃完了，我們該怎麼辦？九伯是一個老人，其他的都是女人。眼前的日子令人擔憂。

一天晚上，我睡在九伯的客房裡，一陣呯呯砰砰的聲音把我吵醒。我聽過這聲音，那是炒菜鍋撞擊的聲音。人們通常用這種聲音嚇走小偷。這個聲音聽起來就在隔壁一棟樓過來的。我爬起來往外面看。一輛卡車開過我的眼前，卡車的車燈照得我的眼睛睜不開。幾個日本憲兵從卡車裡跳下來。他們拿著步槍對準一個人，然後開槍。我感覺好像子彈在我身體裡面爆開來了一樣。

我跌跌撞撞地趕快回到床上，身體像個球一樣捲起來顫抖。殺戮和死亡似乎是這麼樣的簡單。一個士兵，只要把他的手指頭扣在扳機上面拉一下。一分鐘前我還是一個有著希望和夢想的人，但是下一分鐘，我就只不過是一隻蛆要吃的肉而已。這個冷酷的事實讓我不自覺的害怕，牙齒不停的打顫。我緊緊地抱著自己，把被拉到頭上來，但是無論如何，都沒有辦法讓我暖和起來。

突然一個非常溫和的聲音在我耳邊響起。剛開始時，這個聲音非常的細微，但是我仔細地聽，這個聲音變得非常的清楚，好像說話的人就站在我的旁邊。他說：「一切見子而信的人得永生，並且在末日我要叫他復活。」我回答：「人若喝我所賜的水就永遠不渴。我所賜的水要在他裡頭成為泉源，直湧到永生。」我的回憶頓時出現了以前在學校讀過的經句。我以前只是把這些話記起來，考個好成績，但是從來不懂得是什麼意思。現在當我真真實實的和死亡面對面時，這些經文開始變得有意義了。耶穌基督所答應的永生不是夢幻或字句而已；是真的有一個這樣的地方在等著我。任何一顆子彈可以馬上就奪走我短暫的生命，但是我可以讓我的靈得到永生。一陣暖意席捲了我的身體，我停下來不再顫抖了。

隔天早上，我走去我以前的學校，義大利英堂。現在外面的牌子已經改成「聖心」。因為日本和義大利同屬協約國，學校裡的修女把學校改名以表示她們和義大利沒有關係。就算如此，日本鬼子一定曉得這些修女都是義大利人，不會對她們輕舉妄動。放眼望去，校園裡沒有一個日本人，我真是太高興了，因為在這裡面，我可以不用向日本哨兵鞠躬。

走過校園，我發現很多中國人躲在這裡。我沒有和認識的人閒聊，只是直接走到安吉麗娜修女的地方。我告訴她我想馬上受洗。在這種兵荒馬亂的時候，我希望在我死掉的時候，我的靈魂能夠上天堂。我的苦力的裝扮，並沒有讓她馬上認出我來。等她回過神來，她對我說：「我很高興妳相信上帝，但是受洗，要先經過教會的程序。我恐怕現在幫不了這個忙。妳可以看到……」她的話還沒說完，她的眼睛轉到窗外那些在中庭裡打地鋪的難民們。

我對安吉麗娜修女的拒絕感到很失望，我走出她的樓，看到瑪麗修女，她是我以前的法文老師，她的肺結核才剛剛痊愈。雖然她的外面穿了一層又一層的修女服，她還是看起來像根乾柴一樣瘦。我問候她的身體如何，然後告訴她我想受洗的願望。「我不覺得有什麼不可以的。」她回答我。她堅定的聲音，聽起來不像是患過肺結核的病人。「妳在英堂做了這麼多年的學生。一定也學了不少。以現在的情況而言，我覺得妳應該馬上受洗。其他的就交給上帝了。」

她幫我找到了一個義大利神父，我就在隔天受洗，成為天主教徒。

二

很多人都要離開香港，日本人並沒有攔著他們，因為這樣他們也可以少養一點人。香港的食物大多是靠進口。沒有人曉得這個戰爭還要持續多久，只要戰爭一天不停，香港的經濟就不會有任何進展。所以對居民而言，不是選擇留下來餓死，就是到逃到中國內陸尚未被佔領的地區，也就是所謂的大後方。

三姑和我決定加入一群人一起出走離開香港。那時有幾條逃亡的路線，一條是從澳門走：澳門是葡萄牙的殖民地，葡萄牙是中立國家，離香港坐船只有幾個鐘頭。因為三姑是在澳門出生的，很自然她選擇這條路。如果情況好，她可能就留在澳門。我那時偏向選擇跟著我的小弟成穀走。他打算坐船到越南，然後穿過越南，進到中國的廣西，然後再去重慶，重慶是那時大後方的首都。他到了那裡之後，有幾個大學可以選擇。為了躲避日本人，很多優秀的大學，都搬到了國民黨最堅強的四川省。成穀很希望能夠完成他的學業，我也是。但是當我問他我可不可以跟他走的時候，他居然說：

「這段路，不是一個女人家能走的。難民的生活非常的艱苦。妳到時候只會變成我的負擔。妳最好留在家裡等到戰爭結束。」

你看他有多自私！在港大的時候，我們是最要好的朋友，一起去跳舞，一起在圖書館裡唸書。自從母親在泰國留下來之後，他是我在香港唯一的親人。至少我們應該相互依靠。不過我曉得我就算不靠他，也可以自己找到去重慶的路。

幾天之後，我坐在一條去澳門的船上。三姑和我，還有她的室友鍾小姐，我們三個人一起搭船出發。香港在我們身後，離我們越來越遠，幾架日本飛機在我們頭上盤旋。船長把我們趕進船艙，告訴我們不要動。就在幾個禮拜之前，一個我的同班同學，也是走這條路搭一樣的船。在日本軍機俯視的範圍之內，他居然棄船爬到船的欄杆上跳進海裡。他對自己游泳的技術很有把握，以為可以躲過日本軍隊的子彈掃射。但是很不幸的，他忘記一月的海水非常冰冷，再強壯的人都沒有辦法在這樣低的水溫下存活。我可憐的同學從此再也沒有浮出水面。結果日本軍機掉頭飛回去，他們一槍都沒開。

在澳門，三姑的表姊收容了我們。在她已經擁擠的公寓裡，又多加了我們幾個難民。糧食不足的問題在這裡也非常嚴重，房子的主人只給每人每餐一碗飯。那年的冬天特別的冷，滿街都是那些無家可歸而凍死的屍體。這麼惡劣的天氣，像是老天爺在模仿人類在地球上所創造的災難。每一個人的日子都不好過，我不是主人的親戚，也不好意思在這裡住太久。

在泰國的二哥一封來信，又幫忙我解決了問題。自從香港被日軍佔據後，香港和世界各地都斷了線。但是到澳門的通路還在，因為澳門一直都沒有參與這次的戰爭。我很高興聽到成堅的消息，但是更高興的是，他寄了四百塊給我。我決定用這筆錢到大後方去。

鍾小姐也有同樣的想法，我們同意一起走。三姑幫我聯絡到她的一個朋友，我叫他八哥因為他是家裡的第八個兒子，他的個兒小小的，皮膚看起來像衣服在熱水裡洗了後縮水了一樣，滿臉皺紋。多年前我在廣東的時候，在過節時曾經和三姑到他家住過。他在日本人侵略廣東時，逃到澳門，現在他正在籌組一個團穿過邊界進到大後方。鍾小姐和我決定加入他們。

一輛貨車可以載三十個人到岸邊。中國就在河的另一邊。帶隊的人告訴我們過了河的那邊，就是土匪的地盤。為了保護我們安全的穿過那塊地區，他向我們每個人收錢，一共集了幾百塊做為「過路費」。我穿著苦力的衣服，臉上抹了醬油。八哥教我一些說話動作的樣子，所以看起來真的像一個苦力，除此之外，還要說一些粗話像是「他媽的」。不過我的舉手投足大概一點都不像，因為我聽到和我們同行的其中一個人說：「她一定是裝的。」

領隊告訴我們還不能過河。一條日本的砲艦正在巡邏這個地方，而且我們曉得他們一旦看到我們一定會開槍射殺。我們要等他們開過去了之後才能過河。一個下午過了，日本的砲艦不但沒有開走，反而把錨拋下來停在這裡。我們在這裡過了一晚，然後又一晚。這個貨車司機認為坐在這裡陪我們等，是在浪費他的時間和金錢，他給我們下了最後通牒：他早上就要走。我們如果不跟他一起回去，就要自己冒險留下來。

當大家在討論該怎麼做的時候，我把我的念珠拿出來，閉上眼睛，一心一意的向聖母瑪莉亞禱告。我從來沒有這麼用心的禱告過，也從來沒有這麼樣的想要一樣東西。才剛剛數完我的念珠，就聽到有人大喊，砲艦往上游開過去了。卡車司機大叫：「快快快！」「日本人一下就會回來了，要過現在快過。」我們一夥兒人趕快跑到事先準備好的小船上。八哥本來該是我的監護人，但是他把我和鍾小姐放在同一條船上。他還說：「妳們女人動作太慢。我去和男人坐一條船。」

我忘記提到鍾小姐是「養中」的體育老師。她不但是個體育健將，也比我強壯很多。你會以為和一個比我強壯的人配在一起是件好事。但是我馬上發現其實不然。我們體力的差距，讓這條船不停的繞圈子。其他的人已經到了對岸了。我們還在河中間原地打轉。如果砲艦回頭，我們必死無疑。鍾小姐對著我大喊要我划快一點，但是我已經儘我所能的在划了。這讓我想起來以前我和成毅划船時，我們總是一起數著一個：「一二三，一二三」。我嘴裡不停地喊著。我們的槳開始同步了。船開始歪歪斜斜的前進了。當我們終於靠岸的時候，八哥的臉黑的像是要下雷雨的烏雲一樣，他問我們：「妳們兩個為什麼這麼慢？妳們害大家都在等妳們兩個。」他對著我們大吼大叫，你說有沒有這種人？

從那裡開始，過來的人各自分開了。每個人往不同的城市和村落去。我們這群包括八哥，鍾小姐，和我要去戰時廣東省的首府「曲江」，我們準備先繞道到「四會」停一下。八哥的哥哥住在那裡。我們唯一的交通工具是我們的兩隻腳。我們連續好幾天走在泥巴路上，不然就是爬山，或是走在草原上，山溝之間。我本來就走不快，更不要說搖搖晃晃地走在一根架在峽谷間的樹幹上，或是河面上那只有幾吋寬的木板中間。這樣的地方，我能走多快？八哥不停的威脅我，說我如果我走太慢，他就不等我。

「快點，快點！」他對著我大吼。「妳以為你是『香港小姐』嗎？」

晚上我們落腳在村莊裡的旅社。廣東是中國的「飯碗」，有許多的美食。在一天的腳程之後，我們會點個料多碗大的雞煲或是鴨煲來充饑。但是我們住的地方，就不是這麼回事了。床墊是妳無法想像的骯髒，上面到處有蝨子在爬，整晚都在吸我的血，不僅如此，蚊帳上更是佈滿了蝨子等著一起分享這頓盛宴。睡了一會兒後，我的頭皮突然開始癢得不得了。雖然我看不見什麼東西讓我頭皮發癢，但是我曉得一定是個什麼蝨在我頭上築了個溫暖的窩。我以前聽過頭蝨，但是這是我第一次認識牠們。

我很高興終於到了「四會」。八哥的三哥逃難廣東後，就在這裡落腳。「四會」是一個富裕的地方。好幾條河流在這裡匯集，也有外地的錢穩定的進來這裡。很多這裡人的兒子到了美國的「金山」，尋找他們的財富。他們把妻子留在這裡，人們叫她們做「活寡婦」。和真正的寡婦不一樣的是，她們物質生活是非常舒適的。她們有磚造的房子，小孩子上的學校也是在漂亮的建築物裡面。對我們一行人而言，在長途跋涉了這麼久之後，這裡是個歇腳的好地方。

我們的男主人和女主人對我們非常的慷慨。他們兩個女兒「雲梅」、「雲蘭」和我同年。她們兩個也是非常的和善。因為如此，八哥決定要留下來。當然囉！女士們什麼事都幫他做，他一點力氣都不用出。這裡產的酒又便宜又烈，他每天都把杯子加得滿滿的。鍾小姐在當地的學校找到一份工作，和一個男同事開始交往，也決定要留下來。

我該怎麼辦呢？我原本是要到曲江找一份工作，存夠了錢，然後到重慶去找成毅。每次一談起我的計劃，八哥就不屑地說：「妳找工作？妳能找到什麼工作？」

但是接下來發生的這件事讓我無法留下來。有一天走在路上，我突然感到一陣噁心，一股東西衝向氣管。一口血就這樣吐在旁邊的水溝裡。雲梅看到大叫：「妳沒事吧？」我把飛子的話告訴她，「是牙齦流血。」假裝沒什麼大不了，繼續和她們一起去市場。但是我的心像石頭一樣沉下去。我一直沒有去面對又開始發作的頭痛和發燒，騙自己說那只是因為太累了。但是現在這口血逼得我要面對現實。因為戰爭開始，原本可以將我治癒的氣胸治療中斷了。我的肺結核現在又開始做怪，這樣可能會傳染給我身邊的人。

那天晚上，我躺在帆布床上，面對著牆睡。我不想對著和我睡在同一個房間的雲梅、雲蘭兩姐妹。我心裡面滿是愧疚，她們把我當做自己人。如果我住下來，她們可能就會被我傳染，所以我下定決心離開這裡。

隔天我就把我的決定告訴雲梅。我告訴她成毅可能已經到了成都，一定會要找我。同時我也問她曉不曉得怎麼樣可以到曲江去。雲梅是一個非常善良的女孩，她幫我詢問她做軍官的未婚夫。他介紹了一個朋友給我，這個人是個連長，正要和他的兩個兵到省府去。他答應帶我一起去。這就是為什麼我和三個年輕男子在舢舨上過了三天三夜的原因。

沒想到這個連長是一個紅樓夢迷，一路上我們暢談共同的喜好，感謝上帝可以有一件事情能讓我把煩惱暫時擱在一邊。舢舨上沒有廁所，當男生們可以就對著船旁邊解放的時候，我得要憋著等到吃飯的時候，船夫才會划到岸邊停下來。船一停下來，我的第一件事就是趕緊去找廁所。

我們在將近傍晚的時間到達了曲江。我和這位軍官走到城裡，看見這裡的房子很簡陋。雖遠不及廣州的富裕，但是有她迷人之處。河流穿梭於小鎮之間，這也是為什麼這個地方稱做為「曲江」。

連長送我到一個他認為價錢合理的旅館。然後我就要靠自己了。城裡有一個港大學生的服務中心，但是我不曉得在哪裡，也不曉得怎麼去找。不過我也不是很擔心。也許就像人們說的，「如果你沒看過鬼，就不會怕黑。」一直到那時，我還沒碰過壞人。香港是一個安全而且單純的地方。我從很小年紀就自己在外面跑來跑去，從來沒有人警告過我要小心壞人，但是我可以告訴你，在我到達曲江的第一天，就學會了要小心。

那天晚上正當我要好好睡個覺的時候，才發現這是個什麼樣的旅館。男男女女喝酒吵雜的聲音從薄薄的那片牆裡穿過來。我害怕得不得了，把兩個帆布袋擋在門口，我坐在床上，穿著旗袍，準備只要有人一闖進來我就可以隨時跑走。快天亮的時候，突然有人用力的搥門，大喊：「出來！出來！」我打開門，看到人們從房間裡跑出來。「日本鬼子的飛機要來了！」一個男人對我大喊：「妳要趕快離開！」

「去哪裡？」我問。那個男的說了一大堆的什麼「馬壩」「王田壩」一大堆「壩」。後來我才曉得「壩」是指附近的縣，但是那是我到曲江的第一天，我根本不曉得「壩」是什麼意思。我只曉得和其他人一樣跑到街上去。我站在一個角落，綿綿的細雨在我臉上滑下，我不曉得該去哪裡，該跟著誰跑。竄逃的人們，滿街都是。就在一片混亂當中，我看到一個打著黑傘的女人向我慢慢地走過來。

「妳是香港來的嗎？是不是？」她問我。

她的問題令我驚訝，但也是一個非常意外的驚喜。她一提到香港，就讓我感覺到一股溫暖。我回她：「是的，妳怎麼曉得？」

她只是微笑。她是一個非常漂亮的女人，年紀很輕，卻又老練到可以一眼就看透我。「妳大概不曉得去哪裡。」她說。「那不然妳就跟我走好了？我會帶妳到妳該去的地方。」她把雨傘移到我的頭上，帶著我走。走了幾條街之後，她碰到一個熟人，一個穿著軍人制服的男人。

他們聊了一會兒，那個男的看了我一眼，建議我們到一個茶館吃點心。能夠有東西吃，讓我立刻雀躍起來。我還沒吃早飯，我的胃正在叫。他們和我走到其中的一個「壩」，在那裡我們吃了一頓非常飽足的早飯，有包子和餃子。

「妳住在哪裡？」這個穿制服的軍人問我。我告訴他我住的旅館的名字。「不行！」他說，「那個地方很糟糕的。我曉得一個比較好的地方，讓我帶妳過去。」

當我們回到城裡，他和那位女士幫我把我的行李搬到他們推薦的那個旅館裡。等我們一進到房間裡，我看到那個男的整個人大剌剌的攤在我的床上，那是我第一次感覺事情不妙。我才認識他，他就這樣躺在我的床上，好像我們是老朋友。我只想趕快逃出這個地方。一會兒，那個女的建議我們再出去，我馬上同意了。我們三個一起出去，在那時，我曉得我該向他們說再見，但是他們兩個，一人在我的一邊，我不曉得要怎麼逃脫。

在街上，他們又碰到另一個他們的朋友。這個人穿著中國傳統的絲綢衣衫，在香港，只有幫派的人才穿這個樣子。這讓我馬上警覺起來。當他們介紹我的時候，另外一個人從街的另一端向我們揮手。我的兩個「朋友」走過去又和這個人打招呼。好像城裡的每一個人他們都認識。

當他們過去和那個人打招呼的時候，他們把我留在原地和那個穿著絲綢衣衫的男子在一起，這位男士問我，「妳和他們是什麼關係？」

「沒有關係，我今天早上才認識他們的。」

「他說妳是他的表妹。」他打量著我的來處，對我說：「妳應該去找也是從香港來的人。」

「可是我不曉得去哪裡找。」

「他們都住在青年會館裡。」他馬上給我那裡的地址，叫我趕快走。

當另外兩個人還在忙著和他們的朋友聊天的時候，我趕快溜走。現在想起來，這個穿絲綢衣衫的男子，不是保鑣就是送來保護我的天使。如果他沒警告我，我不敢想像如果我落入那兩個人的手裡，我的命運會變成什麼樣子。

在青年會館的大廳，我碰到幾個熟面孔。我高興得說不出話來。只能張著嘴瞪著他們。「妳怎麼到這裡來的？」我的同學對著我大叫，我沒有回答他們，只是不停地大聲的說，「我也來了，我也來了！」你沒有辦法想像我們的情緒有多麼的激動。就在那個時刻，我們全部都回到了以前在學校的時光，回到可怕的戰爭發生前的時光。我們重溫那段大家互相戲弄和開玩笑的日子，就像又回到了田園般的港大校園裡。我希望那珍貴的時光可以永遠不變，但是現實在催促著我，我把我剛剛碰到的那幾個人的事告訴他們。大家的玩笑突然停下來，幾個男同學們和我一起到那家旅館去把我的行李拿過來。

我的同學們告訴我去找金教授，他剛剛才從赤柱逃出來，他現在是所有流離的香港大學學生的監護人。我尋著地址過去，但是門上的名字是中文，「王國棟」。我想那不是金教授。我沒有敲門就走了。回到青年旅館，同學們告訴我，那是他的中文名字。King中文就是「王」，「國棟」就是Gordon的譯音。

我又回去，這次我敲門了。一個人來開門，這個開門的人很高，我要把頭仰起來才看得到他的整個臉。他就是金教授，他一點都沒有變。日本人的監獄沒有讓他的眼睛裡的幽默感或是嘴角的微笑改變。我頓時想起來醫學院的學生這麼描述他：金教授接生小孩，就像接橄欖球一樣容易。他沒有要我自我介紹就讓我進去了。坐在他擺設著簡單家具的客廳裡，我告訴他我想到重慶去的計劃。很多港大的學生到那裡去繼續完成他們的學業。

「非常好！」他說。「我會開一個證明給妳，證明妳是港大的學生。妳到了重慶可以去唸任何一個公立大學，他們會接受妳的。他們都曉得我們港大的學生是一流的。」金教授驕傲的把背挺直。「我也會給妳五百塊旅費，每一個學生都可以拿的，雖然不多，但是可以幫助妳到達重慶。」

我非常高興聽到教授這麼說，因為二哥給我的錢已經花得差不多了。

他很快的把這些東西準備好交給我。在我走之前，他看了我一眼，問我說：「妳吃得夠嗎？」

我被他的問題嚇一跳，不曉得怎麼回答他。我很不好意思得扭動我的身體，希望一陣風可以把我這個輕飄飄的身體從他銳利的眼光前吹走。他沒有再追問下去，在我離開前，給我最後的囑咐：「好好照顧自己，下面這段路很長，不好走。」

三

在一個暖和的六月天，我離開曲江往重慶出發。和我同行的有四個男孩子。小周嗓門很大，也很時髦，主修工程，他的父親是我以前的小學老師。彼得和小劉兩個都是醫學院的學生，但是他們的個性天南地北。彼得喜歡開玩笑，他有一種尖銳的幽默感，有時讓人不是很舒服。小劉則害羞又彬彬有禮，而且非常在乎他畸形的耳朵——他的一隻耳朵沒有耳垂。三不五時，他會用手蓋住他的耳朵。第四個，我記不得他的名字了，他們就和那個年紀的任何男孩一樣討人厭。我叫他們「男孩子」，因為他們都比我小，從他們的舉止行為就可以看得出來他們有多幼稚。

這段行程要坐火車從曲江到桂林，中間在柳州過站。在出發的前幾天，我突然開始腹瀉得很嚴重。因為青年旅館沒有廁所，我要在半夜不停地跑到山上。當我上了硬鋪車廂後，我渾身都在發燒。這個車廂是不要錢的，所以擠的像沙丁魚罐頭一樣。我坐在硬幫幫的椅子上彎著腰，難過的要崩潰，我已經無法再承受了，就在這個時候，一隻手放在我的肩膀上。我抬頭看到一張很熟的面孔。我忘記他的名字，但是我認出他是大公報的記者，我在朋友的哥哥家見過他一次。當這個記者看到我人很不舒服，他邀請我到他和另一個記者的軟鋪包廂裡去歇著。我起先沒有答應，但是在他一再堅持之下，我答應了，我一躺到床上，就昏過去了。第二天早上起來後，感覺好多了。要不是這位好心人士，我不知道我能不能熬得過這段路程。戰後我碰到一個我們共同的朋友，我問她這位好心記者的下落。她告訴我，這個記者死得很慘。他在鄉下做一則採訪報導，被狗咬到腿。當時他不覺得有什麼問題，但是後來他神智不清，口吐白沫。幾天之後就死於狂犬病。

火車才進到柳州車站，空襲警報就響起來。敵軍的飛機從空中呼嘯而過，對著車站掃射。我趕緊下車跑到防空洞裡，嘴裡唸著：「我這次真的要死在柳州了。」中國人相信要死最好死在柳州，因為柳州的棺木是出名的，我現在到了柳州，和別人擠著躲在洞穴裡面，頭上槍林彈雨，炸彈隨時就要丟下來……

但是我想我的時辰還未到。飛機來得快，去得也快。當地人告訴我們，日本鬼子喜歡這樣開玩笑，沒幾天就來他一次。他們不是真的要來轟炸，只是要提醒當地人，中國人現在是在日本人的掌控之下。

當我們的旅程將近尾聲的時候，太陽也快下山了。火車嘎嘎的駛進桂林，一個有全天下最美麗動人的山水的城市。

詩人和作家幾個世紀以來描述了許許多多桂林令人嘆為觀止的山水。從火車裡往外看，我目睹了古人所看到的風景，他們一點都沒有誇張。這些石灰岩所形成地質奇觀，有些筆直尖銳的像一枝鉛筆；有些散佈在地表，有如軟綿綿的絲絨椅墊；其他還有些形狀就像是活生生的大象和駱駝正在喝水的樣子。有名的桂江，蜿蜒在這些石灰岩美景旁，在夕陽的照射下，平坦的像是一條紅色的緞帶。我有如走進人間仙境，在每塊石頭的後面，和在每個洞穴的裡頭，都住著善良的精靈們。

當我們準備進旅館時，夜幕已經下垂。雖然我們該趕快找點東西吃，然後回去旅館，但是我們都還年輕又精力旺盛，一定要親身體驗一下這個世界數一數二的美麗城市。我們把行李往房間裡一丟，馬上又出去了。其中一個男孩子建議去划船，所以我們往河邊走去。

我們五個人，擠在一艘租來的船上。男孩子們划槳，一直划到我們遠離岸邊。周圍的水波粼粼。一輪弦月斜倚在夜空中，像是繁星中的一抿微笑。另外一個月亮也對著我們閃爍，好像是要我們把她從水裡撈起來。之後，不曉得是誰說了一個李白跳到水裡撈月亮的故事。這幾個男孩子就開始比賽。還沒來得及想清楚，每個人就急著脫掉鞋子、襪子、衣服，和褲子。彼得站起來，脫得只剩下內衣。我把頭轉過去，不好意思看他。撲通，他跳下去了。接著其他每一個人，不管頭先還是腳先下去，也不管有沒有個跳水的架勢，大家都跟著跳下去了。

我只花了一秒鐘，就決定這樣穿著旗袍，跟著他們一起跳下去。水冷得我全身發抖，我只好用力的游。那種毫無禁忌的感受是那麼的奇妙！我躲過日本鬼子的子彈，和他們的砲艦擦身而過，從壞人那裡有驚無險的逃了出來。這條平靜的河能把我怎麼樣？何況我身邊還有四個保鏢。雖然我翻山越嶺走這麼遠的路，但是我終於找到了我的同鄉，我再也不會是孤零零一個人了。從日本人入侵香港以來，第一次，我笑了！冒著把河水喝下去的危險，我張開嘴巴發自內心的開懷大笑！

當我們回到旅館時，每個人都像隻落水狗一樣濕嗒嗒的。尤其是我，全身衣服都沾著河裡的爛泥。旅館裡的工作人員看到我們大喊：「你們跑到河裡去游泳了？那條河在我們附近這段暗濤洶湧，好多人在那裡滅頂了！」我們謝謝他們的好心忠告，一直等到回到房間裡才大笑出來。

那晚躺在床上，我回想著我這輩子發生過的種種。現在這段動盪混亂的日子，是我人生中最黑暗的一幕，但卻也是最美好的一頁。這條逃難的路，到現在為止，充滿了冒險和艱困，但是當這塊古老的土地的壯觀景色在我眼前展現時，我不再是個難民，我盡情的享受這份屬於這個古城的歷史和美景，在此時此刻，此情此景，我是一個驕傲的旅人。

隔天早上，我的朋友們和我到城裡的街上走走。火車下午開，我們希望儘量利用停留在這裡的每一分鐘。我們很高興發現桂林有很多的甜食。甜點商店滿街都是，我們一家家慢慢的逛，品嘗當地人所做的甜點。我最喜歡的是「酒釀蛋」。淡淡的甜味加上從發酵過的米裡面呈現出來的酒味。相信我，這是全世界最好吃的甜點。我的食慾一向不好，讓母親很煩惱，那天的胃口卻大的像條水牛。我也注意到我肺裡哮喘的聲音也消失了。

一個店裡的人告訴我們附近有一家旅館非常便宜，我們決定要在這個美味的城市多留一晚。這家旅館的價錢果真便宜，我們決定這次多租一個房間。因為我是唯一的女孩子，所以當然我要自己獨自一間。但是男孩子們抗議：「這不公平，為什麼我們四個人要擠在一個房間？」其他三個男孩子，趁小劉，那個耳朵畸形的男孩子沒在注意的時候，把他推到我的房間，把門鎖起來。我跑到陽台上開始哭了起來。

小劉大喊：「開門！Flora在哭！」

「你為什麼不去安慰她？你不是總是幫她提袋子，等她嗎？我們裡面，你是她唯一不介意共用一個房間的人！」

我害怕小劉會跑到陽台上來，我哭得更大聲。小劉的臉紅了起來，用力的大聲搥門。門突然打開來，他差一點就要摔到地上。一個禮拜以來的密切相處，我這幾個保鏢們的紳士風度的表相已經開始消失。他們把留在桂林的最後一天，拿來用來拌嘴。他們這幾個人，每到一個街口就要吵架，為了要往那個方向走爭論不休。我如果問他們：「那我到底該往哪裡走？」，他們就會說：「那看妳想要跟誰！」

我很高興我們終於又上了火車。下一站叫金城江，是一個很荒涼的前哨。這是鐵路的終站，再過去就是無法穿越的山脈。從這裡開始，唯一的路是一條又陡又窄的小路。因為大巴士已經停駛，只有運煤卡車往返在村落之間。這些卡車司機非常樂意收費載客，不過通常需要和他們討價還價一番來決定價錢。

中國人之間的溝通有時候很困難。每個省有自己的方言，就算一個省裡面，每一個村落的口音也相差非常大，聽起來好像是完全不同的語言。唯一共同的語言就是北平話，大部分受過教育的人都會說，但是香港來的就站在劣勢。香港人是英國的公民，我們從來沒有規定要學北平話。我們說的是廣東話，學校裡的中文課也是用廣東話教的。

妳該看看我們是怎麼努力的和這些人討價還價，把舌頭捲起來假裝我們會說北平話。當我們很痛苦的花了很長一段時間和司機講價後，司機搖搖頭用標準的廣東話對我們說：

「你們到底要說什麼？」

「你應該告訴我們你會說廣東話！」我們馬上回他。

之後講價的過程就容易多了。我們爬上卡車的後面，找一塊舒服的地方坐在煤塊的旁邊，開始我們顛簸的下一段路程。這雖然不是頭等艙的座位，但是卻是最令人振奮的一段路。幾千頁的中國歷史雕鑿在這一片片的岩石上面，每一塊石頭，每一粒砂子都曾經被千古的英雄和惡霸踐踏過。這個荒涼的國度，曾是三國演義裡英雄們出生入死的地方。兩千年前，中國分裂成三個版圖。在那對手們互相爭鬥，或是國家互相併吞的時代，這些山脈見證了人類歷史的勇氣和懦弱，忠誠與背叛，慈悲以及殘酷。經過這些地方，彷彿像是坐在一個偌大的舞台中間，觀賞著文學和歷史交織出來這段流傳千古的戲劇。這些故事都是真實的，這些人物也都是真實的，而我，正踩在他們曾經踏過的土地上。

當卡車經過烏江時，江水的顏色正如其名，我的感受有如一股洪流一樣淹沒了我。這就是當初消滅秦朝的叛軍首領西楚霸王項羽自刎的地方。敵軍屠殺了他的部下，追他到了河邊。過河是他唯一的活路，但是當他要騎著馬過這條浪濤洶湧的江水時，他的馬嚇得駐足不願往前走。項羽無法再回頭。在他自刎之前，他慷慨激昂唱出這首流傳千古的〈垓下歌〉：

力拔山兮氣蓋世
時不利兮騅不逝
騅不逝兮可奈何
虞兮虞兮奈若何

從卡車後面骯髒的座位上，抬頭可以看到一片萬里無雲的晴空，我心裡默默的對著天空吶喊，我和項羽對上天有同樣的疑問。我們兩個都被困在我們的時空裡，偉大的項羽和我都是可奈何又奈若何！

當卡車艱苦的攀登一段坡路後，吐出一陣黑色的煙霧，車子突然抽動了一下，然後就停下來再也不走了。司機往引擎裡再加上一些木柴希望能夠讓它重新發動，但是它就是不聽。隨著夜晚降臨，司機決定就停在這裡。放眼望去，附近沒有一個村莊，連一個小茅屋都沒有。我們只好在這裡露天睡一晚。

我看著周圍的石柱，筆直的倒吊著像屍體一樣。難怪這裡叫做吊屍崖。這個地方是有名的土匪大本營。我本來並不害怕，但是後來這些男孩子開始說一些有的沒有的事來嚇人，像是如果強盜經過發現我們怎麼辦，嚇得我雞皮疙瘩都站起來了。東西被拿走還倒是小事，丟了命可就不好玩了。對我而言，有比死還會更慘的命運。這些土匪可能強暴我，然後把我賣給妓院。這些男生看到他們把我嚇壞了，答應輪流做我的哨兵。他們的勇敢讓我放心，既然這裡也沒別的事情可做，我就把頭靠在一個石頭上，倚在這個石頭地上沉沉的睡著了。等我第二天早上起來的時候，只看到每一位說要保護我的勇士衛兵都在呼呼大睡。

隔天我們終於爬過了這個坡，司機把我們留在貴陽一個廢棄的房子裡過夜。從房子裡面的格局看起來，這裡以前可能是一個旅館或是宿舍，裡面有足夠的房間讓我們一人住一間，但是那些男孩子還是要擠在一起。他們大概就是喜歡繼續互相折磨，但是我只想離他們越遠越好，只是也不能太遠，在隔壁房間就好！因為不管怎樣，這棟樓是空的，每個房間的門都沒有鑰匙，還是有他們在旁邊比較安全一點。

房間裡沒有家具，但是在露天睡過之後，有個屋頂我就很高興了。我躺在地板上，睡在我的袋子旁邊。當我正要睡著的時候，我聽到一個奇怪的聲音。在黑暗的房間裡，我可以看到好幾隻動物的影子到處亂竄。大小像貓那麼大，但是那不是貓。是老鼠！我馬上衝出房間跑進那些男孩子的房裡。

我看不見他們的臉，只看到他們因為在笑而露出來閃閃發光的牙齒。「妳到這裡來幹嘛？這裡是男生宿舍。妳要妳自己的房間，妳有妳自己的房間啊！」我不理他們的嘲笑，找了一個角落蹺起來就睡著了。

我在貴陽最有趣的就是去造訪了一個岳飛廟，岳飛是我兒時崇拜的宋朝將軍。岳飛打敗胡虜的事蹟，讓中國人對岳飛有如偶像一樣的崇拜。現在日本軍隊侵略中國的領土，大家對岳飛的尊敬更是到達了最高點。人們對刺殺他的叛徒秦檜的恨，也更加高漲。每一個岳飛廟的外面都放了秦檜相，讓來訪的人洩恨。

雖然我現在是一個受洗的天主教徒，我想點支香祭拜我崇拜的英雄應該是沒有關係的。對一個勇敢的英雄表示敬意應該不是罪過，只要我不膜拜他就好。我的保鏢們非常樂意舉行另外一個儀式，他們往一張和真人一樣大的秦檜畫像上吐口水。這幅畫像也散發出尿液的惡臭，但是因為我在旁邊，這些男孩子只好忍住他們滿胸的愛國情操。

隔天談好價錢，另一輛貨車來載我們出發。越過一山又一山，雖然沿路顛簸，但是我們的心卻興奮得不能自已。因為車子已經越來越接近大後方的首都——重慶了。我們一行人在路上走了二十幾天。金教授給我們的零用錢也快要用完了。我們的衣服比乞丐還髒，頭髮比瘋子還亂。戰爭奪走了我們的家，我們的房子，我們所熟悉的生活，我們的一切。但是，我們是全世界最快樂的人。我們的視野從來沒有這麼遠大寬闊，我們的身心從來沒有這麼強壯堅實。逆境讓我們更加勇敢堅強，我們迫不及待的要去迎接這個世界。

在到達重慶郊區的那個晚上，我們為自己舉辦了一個慶祝晚會。男孩子們出去買東西，他們帶回來一瓶橘子汁。我們舉杯慶祝我們這一路的跋涉，在最後平安到達！我把杯子舉了幾次，發現這裡的橘子汁真好喝，這裡的橘子一定很特別，我從來沒有喝過任何飲料這麼好喝。這些男孩子們，又乾了好幾杯，做了很多的聲明，每一個人都要比別人喝得更多，說得更好！彼得告訴我們他的五年計劃，在這五年之內，他要逐漸改善自己的經濟狀況。到第五年的時候，他要買一輛別克轎車。他再也不要坐在運煤的卡車裡。我們為他又喝一杯。

突然我的頭昏昏的，我朋友們的臉開始變模糊。我可以看到他們在我面前說話，開玩笑，但是他們的聲音好像越飄越遠。我把頭靠在桌子上。所有悲傷的事情突然湧上心頭，所有過往的記憶都浮現我的眼前。我父親去世時，我只有三歲，母親出氣打我，飛子把肺結核傳染給我，往事歷歷。我相信我是全世界最不幸的人。眼淚嘩啦啦的在我臉上像瀑布一樣流下來。

這是我第一次喝醉。這些男孩子沒告訴我他們在橘子汁裡面加了酒。當他們喝多了開始起鬨，我反而有流不完的眼淚。他們沒有辦法阻止我悲傷的洪流。原本一個好好的慶祝，被他們搞砸了，這都是他們害的。

四

我們第二天大約在中午時分到達重慶。那天是個大熱天，我終於體驗到什麼叫做長江的火爐。男孩子們把我放在我的朋友董梅貞的家。他們去找中英文化協會，這個協會負責接待香港大學在重慶地區的學生。

梅貞和我在大學住在同一宿舍，她告訴我如果我到了重慶可以住在她家裡。她的父親是中國銀行的主任，派駐在重慶。在離開香港之前，她抓著我的手要我到了重慶一定要來找她。她保證她的家就是我的家。

梅貞看到我，高興得尖叫哭了。她真的信守她的承諾，他們全家都張開他們的雙臂歡迎我。她父親答應我一定會盡全力幫助我，她母親打理了一個客房給我，裡面有一個吊著紗簾的床，和潔淨發光的白色床單。在我把頭放在這完美無瑕的枕頭上之前，我有一件非常重要的事要先告訴他們。

「梅貞，我必須要告訴妳一件事情。」我一抓到我們兩個獨處的時間，就趕快告訴她。「妳曉得我一路是怎麼來到重慶的。我睡在那種到處都是跳蚤的蹩腳旅舍，還睡在火車上，甚至荒山野地裡。妳知道，我可能身上會沾到一些不乾淨的東西。」我不經意地抓抓我的頭。

她往後退了幾步，叫我等著別動。一會兒，她母親進來了，後面帶著一個傭人，手上拿著一條毛巾、梳子，還有瓶子。董伯母是一位非常有教養的女性，她和善的對我說話，讓我不會不自在。但是在同時，她和我保持安全距離，所以跳蚤不會從我的頭上跳到她的頭上。我很不好意思，非常後悔把這件事情跟她們說。

傭人把酒精倒在我濃密的頭髮上，一層層抹上去，一直到我整個頭皮都完全的浸在酒精裡。然後她用一條毛巾緊緊的把我的整個頭包住。要我戴著這個頭上包的頭巾睡覺。剛開始幾個小時，我的頭癢得厲害，之後這個感覺就慢慢消失了，我終於可以睡幾個鐘頭。第二個早上，傭人來把我頭上的毛巾打開，然後用一個齒很密的梳子把我整頭頭髮都梳了一遍。她梳完了後，把放在我肩膀上的毛巾給我看。上面有好多像是芝麻大小的黑點。

在休息過後，我把自己梳理乾淨，就到了中英文化協會報到。我的第一個問題就是有關我的弟弟成毅。當他們在名單上找到他的名字的時候，我非常高興，也鬆了一口氣。他已經平安抵達四川，也已經在武漢大學註冊了。但是他人並不在武漢，因為武漢已經淪陷到日本人的手裡。所以武漢大學現在搬到四川偏僻的山裡，成毅因此現在在那裡上學。我馬上瞭解他選擇哪個學校的原因，武漢大學是以經濟系出名，成毅對他的主修是非常認真的。我很為他高興，但同時也很難過我一時無法看到他。他的學校離重慶很遠，又在荒郊野外，交通十分不便。

在協會裡我也知道了政府給流亡學生的補助金。因為我不像成毅在港大有獎學金，政府能給予我的補助有限，補助金足以付我的學費，但並不包括吃住。幾天下來我不停的算，我恐怕沒有辦法再回學校唸書了，我必須得先找份工作。

我對這個城市完全陌生，不曉得該從哪裡著手找工作。唯一能夠幫我的就是招待我的主人，董家。我告訴梅貞我的決定，她幫我向她父親轉達。董伯父的回音非常振奮人心，他認為可以幫我安排一個工作。他認識一個人，認識蔣介石夫人——宋美齡女士。當我聽到這個消息的時候，我心裡認為，我所有的麻煩就要結束了。在那時，宋美齡掌管國家就像管自己的家一樣。她的哥哥是外交部長，她的姊夫是財政部長。就因為如此，國民黨當時的政權被人稱作宋氏王朝。政府裡多是她的親信和自己人。如果梅貞的父親認識這個認識宋美齡的人，他只要張口告訴他，一切都不會有問題。

幾天過去了，我的工作還是沒有任何跡象。一個月過了，招待我的家庭的態度開始改變了。董伯母原先把我當做女兒一樣的，現在對我非常冷淡。剛開始我不懂，為什麼每次我和她打招呼，她假裝沒看到。我說錯了什麼話嗎？終於，有一天梅貞告訴我，他們的親戚要來他們家，要住在我現在住的客房裡，問我是不是可以找別的地方住？

我對他們沒有任何的埋怨。我完全瞭解他們為什麼要這樣做。那是抗戰時代，每個人都有自己的親戚要照顧，他們對我的招待已經超過任何朋友該做的。住在他們那裡的時候，讓我從這一路旅途的勞累中恢復，並尋找其他在這裡的香港朋友，其中一個，是義大利英堂的同學「多莉」。她和她的姊姊住在一起，她的姊姊嫁給了一個重慶來的商人。多莉知道我找不到工作，於是把我介紹給她的姊夫。他的姊夫馬上就僱用了我，我們談好了工資，這份薪水，剛好夠讓我搬進一個青年會館。雖然這裡的條件並不是特別好，我的房間裡一共有十二個女生，但是那總是比睡在街上好一點。

這個公司是一個兩人公司。其中一個人是經理，另外一個人，我從來不曉得他是做什麼的。那裡只有一張桌子，我和那位經理輪流使用。工作很簡單，我需要做的就是偶爾幫他們撰寫英文書信。這就是他僱我的目的，因為他像其他的內地人一樣，一個英文字都不會說。但是這只是一個小公司，也沒有那麼多英文書信往返。我的老闆不讓我做任何其他的工作；所以在那裡做了幾個月後，我還是不曉得他們到底是做什麼生意。

但是比無聊更要困擾我的是那裡夏天氣候之熱。高溫加上潮溼，讓這個辦公室感覺像是一個蒸籠一樣。我要小心我所碰到的地方，就算是木頭的桌子，都可能把我的手指燙到。就算到晚上也沒有好一點，除了天氣熱之外，還有我室友們的體溫。我常常早上起來渾身溼透都是汗，累得發昏。不曉得我自己到底是真的睡著了還是昏過去而已。我的高燒又回來了，還有頭痛。僱我的經理可以看得出來我人不舒服，送我去給他做醫生的哥哥看病。他聽了我的胸腔之後，告訴我我的肺聽起來不大好。他叫我辭去工作在家裡待著，讓家人照顧我。

我告訴他我沒有家人，也無家可歸。

第四卷 燃燒的戲院

一

山窮水盡疑無路，柳暗花明又一村

這陣日子，陶淵明的這兩句詩常在我腦中打轉。就如同詩中的路人，我的前途似乎走到了盡頭。既沒有辦法在重慶住下來，也不能死在這裡。是有另外的城市在等待我嗎？還是文人從來不說真話？

有一天，當我走進青年會館時，不小心撞到一個正好走出來的女孩子。我們兩個同時都向對方道歉，然後我們互相對看一眼，那竟然是芮妮，我在港大的室友！她長而平淡的臉上綻現出開心的微笑，在一瞬間她變得漂亮了。芮妮有一種力量，可以把所有快樂的事情都凝聚在她的微笑裡，不但改變她自己，也讓她周遭的人都能感受到她的快樂。我突然覺得在漫長的雨季後，太陽終於出來了。我們互相抓著對方的手，高興的不停地跳，尖叫大笑，打量著對方。我們兩個都變黑了，衣服也破舊了，我們的頭髮因為沒有每天上捲子，也變直了，但是我們曉得真正改變的，是我們的內心。

等我們平靜下來後，芮妮告訴我她的近況。她正要去成都，成都是另外一個四川的大城市，很多大學遷校到這裡來。齊魯大學，這個非常頂尖的加拿大教會學校接受了她的申請。我的心又嫉妒又羨慕。大部分港大的學生都要去重慶外面公立的中央大學，只有少部分的學生能夠到成都去。因為成都裡面大部分的學校都是私立的，學費非常昂貴。

當芮妮聽到我在做事，她的臉馬上沉了下來。「什麼？妳沒有回學校唸書？妳已經唸完三年了，難道妳要現在放棄嗎？」

「我能怎麼辦？」我想說的是，不是每個人都像妳一樣有個有錢的爸爸。但是我沒有說，我只是告訴她，「我在曼谷的家沒有再寄錢來了。我如果不工作，怎麼吃飯過日子？」

「跟我到成都去，錢不是問題，我父親每個月寄一萬元給我。這錢養一家都太多了！」

她的慷慨讓我無話可說。我內心非常的感激，但是也很羞愧。我並不想揩朋友的油。就算是窮也要窮的有志氣。但是我也曉得，如果我不接受她的幫助，我的健康情況會每況愈下。

「好了，別猶豫不決了，妳只要去找金教授。他可以幫妳寫一封推薦信，然後妳就可以進齊魯了。他已經到了重慶，我幾個禮拜前才看到他的。」

所以我又去找金教授，告訴他重慶炙熱的天氣對我的健康不利，成都的天氣比較溫和，對我比較合適。我從來沒有告訴他我得了肺結核這件事，但是他一定從我的症狀猜出來了。他很快的給我做了一個檢查，然後很大的比劃了一下告訴我，「妳沒有問題，出去好好吃一頓！」然後他幫我寫了一封推薦信，信中提及我在港大的成績優秀，簽好名之後交給我。他大概以為港大的學生每個成績都很好。

他也告訴我趕快到英國大使館去。他們正在幫一團的學生安排交通工具去成都。我可能還會有位子。

❖ ❖ ❖

芮妮和我搭了這班英國大使館的飛機飛到成都去。飛機降落的時候，一片綠油油的國度呈現在我們眼前。花朵盛開綻放，這個村落以她動人的景色來歡迎我。我想就算陶淵明看到這裡的美景也會驚訝，他的詩句對我而言，有著這麼真實的寫照！

一輛休旅車把我們載到一個叫做「華西壩」的地方。華西是當地一個大學的名稱，原來是當地唯一的大學，但是自從日本人併吞了中國部分的領土之後，有些大學就遷校到這裡。這裡有北京來的燕京大學、南京來的金陵女校，和山東來的齊魯大學。

坐在休旅車裡，我注意到這個城市美得像是一個度假勝地。一大片綠油油草地，放眼看過去，一望無際。這片草地的邊上有一條小河纏繞著，就像是草原的蕾絲花邊。一排柳樹在河邊迎風搖擺，婀娜多姿。我和芮妮互相交換了一個眼光，我們心知肚明，這個地方比港大還要漂亮，只是我們嘴巴上都沒說而已。

車子開到了一個青年會館，我們把行李放下後，就一起到齊魯大學去看他們的女生宿舍。我們一走進去，就看到一個女學生蹲在地上，看她那用手搓衣服的勁兒，好像洗衣服是這世界上最享受的事。當她聽到我們說廣東話的時候，她停下來，大聲的對我們說：「妳們是廣東來的！我也是，我的名字叫雷為貞，我是廣東來的！」她站起來朝我們走過來。這女孩子全身充滿活力，她的眼睛不停地打量著我們，嘴巴也沒閒著，不停的問我們問題，我們是誰？我們在這裡做什麼？

說真的，每個人的生命都是要靠機緣。如果沒有碰到這個女孩子，我就不可能認識改變我一生的人。所以人生的每一步都要小心翼翼，一個微不足道的意外，就可能改變你人生的道路，走到你從來沒想過要去的地方。

我們和這個新朋友聊了一陣之後，芮妮和我就進到宿舍裡去參觀。我們看到的景象令我們對這個學校失去了好感。這個地方像是一個難民營，一點都不像是一個學生宿舍，每個房間的床一張張疊到天花板上。學生們睡在一層一層的床上，像是疊在一起的棺材，每個人的上面都睡了另一個人。房間的中間，是一長排的書桌，每個桌子只有一個肩膀的空間，大家擠在一起。地板上還有好幾吋從上個朝代留下來的灰塵，芮妮和我雖然並不期待這裡的宿舍像港大一樣舒服，但是至少一些基本的水準還是要有的。

我們回到旅館後覺得很沮喪。討論之後，覺得實在沒有辦法住在這種不是人住的的地方。我們決定到別的學校去看看。

隔天，我們去華西大學參觀。芮妮有認識的人在那裡上學，她的名字叫「瓊安」，也是香港大學的學生，但是比我們小幾年。她在學校大門等我們，然後帶我們去她的宿舍。我和芮妮一看到她的宿舍馬上就大叫了一聲「哇！」，因為這棟建築物裡面看起來像是個宮殿一樣。巨大的柱子矗立在又高又大的廳堂裡，外面漆著中國傳統的帝王喜歡的大紅色的漆。每一個柱子大到要三個人手牽手才能整個圍起來。那裡的地板是用上等的木頭地板鋪起來的，不但打掃得乾乾淨淨，還上了蠟。我走到每一個地方都看見有工友在掃地，他們把這個地方保持得一塵不染。

瓊安帶我們到她的房間去。一間只有兩個人共用，我們去的時候，她的室友不在。房間的兩邊一模一樣，一張床、桌子、衣櫃，還有一個小的梳妝台。

「和齊魯的宿舍比起來，這裡簡直是天堂！」我情不自禁的說出來。

「可能是因為華西大學一直都在這裡，而其他的大學只是流亡到這裡而已。」芮妮試著解釋她的想法。

「還有另外一個原因。」瓊安說。她圓圓的臉頰，長滿了雀斑，頑皮的笑著，她把聲音降低像是個小偷一樣，她告訴我們，「華西大學還有一個外號叫做『姨太太大學』，這裡有幾個學生是軍閥的情婦。她們被送來這裡唸書學點東西，所以在開派對時，不會言之無物。那些軍閥是我們學校最慷慨的捐款人。」老實說，我不在乎這個學校的聲譽。長途跋涉這麼久之後，我只想要找個乾淨的地方睡覺。

芮妮和我面覷相視，我們都再也同意不過了。馬上，二話不說，我們兩人直接就到了註冊組長那裡去，因為只剩下兩個禮拜就要開學了。

到了註冊組的辦公室後，裡面負責辦公室的一個操著四川口音的人問我們：「妳們為什麼這麼晚才來找我？我可以幫妳們註冊入學，但是我不曉得宿舍還有沒有房間。」

我們兩個都沒說話，不敢告訴她晚來的原因是因為我們原來是要去唸齊魯大學的。他要我們去找管理宿舍的一位英國女士，泰勒小姐。我們又回到宿舍，敲她的門。這位泰勒小姐對我們老大不高興。她把她兩隻纖細的手臂交叉在胸前，抿著她那老小姐的嘴唇，開始教訓我們不懂禮貌，不負責，然後告訴我們：「不可能」。芮妮和我把頭垂下，裝得很懺悔的樣子。她罵了一陣子之後，大聲的吸了一口氣，然後告訴我們：「明天下午再來，我再看看有沒有什麼可以做的。」

隔天下午，我們依約回去找她，她帶我們走到二樓，再爬上一個窄樓梯。帶我們進到一個乾淨，整齊，而且擺設得很漂亮的閣樓裡。我高興得想要抱住她乾枯的身軀。這個舍監不但給了我們一個最大的房間，這個房間還有最好的景觀。這裡真的是一個讓我度過未來兩年最佳的選擇。

二

我雖然很不幸要在港大重讀一年。但是如果我那年過了，現在我已經因為日本人的攻擊，拿到戰時文憑畢業。但是一旦我畢業之後，我就無法得到學校的保護。那時候的差三分卻變成我現在的護身符。因為還沒畢業，所以我才得以繼續待在金教授的保護傘之下。他幫助我進了華西大學，這是不幸中的大幸。這個功課輕鬆，校園美麗的大學，在那裡的兩年，正是我非常需要喘息的時候。每個學期開始時，所有的學生都要做胸腔檢查，我每次都通過。我從來沒有感覺這麼健康，而且有生以來第一次，我覺得我的體重開始增加。宿舍裡供的菜肴，加了許多讓舌頭麻痹的四川辣椒，讓習慣平淡的廣東口味的我很難下嚥。所以我喜歡向一個每天騎車經過的小販買地瓜來吃，沒多久，我的體重就增加到四十九公斤。衣服幾乎都通通穿不下了，但是我身上沒有一毛錢，只好用別針先來應急。

如果不是因為在華西大學那麼愜意的田園生活的話，我的命運說不定會和小弟成縠一樣。在我收到他的信之前，我做了一個夢。夢裡，大哥和小弟和我三個人在戲院裡。突然戲院著火了，大家紛紛往出口逃跑。出去後，我看到大哥，但是小弟呢？大哥說，小弟在裡面出不來。我想要進去救他，但是太遲了，整個戲院已經陷入一片火海之中。

隔天我就收到小弟成縠的來信，說他正在發高燒，被肺結核所折磨。他也在吐血。我馬上回他的信，告訴他到成都來接受治療。這裡最好的一家醫院是由所有在成都的大學一起經營的。成縠唸書的地方在荒郊野外，什麼都沒有，設備一定很簡陋。我去找斯楚德大夫，他是齊魯大學附設醫學院的院長，也是金教授以前的同事，同樣被授命照顧港大在成都的學生。他對成縠的遭遇非常同情，但是也告訴我，成縠不是成都附近學校的學生，他不能到這裡來看病。這裡的醫院和醫療服務是只提供給成都附近的學生。斯楚德大夫寫了一封信給成都市醫院的主任醫生，請他們允許成縠住院治療。

這位主任醫生，有一雙死魚眼，對我的態度很冷漠。我從一開始就看的出來他並不想幫我。他願意見我只不過是看在斯楚德大夫的面子上。他雖然沒有直接拒絕我，但是他用中國人委婉的方式告訴我：「我們現在沒有病床。」我只好回到宿舍等他的回音。一個禮拜過了，我還是沒有聽到他的消息。同時，成毅已經到了，正花錢住在旅館裡面。他的錢快花完了，就像他的最後一口氣也快用完了，他已經不再有野心了，換來的是一雙空洞的眼神。

我對我們自己人的冷漠非常失望！斯楚德大夫，一個外國人，這麼善良，為我們設想，為什麼我們自己中國人反而對自己人這麼沒良心呢？我又回去找斯楚德大夫。他當著我的面，拿起電話，找成都市醫院的主任醫生。

馬上，成毅當天就住進醫院裡。他被放在一個很大的病房裡，和其他很多病人在一起。這個病房對著中間的一個院子打開來，院子裡有很多醫院的洗衣婦們在那裡工作。每天她們就在那裡大聲講話，彼此互相叫來叫去的，非常吵雜。病人們在這種環境裡很難休息，而休息是肺結核的病人最需要的。我把這個情形告訴了斯楚德醫生，又再央求他一次是不是可以把成毅轉到齊魯大學的附設醫院，他又解釋了一次這個醫院只開放給當地學生使用。他想了一想後，給我另一個建議，在成都外面，有一個專門治療肺結核的醫院。有點遠，但是空氣非常清晰，環境很安靜。他的描述聽起來不錯，於是我同意把成毅送到那裡去。

我第一次去看成毅的時候才發現這個地方有多遠。首先，黃包車拉我拉了一個鐘頭之後，我在一個村子裡下來。拉車的師傅告訴我他只能拉到這裡，從這裡開始，我可以走路去，或是坐「公雞車」過去。

當我正在想什麼是「公雞車」的時候，一個農夫推了一個工人做工時裝石頭磚塊用的小推車過來，叫我坐在裡面。那就是所謂的「公雞車」，你可以想像坐在這種玩意兒裡面嗎？我坐在這個推車的裡面，腳吊在外面，背要一直挺著，因為沒有地方可以靠。每次經過一個凸起來的地方（路上到處都是）就要緊緊地抓著旁邊，免得小命都沒了。這是我坐過最不舒服的交通工具，但是我也必須說，再怎麼樣，還是比走去好多了！如果我想要走去的話，我一定會在這些蜿蜒的小路和農地裡迷路。這裡每一條路看起來都一樣，而且附近也沒有一個人可以問路。到處又散落著不知名的墳墓，我寧可死掉也不要在死人旁邊迷路。

這個醫院是一個長而平坦的建築物，好像是從天上掉進這裡的。白色的水泥牆，如同監獄一樣的嚴峻。但是斯楚德醫生說過，這裡空氣清新，環境安靜，適當的修養過一段時間之後就會復原的。

我在東側的建築找到了成毅。像其他的病人一樣，他躺在床上，但是沒有在睡覺。他凹陷發黑的雙眼好像在望著天花板。他看到我，乾裂的嘴唇露出一絲微笑，我摸摸他的額頭，還在發燒。

我那天只停留了兩個鐘頭。因為我不曉得去那裡要花這麼久的時間，所以我出發得比較晚。但是我答應他，我不只下個週末，只要週末，都一定來看他，一直到他好起來可以回學校為止。他一聽到可以回到學校過著正常的生活，嘴唇顫抖起來。我突然想要哭，但是在他的面前，我一定要堅強，「不要哭，你會讓我觸霉頭！」我用母親的口氣對他說。雖然他的人很不舒服，但是他的喉嚨發出一種聲音，是他勉強發出來的笑聲。

三個月來，我都一直信守諾言。但是有一個禮拜我必須留在學校準備期末考。等到下一個禮拜天我再去看他的時候，他的樣子把我嚇到了！他的臉發白發綠，嘴唇的顏色像是灰一樣。成穀看到我哭了起來，他過去十天發高燒到四十一度。我心裡十分的難受，成穀日子不多了，可是我忙到沒有時間來陪他，我們緊握著手流淚。

「不要害怕，」我告訴他，「不管怎麼樣，我會想辦法把你治好。」等到我的話一說出口，我就發現我做的這個保證是多麼的狂妄。我又不是醫生，又沒有錢。我怎麼治好我的弟弟？

那天晚上我回到城裡，我直接到教堂裡去。就在我推開那扇沉重的木門的瞬間，一片黑暗吞噬了我。一根細長的蠟燭在遠方閃爍著，我摸索著朝著那根蠟燭走去，發現我正好站在聖母瑪利亞的前面。我跪下去，懇求她救救我的弟弟。我的眼淚像是決堤的大水淹沒了我的臉龐。

我兩隻手合起來摀住嘴巴蓋住我啜泣的聲音。當我抬頭再看的時候，聖母瑪利亞正在注視著我，她的眼神充滿了同情。

我已經不記得我到底數了多少念珠。我的膝蓋已經跪得發紫，但是除非聖母瑪利亞告訴我她可以治好成毅，我才會起來。終於，一道溫柔的光從她頭上的彩色玻璃裡散發出來，她的身影像是白天一樣清楚。我急忙跑到斯楚德醫生的家裡，你看我瘋狂到一大早天才亮就到人家家裡去按鈴。他的太太穿著晨袍來開門，我馬上開門見山的告訴她成毅的狀況，她馬上到樓上去找她丈夫下來。斯楚德醫生下來後，我又再一次的求他讓成毅住進齊魯大學的附設醫院。不然我的弟弟一個禮拜內一定會死掉的！斯楚德醫生馬上行動，他寫了一張命令把成毅轉回齊魯的醫院。

我一聽到成毅進了齊魯的病房，我馬上去看他，雖然我很高興，但是也有心理準備。他現在命在旦夕，這裡的醫生雖然醫術高超，但是他們也沒有辦法創造奇蹟。成毅看起來很累，好像他身體裡剛剛發生了一場火災，把裡面燒個精光，只剩下外在一具脆弱到一碰即裂的軀殼。他凹陷的雙眼發出一股奇怪的綠色光芒，好像是他已經在閻王爺那裡走過一遭的樣子。

為了要隱藏我對他情況的憂慮，我喝斥他不好好照顧自己，我告訴他這次我好不容易把他轉進這家全國最好的醫院，他不能再令我失望。他應該要聽醫生和護士的話吃飯和睡覺，不要擔心任何事情。真丟人，他應該是要來照顧我的，現在居然是我要來照顧他。他最好趕快康復，不然我會對他很生氣。我一直不停地囉嗦他，深怕我一停下來，他就撒手西歸離我而去。

一個穿著白袍，個子很高的男士把我拉到一邊。這位鄧醫生是一個實習醫生，也是我的堂妹海倫的未婚夫。他和海倫兩個也一起從香港來到這裡，他在齊魯繼續他的學業，海倫是一個護士，在別家醫院找到了一份工作。

我們一出了病房，在成毅聽不到的地方，鄧醫生說：「教授今天早上帶我們到這裡巡房。他就是要帶我們來看成毅的病情……」我的眼睛盯著他的停下來不動的喉結。「他告訴我們成毅是一個沒有希望的病人，因為病菌已經擴散到胸腔膜。」他用了更多的醫學名詞來解釋。我雖然聽不懂他講的每個字，但是他要說的卻很清楚——成毅只能等死！胸腔膜是最後一道防線，如果胸腔膜都被感染了，這場仗就打不贏了。我瞭解醫生已經無計可施。他們現在能做的只是減輕成毅的痛苦而已。

「我們今天從他的肺裡抽出一盆的水，」鄧醫生告訴我，「現在的積水看起來還是清的，如果變成黃色的時候，他的日子就差不多了。」

我把視線移到他的鞋尖上，所以他不會看到我眼睛裡的淚水，鄧醫生答應我會隨時向我報告情況。

接下來幾個禮拜，成毅一直都保持相同的狀態，沒有好轉，但是也沒有惡化。「成毅，我曉得你從來沒有上過宗教的課。但是現在這樣的情形，你必須要靠神的力量來幫助你走過這段日子。」然後我告訴他那次在澳門的河岸，親身體驗到念珠的奇蹟。「聖母瑪利亞聽了我的禱告。也許她也會聽你的虔誠的禱告。你能不能聽我的話一起唸『萬福瑪利亞』（Hail Mary）？」

他的眼皮眨了一下。我可憐的弟弟，以為我不能承受逃難的苦難，現在自己卻和死亡在搏鬥。他輕輕的跟著我一句一句的說。我可以看的出來，這些話對他而言沒有什麼意義，但是當我說到最後一句的時候，我看到成穀的眼睛閃爍出理解的眼光：「為我等罪人，今祈天主，及我等死後。（Pray for us sinners, now and at the hour of our death）」我們兩個唸到這裡時，都泣不成聲，無法繼續下去。

就在那之後，有一天，鄧醫生來告訴我，現在抽出來的水已經是黃色的了，就如同他當初警告我的一樣。

接下來的那個禮拜，只要我一醒來，我就陪在成穀的病床旁。他時醒時睡，我握著他的手，除了禱告之外，我還說一些小時候的事給他聽。不管他聽不聽得見，我只要成穀能夠曉得，他並不是孤單單一個人在這裡。有時候他的眼皮會跳動，我認為那是聽到我說話的反應。有時候他只是很平靜地躺著，連呼吸都感覺不到。他的被單平平的蓋在床上，好像裡面是空的一樣。醫生已經停止了所有的治療。他們準備再過幾天成穀就要死了。但是他一直撐到下一次醫生來抽他肺裡的積水。可是這次抽了半天，管子裡沒有清水，也沒有黃色的濃液流出來。他的肺已經自然的乾了。你說如果這不是奇蹟，什麼才是奇蹟？

醫生不知道要該如何解釋。他們很驚訝他的肺居然能夠自然痊愈，但是更令人驚訝的是，健康細胞正在他的肺裡面重新長出來。大部分的肺結核患者，需要手術切去肺裡壞死的細胞。成毅在醫院裡認識了一個女孩子就是這樣。她的身體只剩下左肺，因為她的右肺已經壞死，醫生只好開刀切除。但是成毅肺裡的細胞卻是好好的活著，醫生們對他完全康復抱著很大的希望！

三

就在成毅脫離險境的時候，我墜入愛河了！他是燕京大學的學生，一個北方人，是我的夢中情人，他是一個高個子、英俊、善良、有智慧的男生。他姓楊，他父母的教育水準很高，父親是北大教授。但是我們之間有一個問題，所以在剛開始約會的時候，我心中對我們的交往並不是抱著很大的希望。他已經報名加入空軍，也就是說，他一畢業，就要被送到印度去受訓，然後就要送到前線去打仗。我們第一次約會的時候，我很快的算了一下，我們在一起的時間只有六個月而已。

我們是在校際讀書會裡認識的。雖然這是一個讀書會，但是我們聚會時不只是複習功課而已。其實讀書會真正的目的是大家可以常常聯絡感情。參加的學生都是從別的省份來的外地人，我們互相給予彼此關懷和友誼，不然到了節日，尤其像是過年這種全家團圓的時候，那種孤獨是非常難以承受的。一天下午，小楊到圖書館來找我出去散步。我們沿著溪邊漫步，聊著我們的家庭，我們的夢想，和我們的抱負。他想要為國效勞，但是我只希望成毅趕快恢復健康，重新開始他的生活。在我們各自回宿舍之前，他問我有沒有興趣和他一起坐船沿著河去看風景。我連這艘船是要開到哪裡都沒有問，就答應了。我的人生到目前為止，大部分的日子都在和病魔纏鬥，不管是自己的，還是成毅的。我非常渴望能呼吸到一些新鮮空氣。

在一個萬里無雲，陽光普照的早晨，我和小楊一起坐船去遊河，我的心雖然高興但也充滿了疑慮。終於，我的日子好像有了方向，但是我對這樣的交往是有顧慮的。因為學期一結束，我們就要分開了，只要戰爭一天沒有結束，我們就無法再相見。

剛開始時，我還有所保留，但是等到這艘遊艇沿著河邊茂盛的樹林前進的時候，我放下心裡所有的煩惱。感覺好像暢遊在一幅水墨畫之中，鋸齒狀的山峰在裊繞的雲霧裡矗立著。綿延的小溪圍繞著高山迴轉，矮小的稻草屋在山谷間若隱若現，我像是在觀賞一幅遠處的山水畫。以前，我以為這些美景只不過是畫家的想像而已，只有在身入其境時，才曉得那些畫是多麼的真實！

因為小楊，我的生命開始有了火花。自從我到了成都，醫院是我除了學校以外唯一造訪的地方。四川是三國時代的所在地，以他們豐厚的歷史遺產聞名。只不過我也得要有錢才能到處去玩，但是我沒錢。我的學費還是貸款的，我的生活費，是芮妮的零錢。當別人到處去旅遊的時候，我只能待在宿舍裡。現在小楊帶著我到處看，我對他所產生的情感，其實是一種感激之情，每過一陣子，我就會提醒自己要小心，不要發展成其他的情感。

但是不可避免的還是到來了。小楊和我在一個盛大畢業典禮中畢業了，這個畢業典禮由所有成都的大學聯合在一個操場裡舉行。我雖然腿力不好，但是仍然被選為代表華西大學遊行隊伍的掌旗手。那天的場景非常的熱鬧，跑道上的彩帶交織，一塊一塊的顏色代表著不同的學校。一個樂隊吹著愛國歌曲，學生和教授們起立鼓掌，歡聲雷動。我帶著校旗在場內操正步遊行。我的腿抬起來大步邁向前方，我的手臂驕傲地揮舞著校旗。

在日本人佔領香港後，Flora逃到大後方。1944年，畢業於華西大學。

典禮結束後的那天下午，小楊和我坐在溪邊，他向我求婚。他要我等他，等他盡到了對國家的責任之後，就會回來娶我。他的國語是純正的北平話，聽起來像是音樂一樣的悅耳，不像這裡每個人的國語都有一個重重的四川腔。小楊個子又高又帥，皮膚又白。

但是現在的局勢我怎麼敢答應他呢？誰曉得這場戰爭要多久？如果他可以告訴我要等一年，兩年，甚至三年，我都可以答應他的求婚。但是這種等候是無止境的。我怎麼能把我的命運就這樣孤注一擲呢？只有笨蛋才會願意賭的。

其實我早已經料到他會有這個舉動，也已經準備了一個婉轉的回答。我告訴他把所有的心力都放在保衛國家上。其他的，順其自然就好。如果我們命中註定是要在一起的話，沒有任何戰爭可以把我們兩個人分開的。如果我們命中不該結合的話，就算是天下太平也不能強迫我們兩個在一起。我們答應寫信給彼此，就這樣，我們分開了。我的眼淚在他離開了後才開始掉落。

❖　❖　❖

能夠在畢業後儘快找到一份工作，對我而言，是件刻不容緩的事。我找了兩個是四川本地人的朋友，兩個都是我在華西大學的同班同學，我想她們是當地人，會比較熟悉這裡的情形。她們也真的是比較有辦法，果然沒多久，她們就帶了好消息給我，其中一個人的哥哥是軍人，他說空軍正在敲鑼打鼓的找會說英文的人。那個時候，成都是美軍B-29轟炸機的基地，也就是後來在廣島丟下原子彈的飛機。他們需要英文程度好的人擔任中美空軍之間的溝通。在中國，這樣的人才非常缺乏，像我這樣，能說中文和英文兩種語言的人是炙手可熱。

我把申請表格交進去後，他們幾乎沒有面試就錄用我了。我的上司是空軍上校王叔銘，人家說我在他下面運氣好，因為他是蔣夫人的手下愛將，以後我的前途看好。在他的辦公室裡，我的級別、薪水和福利都和一個中尉一樣。唯一不同的是我不需要穿軍服。我可以穿我的藍色棉布旗袍去上班。

我的第一個重要任務就是和一群要送到印度去受訓的軍人有關。他們去的時候，是由美國飛機送去，但是在登機之前，每一個人都要出示他們的身分證明文件。那天下午三點，我被告知要為兩百多個士兵準備他們的證件。因為他們隔天就要上飛機了。

我坐在打字機前面埋頭苦幹。上校的秘書陳小姐說她可以幫忙，但是她不會打字，所以她也只能坐在旁邊陪我給我打氣。我的任務非常龐大，兩百多份的證明，正本加上兩份複寫本，每一份上面都要寫這個人的姓名、官階，還有經歷。我工作到很晚，要點起蠟燭。所有的空軍基地裡因為害怕日本人丟炸彈，所以晚上嚴格規定一律熄燈。我在搖曳的燭光中瞇著眼睛繼續工作。我又累又餓，覺得自己真是可憐。一串眼淚從我的眼睛掉下來，我把它擦掉，但是更多的眼淚不停的冒出來。我繼續打字，偶爾停下來擤鼻涕，或是擦眼淚。陳小姐那時有四十來歲，她看到我的孩子氣的樣子覺得很好笑。

第二天早上，王上校叫我進去見他。他是一個四十出頭，很壯碩的人，又圓又厚，像個大樹幹一樣。這是我第一次正式見他，以前只有在他進進出出的時候看過他幾眼。我站在他的前面，他看著我大笑：「我聽說妳昨天在哭？」他用那帶著很濃的山東腔對我說。「這麼大個女孩兒家還哭？陳小姐說你的眼淚差點要把辦公室淹掉了。」雖然我覺得一點都不好笑，可是他不停的在笑。

為了獎賞我的「苦勞」，他拿了一張配給糧票給我，可以去領牛油一磅。你該看看當我把牛油帶到醫院給成毅時他那張臉。他兩隻手捧著那塊紙包著的牛油，聞著，看著，摸著，像塊無價之寶一樣的仰慕著。油脂在戰時是非常稀少的物資，成毅正在復原當中，需要的營養比我要多。

第二次讓王上校注意到我是在十月十號國慶日那天。中國和美軍有一個慶祝晚會，整個會場裡擠滿了穿著制服的中美軍方人士和外交官。當天的客人當中有中國國防部長、四川省長、美國大使。當我正站在旁邊觀看的時候，上校指著我，嘴巴說著：「翻譯」，招手叫我跟著他過去。我鼓足勇氣跟著他後面走過去。當我一看到演講台，曉得他要我站在幾百個人前面把他的演講立即翻譯出來的時候，我的兩條腿馬上就開始發軟。

我全神貫注的聽他的演說，但是我越是努力聽，卻是越聽不懂。如果妳要說我的普通話不好，那上校的普通話聽起來根本就像是俄文，一點都不像我聽過的任何的中國話。他說的字沒有一個我聽得懂的。當我走到麥克風旁邊時，我真的是完完全全不曉得他到底剛才說了什麼。我看著台下幾百雙瞪著我的眼睛，我有兩個盤算，不是逃走就是只好硬著頭皮上台演說。我的嘴巴打開來，開始吐出幾句平常翻譯的一些宣傳的字眼，像是：「中美兩國之間的友誼」，「共同抵抗侵略行動」，「為自由獨立和正義而努力」等等一類的話。當我說完之後，台下爆以熱烈的掌聲。所有在場的軍官們不停的吹口哨，大聲叫好，要我再說。在旁邊的王上校雖然不曉得我說了什麼，但是這些美國人也不曉得王上校到底說了什麼，大家都對我印象深刻。一個美國大兵對著我走過來說：「如果中國多幾個像妳這樣的人，日本人一定不動一槍一械，馬上投降。」我雖然不大確定他的意思，但是看到他的臉上友善的微笑，我想應該是在稱讚我。

雖然大家都來恭喜我，但是我一點都不覺得光榮。我只是很高興把這個任務交待過去，沒壞了大事。口譯是一個非常嚴肅的工作。每次當我需要翻譯關於前線戰場的消息，我的腦海裡總會浮現出一個悲慘的事件。當時中國的情報收到有關一隊的日本軍機要飛往桂林的消息。口譯的人把這個消息傳達給美國人，但是在翻譯的時候，他把三十架戰機說成十三架。美軍送了十五架軍機去攔截，結果發現他們被敵軍以兩倍的戰機包圍。這個翻譯被逮捕後處以死刑，這給所有翻譯人員上了血淋淋的一課。

在國慶的慶祝之後，王上校開始不停的出差。在和他下面的親信工作了一段時間後，我得知他到底在忙什麼——日軍開始往西進軍。如果國民黨不能在這個時候把他們擋下來，日本人就會越來越深入中國。古都西安在當時被選為下一個戰時的首都。王上校是計劃遷都的其中一名人員，所以要經常到西安出差。

在上校一回到辦公室，他發給我一個最不尋常的命令。他的秘書陳小姐把這個命令傳達給我。她說，王上校要我陪他一起出差。但是他帶著一個穿著旗袍的女孩子看起來不好看，所以他要我穿上空軍的制服。

我一頭霧水地看著陳小姐。我一個單身女孩子，如何能夠和一位男士一起出差？和任何男士出差都會招惹人說閒話，更何況這位王上校是有名的花花公子！

「他現在在重慶出席一個會議，兩個禮拜後回來，當他回來的時候，妳要穿上軍裝，馬上準備好和他一起出差。我很抱歉。」當陳小姐告訴我這些話的時候，她的眼中露出同情的眼神。她曉得這個任務會帶給我什麼樣的衝擊，因為這個任務會讓我以後無法做人。

我必須要迅速的對這件事有所反應。當天晚上，我馬上寫了一份辭職信，並且開始打包。因為辭去工作還不夠，上校還是可以隨時來敲門。雖然他不能強迫我這樣沒有軍人身分的平民聽命於他，但是他是一個很強勢的人，只要他想要做的事，都能做到。

我把辭職信交給上校的副手。他是一個穩重、明理，年紀大到足夠做我父親的人。我告訴他一個單身女子和上校出差「不方便」。做為一個男人，他完全瞭解「不方便」是什麼意思。

為了要讓我的理由更加充足，我還給了他另外一個重要的原因——我對我家庭還有責任。空軍給我的薪水雖然足夠我養活自己，但是下一個月開始，我還要負責另外兩個人，一個是我的小弟，他的肺結核剛剛痊癒，現在要回學校去繼續完成學業。另一個是三姑，她要從澳門來這裡找我。我必須要找一份薪水更高的工作。一個港大的同學友蘭，前一陣子寫了一封信給我，提到一個在重慶的工作機會。友蘭在英國大使館工作，她答應我會幫我在裡面找一份工作。我非常自信的把我的理由誠實的說出來，因為我是在說實話。雖然我一直想要再找一份更好的工作，只是如果王上校沒有給我這個命令的話，我可能不會那麼急著要換工作。

聽完我的理由後，王上校的副手表達了他的遺憾，准了我的辭呈。同時也安排我搭空軍的飛機飛到重慶去。

❖ ❖ ❖

老實說，其實還有第三個原因讓我想要離開成都。這幾個月來，我非常忠心的和我在印度受訓的男友通信，他的信中描述他們在訓練營裡那種非常困苦的生活：黎明即起做運動，背著沉重的裝備跑到山上，躲過那些雖然殺不死人，但會讓人受傷的子彈。所有這些的訓練都是在印度炎熱的天氣中進行，他很多的同袍們都中暑暈倒，有些還感染了瘧疾、痢疾，或是其他的惡疾。我如果沒有在一定的時間內收到他的信，就會緊張的不得了，擔心他的安全。但是他的信開始越來越少。

有一天我和王上校的秘書陳小姐一起在營區裡午餐，一位軍官到我們的桌子來。他和陳小姐好像是很久不見的老朋友。我沒有太注意他們的談話，但是當他提到印度的時候，我的耳朵馬上就豎起來了。

「那裡的訓練營簡直是亂七八糟，糟糕到根本好像沒有人在管理一樣。幾千個年輕人坐在那裡閒著沒事幹。那怎麼辦呢？他們就到處自己找樂子。吃喝嫖賭，樣樣都來。如果我們要靠他們這些人來保衛國家，我看我們乾脆舉手投降算了。」

這個軍官一口氣說出那四項罪孽，好像他們一樣嚴重。但是對我而言，「嫖」是最不能原諒的。

我忍不住問，「只有少數人是這樣，不是每一個人都這樣吧？」

這位軍官看看我，好像這會兒他才注意到我的存在，「這個營已經變成一個老鼠窩了。就算是聖人也難保不被影響。要是一個人的長官，同袍都是這樣，他能怎麼辦？要是我有女兒，我決不會讓她和這些人在一起。」

那天晚上我寫了一封信給楊。把白天從這位軍官聽到的話告訴他。「吃喝嫖賭，四大罪惡，老實說，你犯過那一項？」

我很快就接到他的回音。「我承認我喝了酒，也賭點小錢，但是我發誓我沒有『嫖』，或者去碰另外一個女人。營裡是很多的人都有，但是我絕對沒有。」

他的話聽起來很不實際。承認賭博和喝酒不會有什麼影響，因為那本來就是男生們平時的消遣。但是沒有男人會對他的女朋友承認他玩女人。我把他以前的信拿出來再看一遍：除了訓練和吃飯之外，沒有時間做任何別的事情。全是一派謊言！想想看我在這個混蛋身上浪費了多少的眼淚。現在我的眼睛擦亮了，我看見他信中的甜言蜜語，還有字裡行間的謊言；我開始懷疑他告訴我的每一句話。我真的是他唯一的女朋友嗎？他真的守身如玉嗎？我以後還能再信任他嗎？

好幾次我提起筆來準備寫信給他，原來讓我振筆疾書的情感，現在全部轉換成懷疑。那時我已經二十六，快要二十七歲了。再兩三年，就算戰爭已經結束，他也變成了一個完全不一樣的人，我也會變。我們還可能像從前一樣嗎？如果我們不能繼續的話，到時候，誰還會對我這個老小姐有興趣？越想越覺得現在是我們該一刀兩斷的時候。等我搬到重慶後，他就再也聯絡不到我了。於是我把紙筆收起來，決定從此再也不寫信給他，我們就此一刀兩斷。

第五卷
「這不是真正的和平」

一

重慶位於揚子江和嘉陵江的匯流之處。環繞在周遭的山峰，把水氣鎖在裡面，讓這個城市的一年四季，都有著令人無法忍受的潮溼。在比較涼快的十月到隔年四月間，溼氣凝聚成一片濃霧，覆蓋了整個城市。重慶的居民常常好幾天看不見天空，但是在天上飛的日本轟炸機也看不到他們。霧是重慶居民最佳的天然防衛，也是國民黨選擇重慶作為他們抗戰時期首都的一個優勢。

當我在一九四四年回到重慶時，日本人空中的轟炸已經停了下來。濃霧阻擋了他們的任務，但是真正的阻擋了日軍攻擊的是美國的陳納德將軍，和他的飛虎隊。那時候整個重慶，滿目瘡痍，轟炸所留下來的痕跡處處皆是。被燒焦的建築物殘骸，孤單的豎立在街上，居民每天談論的都是炸彈丟在避難所，幾千人炸死的這種恐怖的故事。但是當戰爭帶來災難的同時，它也帶來了機會。重慶原本只是一個中國內陸地區的轉運站，現在搖身一變，成為一個國際中心，世界各國政府的代表，都在這個時候來到了重慶。

像我這樣會說英文的，外國領事館自然是我找工作的選擇。他們給的薪水是我們自己政府的好幾倍。但是就像在中國一樣，找事也是要透過『關係』。友蘭，透過英國情報局在香港的聯絡處，在他們重慶的辦公室找到了一份工作。她告訴我她的辦公室需要一位翻譯員。我填好了她帶給我的申請表，送了進去。

友蘭也找我和她一起分租一個房間。我們在香港大學念經濟系的時候，並不是很好的朋友。我不大喜歡她的一些行為舉止，她講話聲音很大，尤其是在表達自己意見的時候，她和人打情罵俏時也從來不懂得害臊，大概很多男人認為她這個長得不大像中國人的模樣很有吸引力。她有一雙又圓又大的眼睛，長長的睫毛，高高的鼻樑，就像「鬼佬」（「鬼佬」是廣東話對洋人的稱呼）的鼻子，還有她略為深色的皮膚。雖然聽說她的父母都是純正的中國人，但是有人私下在說她可能有葡萄牙人，或者是印度人的血統。

我最後一次看到她是兩年之前。自此之後，我們兩個人的生活再也不一樣了——我們也變成了不同的人。我所認識以前的友蘭，是一個富裕房地產商人的女兒，根本瞧不起我，連看都不會看我一眼。現在的友蘭，不但願意幫忙我找事，還願意和我住在一起。那時候的重慶，突然來了非常多的外國政府工作人員和逃難的人，房子非常的緊，不容易找。我自然非常高興的接受了友蘭的提議，不然我就得和一些無家可歸的女生們，同住一個招待所。

友蘭的房間是在一個政府開的書店樓上，她的未婚夫原本在這個書店上班。他是一位海軍軍官，正在美國受訓。友蘭還特別解釋給我聽說他們兩個人住在一起的時候，她睡在床上，她的未婚夫就睡在帆布床上。她以為我是三歲小孩會相信這種事。他們兩個人要怎麼樣，是他們的事，沒有必要向我解釋那麼多。

我和友蘭的房間雖然很小，但是夠住。外面有一個爐子，可以讓我們煮一些簡單的東西。終於，我可以吃廣東菜了，沒有四川菜的辣椒。但是唯一的麻煩是身體另一頭的問題——馬桶。她告訴我這裡沒有廁所。當我聽到後，我的臉馬上就拉下來，友蘭說，這裡一般的中國房子都是這個樣子。因為我一直都住在宿舍和招待所裡，所以從來沒有這樣的經驗。但是友蘭已經是老手了，她教我怎麼做。她說，小號可以用一個尿壺，尿完了之後就把它往後面的巷子裡倒下去，不過她警告我，倒出去之前一定要看清楚下面有沒有人。我剛開始時，每次倒都很注意先看一下才倒下去。但是後來我就沒有那麼小心，有一次我倒出去時正好有一個人從下面走過去，我趕快在他看到我之前躲起來，不曉得他後來是不是被我潑了滿身的尿。要大號的話，友蘭會帶我到她在英國領事館的辦公室去，不過她不能常帶我去，別人會問這人是誰。所以我就得忍一忍，有的時候，一忍就是一個禮拜。

當我還在等待英國領事館回音的同時，我去拜訪了一個四川朋友。重慶是建立在山上，這個城市裡有許多的山坡以及蜿蜒的小路。去這個朋友的家，要走過一條很長很陡的巷子。等我好不容易走到了她家之後，她居然不在家，我非常失望。只好轉身要走，正當我要離開的時候，我看到一個很面熟的人，也在很努力的往上走過來。那是為貞，她是我和芮妮在看齊魯宿舍時認識的一個女孩子，也是廣東人。那時候，她聽到我們兩個用廣東話交談，很興奮的跳過來和我們搭訕，從此我們就熟起來了。她那時和一個華西大學的男同學在交往，每次如果太晚來不及回宿舍，她就會到我那裡住一晚。怎麼這麼巧在重慶碰到她！我們互相握著手，詢問近況。她在重慶的一個初中教書。我告訴她，我正在等待英國領事館情報部門的回覆。

她說，「我知道一個人可以幫妳的忙。」像她以往一樣的熱心地告訴我。「我未婚夫的父親可以幫妳寫一封推薦信。」

為貞接著解釋她未來的公公是商務書局的總經理，商務書局是當時中國最大的出版社。她的公公叫做王雲五，但是她稱他做「老伯」。他除了是一個出版商之外，也是國民大會的代表，一個學者、一位作家，以及一位書法家。她一提到他的四角號碼字典就很興奮，四角號碼以號碼來重新分類中國文字，在當時，是一個全新的查字典的方式。雖然我同意這個方式比傳統找部首算筆畫來得有效率，但是我絕對不會像為貞一樣說那是中文現代化裡的最重要的發明。不過為貞就是為貞，她喜歡有一點誇張。她的小名是「阿飛」，因為她說話就像在跑道上的飛機一樣快，快到最後好像她要飛到天上似的。

她繼續說著有關「老伯」的事，還描述他在「汪山」上的豪宅。那棟房子原來屬於一個以愛開派對出名的法國大使。從房子裡的客廳往外看，簡直就像是站在天堂上往下看。蔣介石也在那個山上蓋了一個家，蔣介石的房子還要再往上走，比這棟更大，當然，她從來沒有進去過。

她不停地說，說得我的耳朵都累了。然後她又告訴我，「我的未婚夫現在放假在家，我正好要去看他。妳要不要到那裡和我們一起度週末？」

我笑了，我曉得她是好心邀請，可是她怎麼可能邀請我去一個不屬於她的房子？為貞堅持「老伯」不會介意的。她也說我如果去的話，正好可以請「老伯」幫我寫一封介紹信。她的建議對我正中下懷。我如果拿到這份在英國大使館的工作，我就不會再為這件事傷腦筋，為了能夠拿到工作，要我做什麼都可以。所以我不再和她爭論，接受了她的邀請。

星期六下午，我們到商務書局，搭「老伯」的車一起去他家。為貞帶我從側門進去。裡面有一張床，一張很普通的木頭桌子和一張椅子。書架上又有書架，滿滿的都是書。她告訴我這就是全國最大的出版商的總經理平常上班時過夜的地方。為貞坐在床上，拍拍旁邊的床墊要我坐在那裡。沒多久，門忽然打開來，一個身穿長袍的長者走進來。他的個子不高，但是讓人感覺到他很重要。他全身上下圓嘟嘟的。頭形像一個哈密瓜，肚子像是女人懷胎六個月。眼睛很小，眼皮垂下來，我可以感覺他銳利的眼光投射在我的身上。為貞介紹我是她的好朋友。「老伯」用他洪亮的聲音歡迎我。我很尊敬的向他鞠了一個躬。

等我們在他的大轎車後面坐定了後，他問我。「李小姐，我聽說妳是香港來的？」他的聲音非常洪亮像是演講的人，但是他的廣東話有一些鄉音，像是一個從來沒有離開過家鄉的農民。為貞告訴我，他的祖籍是廣東中山，但是他是在上海生的。

我回答他是的，我是從香港來的，我是香港大學出來的。他馬上說，「好大學！」我被他的誇獎鼓勵，接著又告訴他我的工作經歷。我在說的時候，他的食指不停的在他自己的大腿上寫字。後來他們解釋給我聽，說他有一個習慣，喜歡用他的手指寫字。他聰敏的頭腦不停的轉動，從不休息。

好不容易開過了漫長的山路，車子停在門口的泥巴路上。我們下車走向高聳的竹林裡，山上的天氣比山下涼快多了，一股甜美的花香洋溢在空氣中。我往周圍看，卻找不到是哪裡散發出這樣的香氣。越是靠近他的大房子，這股香味就越濃。我們穿過一個大門，走了幾階之後，到了一個平台。

這裡的景色美得讓我窒息。原來這裡就是花香飄溢出來的地方。我眼前看到的是一本活生生的玫瑰百科全書，各種你可以想像得到的種類和顏色的玫瑰花盡入眼簾。黃色，粉紅色，紅色，甚至黑色的；人工培植的，古典的，爬牆的，灌木叢的，你只要說的出來，這裡都有。這些玫瑰花大的驚人，好像在比賽誰是最大的。那時正值八月，也是玫瑰最盛開的季節。

儘管那天我想要裝得很鎮定，可是我實在沒有辦法克制我自己。當為貞帶我走進他們的大廳的時候，我的下巴都要掉下來了，我的眼睛睜得好大。我幻想著一位法國女士，穿著一身飄逸的長禮服，和一位穿著燕尾服男士的身影從我眼前掠過。我腦海中想像著把所有的家具移到一邊，一對穿著優雅的男女在寬敞的地板中間跳著華爾滋。窗外的雲層和翠綠的山峰環繞著他們。這一次，為貞一點都沒有誇張。這棟房子不管裡面還是外面，真的就如同她描述的一樣豪華。

為貞跳到樓梯上，叫我跟著她上來。從她毫不拘謹的樣子看起來，好像這裡已經是她的家一樣。不過大概真的很快就會是她的家了，她和老伯的兒子學哲已經訂婚，他們準備在他畢業之後結婚。他還有一年才畢業，為貞已經畢業在做事。雖然她絕口不提，但是任何會算術的人都算得出來，她比學哲大個幾歲。

為貞帶我到晚上我們睡覺的臥房。「最好的你還沒看到呢，是浴室！」她說。我猜大概所有我的朋友都曉得我對個人清潔的吹毛求疵！她描述那裡的馬桶像是我可以坐在一個寶座上一樣。鏈子一拉，水就沖下來，所有的東西一下子就都沖下去。她還告訴我他們的浴缸大到可以一整個人直直地躺在裡面。傭人會燒了熱水上來把浴缸倒滿。

我全身的骨頭都融化了，我從日本人入侵香港那一天開始就沒有洗過澡，在大陸的三年，我只用海綿擦澡而已。在宿舍裡，一個人一個禮拜可以分到一盆熱水兩次。當送水的卡車開來的時候，廣東來的同學會馬上排隊去取水。但是別的省份來的女孩子就不大在乎。

為貞看一眼她的錶，告訴我午餐應該準備好了。我們這下來到了他們的飯廳，好幾個人已經圍坐在圓桌旁邊。我只認出來一個，就是還像個男孩子一樣可愛的學哲，我在學校裡見過他幾次。為貞介紹其他的人給我認識，好在她在事先已經向我解釋過，不然我無法記住每一個人的名字。第一個是阿媽，老伯的大太太。她穿著一件黑色的旗袍，一位非常講究的女士，看起來很乾淨舒服，灰白的頭髮挽了一個髻。第二位是阿姨，老伯的小太太。這個稱呼很合理，因為她是老伯孩子們的母親，也是阿姨。也就是說，老伯的兩個太太是姐妹關係。在我父母那一代，一個男人都不只有一個太太，但是我從來沒見過娶了一對姐妹的。

乍看之下，阿姨和阿媽像是雙胞胎。但是再仔細看看，除了她們相似的體型，髮型，還有衣服之外，其實兩個人長相非常的不同。雖然阿媽看起來很舒服，但是阿姨會讓妳對她那一雙又大又會說話的眼睛，還有她那嘟起來的嘴唇吸引住。阿媽是兩人中比較漂亮的，但是阿姨有一股深邃的魅力讓人想要多看她兩眼。

為貞介紹的第三個人是阿媽的女兒，叫「學醫」。每一個小孩的名字都是「學」這個，「學」那個，在以後的日子，我終於見到了所有其他個「學」字輩的小孩。諷刺的是，「學醫」從小得了小兒麻痹症，沒有當成醫生，但是做了一個病人。她需要拄著拐杖走路，臉色蒼白。但是她個性活潑外向，還特別來和我聊天。事實上，家裡從上到下，每一個人對我的生活和健康都很關心，讓我覺得有些不自在。我也擔心為貞會對這一大群突然朝著我而來的注意力感到嫉妒。但是她只是微笑的坐在那裡，讓話題繼續下去。

在「汪山」的那個週末，像是一場夢一樣。我尤其喜歡看阿媽和阿姨兩個人一起，像是一對忙碌的麻雀。大部分的女人共侍一夫，常常互相都很不客氣；她們是姐妹，關係只可能更不好。但是她們兩個都很安於對方的存在，至少那個週末看起來是這樣。我看到的就是一個共處一室，和樂融融的大家庭。在那種戰亂的時代，是很難得的。這讓我非常想念我的母親和兄弟們。

我不敢相信我對第一次見到的人說了這麼多話。從午餐到晚餐，第二天早餐又開始，還講不完。他們對我非常好奇，不停地問有關我的家人，朋友，以前在哪裡上學，怎麼進到著名的香港大學。同時，我也瞭解到一些有關他們的事。這對姐妹妻子和老伯是同鄉，而且也是在上海長大的。雖然我非常想知道為什麼兩姐妹嫁給了同一個丈夫，但是他們完全沒有提到任何關於那方面的事。她們只說在一九三七年日本人轟炸上海的時候，她們都住在上海的一棟大房子裡。老伯的名字在日本人的頭號通緝犯的名單上，所以他和家人一起逃回了香港。四年後，日本人開始攻擊香港，全家又長途跋涉到重慶去。我們都是逃難來到重慶的，所以有很多故事可以互相交換。

但是我發現最有趣的是他們說的廣東話。他們的廣東話有一個奇怪的腔調，還有一些奇怪的用詞讓我發笑。吃他們說「yak」，但是香港人說「食」。讓我覺得最好笑的是「一點點」，他們講「一揑揑」。一直到後來我去上海之後我才發現，在上海的廣東人講話都是那個樣子。

雖然我在那裡玩得很高興，但是我沒有忘記去那裡的目的。在要離開之前的晚餐，我鼓足了勇氣問老伯可不可以幫我寫一封推薦信。我們才剛認識，這個要求是我的非份之請。

在他厚重的眼皮之下，我可以看到他的眼珠像是算盤珠子一樣不停的移動。好像心裡正在盤算著什麼。「我們這樣好吧？」他說，「妳寫好了拿來給我簽名。」

我同意了，然後他們馬上叫僕人送一個打字機到我的臥房。我越想越覺得他是個聰明人。他這樣做是一石二鳥。第一，他不用擔心要說一個他不認識人的好話。第二，他可以測驗我的英文程度。如果我不能寫出好的英文，我怎麼能做一個翻譯人員的工作？

吃完晚飯後，阿姨問我，「妳要不要洗個澡？」

「喔，太麻煩妳了。」她不曉得，其實我已經在等這個時候不曉得等了多久。

「一點都不麻煩。傭人反正也要燒我們的洗澡水。我叫他們多燒一點給妳就是了。好了我告訴妳。」

她馬上起身穿過客廳，阿姨的一舉一動，成為往後我所熟悉的身影。

現在，讓我告訴你這次到他們家最享受的部分。當我整個人一點一點慢慢的浸入浴缸裡的時候，我享受著每一秒的時光。我的皮膚開始有點又癢又刺的感覺，雞皮疙瘩一顆顆跑出來。終於我的雙腿可以完全的放進這個白色瓷磚的浴缸。我滑下去一直讓水到了我的脖子。快樂和悲傷的眼淚流在我的臉上。上次我洗澡是我還在香港的時候。我多麼的想看看我的母親和兄弟們。只要有他們的任何消息都能讓我心情好一點。他們還活得很好嗎？他們一定對我和小弟擔心得不得了。小弟如果肺結核死掉了他們都不會曉得。我還能再看到他們嗎？這場戰爭會結束嗎？

這種無法和家人聯絡的孤單是很難解釋的，我和以前的生活完完全全的斷絕。一個很好的比方就是一個花瓶，外面還是一樣的，但是裡面是空的。如果在玻璃上用指甲敲一下，會聽到空空的一聲。那就是那段時間我的感覺。一個空的殼子，除了每一天繼續活下去之外，沒有別的目的。這是一種自我保護，因為沒有盼望，才不會失望。

我突然而來的眼淚，如泉湧般流出來，把我自己也嚇到了。只能怪這個熱水澡讓我卸下了面具，但也可能是我的花瓶裡又加滿了水。

❖
❖
❖

好在有老伯的信，我拿到了在英國領事館情報部門的工作。雖然我很想親自去謝他，但是我曉得他是一個大人物，不會有時間再來見我這樣的人。自從我到山上度假的那個週末後，他又代表國民政府到英國訪問。報紙的頭版登出他在英國會見英國國王喬治六世和他的皇后，以及英國首相丘吉爾。因為老伯的英文很流利，他被邀請到英國國會演講。根據報紙的新聞，老伯動人的演說讓整個國會都為他喝彩。演講結束後，邱吉爾排隊來和老伯握手。這我覺得做為一個中國人是一件很光榮的事，更光榮的是，我有機會認識這位非常聰明的人。因為他，讓本來被稱作東亞病夫的國家，得到了大英帝國的尊敬。

我從報紙上追蹤他的新聞，但是從來沒想到我們人生的路會再次交叉。有一天，為貞來敲我的門告訴我老伯想請我幫他一個忙。他想要找一個人幫他把他去英國的日記打出來。他原本是用中文寫的，老伯自己已經翻譯成英文，好像因為是國外的人對他的日記有興趣。為貞之後和我討論要付我多少錢。我覺得很可笑，能夠幫老伯打字就是一件很光榮的事了。

下一個星期六，為貞帶我到商務印書局去一起搭老伯的便車。當我們進去的時候，有一個男士坐在老伯的床邊。我向他點了個頭，以為他是為貞的未婚夫「學哲」。他也向我點點頭。不知為什麼，我又看了他一眼，才曉得他不是學哲。

1944年外交部組訪英團到倫敦訪問英國首相邱吉爾。左起第一個人是王雲五。他當時是「商務印書館」的總經理，政壇上的明日之星。

前排從左到右為：王雲五，駐美大使顧維鈞，英國首相邱吉爾，訪英團團長王世杰，《大公報》總經理胡政之

後排從左到右：駐港辦事處主任溫源寧，教育部常務次長杭立武，外交部總務司長李惟果

在訪英團成員中，顧維鈞、李惟果為留美學者；溫源寧、杭立武、王世杰（並留法）為留英學者；胡政之為留日學者。王雲五是唯一自學而成的政壇要人。

「讓我來幫你們介紹一下，」為貞說，「這是學政。學哲的哥哥。」

他站起來微微的彎了一個腰向我鞠躬。我眼睛看到的是一個臉很長，皮膚很黑的人。他個子不高，寬闊的肩膀和他的短小的身材不成比例。不知為什麼，我突然忍不住想到我的以前的男友，小楊的高個子和白皙的皮膚，和他剛剛好相反。

「學政是在山裡一所師範大學教書，」為貞告訴我，「學校離這裡坐巴士要四個鐘頭，所以他只有假日才回家。」

「是嗎？請問你教什麼？」我禮貌性的問他。

「體育，我也是訓導主任。」他很快的像大力士一樣的彎一彎他的手臂。然後他的肌肉就像一隻小動物一樣在他的短袖下跳動。

王雲五攝于1945年。Flora第一次見到王雲五時，他是「商務印書局」的總經理。

我不曉得該把他歸成那一類的人。一個從書香世家裡出來的健美先生，似乎有點奇怪。為什麼受過教育的人需要炫耀他的肌肉？只有那些沒唸過書的苦力和流氓才要靠肌肉過日子。

「他是《健與力》雜誌的編輯。」為貞告訴我。她看到我一臉漠然的表情，趕緊又解釋給我聽。「那是全中國和東南亞最受歡迎的運動雜誌。有幾百萬的讀者訂閱。妳一定看過的！」她向我眨眨眼。

「噢，是的，我看過！」我撒了個謊。

他把手伸進他腳邊的一個袋子裡，拿出來一本最近一期的雜誌給我。「裡面有一篇我寫的關於挺舉的文章。是介紹我舉起身體兩倍重的槓鈴的技巧。」

「他是香港的舉重冠軍！」為貞幫他炫耀。

「如果這個比賽是在中國舉行的話，我就會是全國冠軍。據我所知，在中國還沒有人打破過我的記錄。」

這個人還真謙虛啊！我心裡想，接著把我的眼光移轉到那份雜誌的封面。封面上有一個沒穿衣服的男人——全身赤裸，除了前面那一小塊的遮羞布。我的反應就是——我的天啊！怎麼會有人有這麼滑稽可笑的身材？一大塊的腫瘤從手臂和腿上爆出來，血管像是眼鏡蛇一樣纏繞著他。我要是有這麼畸形的手臂，我一定穿長袖藏起來不讓人看到，但是封面上這個人炫耀的樣子，好像是什麼非常值得驕傲的事情。

「這本給妳了。」學政說。「我的文章在第十二頁，妳有空可以看看。」

我謝謝他的雜誌，心想他這個刊物，大概只能拿來當柴火燒。之後房間裡充滿令人尷尬的沉默，連為貞也不曉得該怎麼接話。我是一個書呆子，是全世界最沒有運動細胞的人，這個大力士和我還有什麼可以說的？

桌上的打字機化解了這片尷尬的沉默。我對為貞說：「既然我們早到了，也許我可以利用現在先來打字。妳知道手稿在那裡嗎？」

學政一屁股跳起來，從抽屜裡拿出來一疊的紙。我從他的手中把手稿接過來的時候，我瞄了一下我們兩個人在鏡子裡的樣子。他頂多比我高一吋。我只要隨便穿一雙高跟鞋，就輕而易舉的比他高了。我的身高是五呎二吋，對一個廣東女孩子來說，是夠高的了。男生至少要比我高上個幾吋，我才能抬頭看他。不管這個男的有多聰明多英俊，如果不能通過我對身高的要求，什麼都不用談。

我坐到打字機前面開始把紙捲進去。學政那時還是站在我的旁邊。我停下來把紙弄平，調整邊距，把紙上的灰塵彈掉，再把我的頭髮圈在耳朵後面。可是，他還是站在那裡沒動。看起來他不懂我的暗示，我這麼做就是不要他站在我的旁邊看我做事。這下我非得開始，因為已經沒有別的事可以再假裝拖延了，我只好開始打字。打到一行最後的時候，「叮」一聲，我把打字機的上移動的那個捲筒打回去，然後繼續下一行。我的手肘擦到他的褲子邊邊。我心裡在想著要怎麼樣才能禮貌地告訴他請他走開來。突然他的頭湊到我的臉旁邊，近到我可以看到他下巴上的鬍根。

「這個墨水看起來好像太淡了，」他說，「我來幫你換一條碳帶。」

我還來不及拒絕，他已經拿出一卷新的。這是我最痛恨做的事情。不管我多小心，墨水總是弄到我的手指，鼻子，臉，或是任何我碰過的地方。

但是學政換這個碳帶的樣子非常有意思。第一，他把用過的碳帶條先丟掉，手上一點都沒有弄髒，然後再把新的碳條帶的包裝打開來放到該放的位置。看到這裡，我心裡想，看他怎麼做下一步，他用兩根手指頭夾住碳條帶尾端的夾子，然後把這條帶子順著穿過縫隙。終於把碳條在捲盤上繞起來，他從口袋裡拿出一條手帕，擦乾淨他那雙巧手。我注意到對於像他這樣身材的一個人來說，他的手指似乎非常的纖細。

我對他的高超精細的技巧，留下了深刻的印象，不只是他的表現，而且他寧願冒著把手弄髒的風險來幫我換碳帶。從來沒有任何男人幫我做過這樣的事，連小楊都沒有這樣幫過我，更不要說我那些兄弟們了。

到了汪山上後，我繼續打字。儘管外面充滿著秋天特殊的香味，儘管我非常的想出去玩，一吃完午飯，我直接走進房間裡坐下來就開始打字。一個影子突然出現在我的旁邊。我抬頭一看，就看到學政的眼睛，又圓又亮，就像阿姨的眼睛。他的五官長得完全像他的母親。

「這個碳帶條怎麼樣？夠黑嗎？」他問我。

「可以，我還沒有用太多。」

「那這個紙怎麼樣？妳還需要多點紙嗎？」

「不用了，我這裡還很多。」

「妳很會打字。我看妳可以打得又快又正確。妳在哪裡學來這麼好的技術？」

「在義大利英堂，我們的課程裡一定要學打字。」

「我也有上打字的課，父親僱了一位英國女士來教我們。可惜我不是一個認真的學生，我常常翹課。」他把肩膀聳起來，吐了個舌頭。

我笑了，他也笑了。他笑起來的樣子，讓他看起來年輕很多。他的臉也不再那麼長而嚴肅。為貞，我那個萬事通的朋友，已經咬著我的耳朵告訴過我他已經二十七歲了——好像他的年紀和我有什麼關係一樣。我來這裡沒有別的目的，就是要來幫老伯，還他一個人情。

我用我的手指量了一下這份手稿的厚度，然後暗示他說：「您父親是個很會寫的人。我希望能夠趕快幫他把這份東西打完。」

「慢慢來，不急。沒有說一定要這個週末就把全部的東西打完。還有，為貞和學哲明天要到山裡走走。也許我們可以一起去。山裡面有很多步道，都很平坦，很好走。」

我還能說什麼？他半個人坐在我的桌上，如果我不答應的話，他大概要坐在那裡不走了。母親會說這樣的人是黏在背上的糯米。

「妳累了就告訴我。」說完他終於站起來了。「我打字比妳差多了，但是我還是可以敲出幾個字。好了，我不煩妳，過一會兒我再來。」

我才剛剛打完三頁，我就聽到他的腳步聲往房間的方向走過來。他的拖鞋踩出的聲音很特別。他和阿姨走路的樣子一模一樣，都是八字腳。我轉過身，看到他拿著一個盤子，上面放了一杯加了蓋子的杯子。

「我想妳大概渴了吧。」他說。

「看我給你添了這麼多麻煩。」我不渴，但是他的好意打動了我。從來沒有男人端茶給我過。

「趁熱快喝。茶冷下來，營養價值就失去了。」他把盤子轉了一轉，所以茶杯的把手正好是在我的右手的方向。我把蓋子打開來，喝了一口，表示我的感激。

「妳一定打得很累了吧，」他說，「妳要不要休息一下，讓我來打？我保證會儘量小心不打錯字。」

我想就算我不答應，他大概也不會接受，我就把位子讓給他。我走到樓下去，從旁邊的落地窗門走到玫瑰園裡。

我一邊漫步在這個爭奇鬥豔的玫瑰花叢中一邊想，多奇怪的人！難道是老伯叫他來招呼我的嗎？還是他是自己要來的？不管是哪一個，我都沒興趣。他父親也許是個大人物，但是他只不過是個沒有什麼其他技能的體育老師。他說他有一個政治系的學位，所以才不會辜負他的名字「學政」。但是他的大學唸的是上海一個名不見經傳的教會大學，從我對他的觀察，那個學校的程度大概最多不過是一個三流的大學。

但是從另一個角度來說，我必須要承認他的細心令人心動。我一直都希望能夠有一個父親能夠寵愛我。如果我有一個父親，我就不會貧窮，我也不會得到肺結核，更不會這樣到處亂跑像是一個無家可歸的孩子。學政對我的呵護更是喚醒了我對父親的憧憬。

我回到房間去繼續打字，整個下午就這樣的過了。學政的慇懃一個下午沒有斷過。如果他一下子沒有進來，我反而開始奇怪他發生了什麼事。就這樣過了一陣子之後，我有時候會起身去換杯茶，加些水。有一次，我從樓梯上面往下看，看見煮水的蒸汽緲緲的飄上樓來。突然我看到一個有著一頭濃密的黑髮的人出現在下面，肩膀上挑著一個扁擔，扁擔一邊一桶滿滿的水。我站到旁邊去免得擋到這個傭人的路。

等到我看見他的臉，才曉得那竟然是學政。他穿著汗衫像是一個苦力一樣。家裡有男性的僕人做工，他為什麼要自己來做？

「哎呀，這個太重了吧！」我對他說。

他把水桶放下來，他的胸膛不停的喘氣。「鍛鍊鍛鍊！我已經很久沒有像以前一樣練習舉重了。這個水是要給妳洗澡的。」

我實在不好意思給他添了這麼多的麻煩，但是沒有人可以攔住他執行任務。我跟著他挑著水桶到洗澡間去。他的背看起來像是一個倒三角形，肩膀很寬，但是腰很窄。他汗衫下的肌肉，看起來很平滑，不像是雜誌封面上那種噁心的腫瘤。

等他把熱水到進浴缸後，他加了一些冷水。試了好幾次之後，他告訴我水溫現在「剛剛好」。我把手放到水裡，水溫就如他說的一樣，「剛剛好」。

二

中日戰爭仍然繼續著。但是因為有美國飛機的防衛，重慶相對來說，比別的城市平靜。友蘭和我搬出書店，在另一個老房子裡租了一個房間。她有自己的床，我和三姑共用一張床。三姑從澳門跋山涉水，千辛萬苦的來重慶找我。我以前來的時候，有四個保鏢一路上保護著我過來，但是三姑是自己一個人來的。一個女人家，自己一個人單獨走這麼遠又危險的路，在那個時候是從來沒聽過的。她的親戚建議她等到戰爭結束後再來找我，但是她愛我就像自己的女兒一樣，她不怕困難，就算赴湯蹈火也要找到我。

剛開始時，我們三個人相處的還不錯。友蘭和我白天去上班，三姑就在家裡整理房子做晚餐給我們吃。但是漸漸地，三姑和友蘭開始不和對方說話。我不曉得什麼原因，我也沒有看到她們兩個有衝突或是吵架。第一次我驚覺有任何問題是因為三姑對我說：「妳要小心友蘭，她是一個很會算計的女人。妳不能信任她。」那時三姑對我說的這些，我左耳進右耳出，沒有當作一回事。我的乾媽是一個好心人，但是有的時候也比較霸道。友蘭對我很好，她很大方的讓三姑住進來，沒有多收我們一毛錢，我沒有理由對她抱怨或不滿。

一天晚上，我在汪山過了一個週末後回到重慶，學政也坐老伯的車回到城裡，準備回學校去。我以為他會直接回學校，但是他堅持要陪我回家。當我們到家的時候，我只好禮貌的邀請他進去。三姑和友蘭兩個正好都在家，看到有訪客來，非常不好意思。她們抱歉家裡很寒酸，拉了一張椅子給學政坐，然後趕快去給他燒水倒茶。學政非常的有風度，和三姑和友蘭兩個人都聊了幾句。

「我曉得有一個地方可以騎馬，妳下個禮拜想不想去？」學政問我。

「我從來沒有騎過馬。」

「噢，很容易的。馬廄裡的馬都很溫馴。有些妳踢牠牠都不跑的。」然後他轉向友蘭說：「妳也歡迎一起來！」

「謝謝你啊！太好了！」我的室友用她又急又大的聲音回答。

之後我們就開始常常一起出遊。學政、友蘭，和我三個人，還有學哲和為貞一對。我們五個人常常一起去騎馬、跳舞、爬山，而且每次回到汪山，總有一個浴缸的熱水等著我。老實說，如果不是為了那一缸的熱水澡，我大概不會每次都和她們這群人出去玩。而且，友蘭似乎玩得比我還要高興。她的男友還在美國，她一個人在這裡很無聊，但是她又不能和別的人約會。她和我們一群人出去，她不但可以和王家兄弟交往，又可以盡情的和他們兩個拋媚眼。她膽子大又好強，喜歡和學政兩個騎著馬跑，把我一個人遠遠地丟在後面。但是跳舞的時候，學政給我們兩個人相等的時間，和友蘭跳探戈，和我跳華爾滋。我不覺得三個人之間有任何的緊張關係，至少，我沒有注意到。一直到有一次我們在雪中散步……

在一個美麗的冬天，我們五個人到汪山上的步道上散步。暖呼呼的太陽照在我們的背上，冰冷的空氣把我們的臉頰凍得紅咚咚的。我們安靜的漫步，腳踩在像是軟綿綿地毯一樣的雪上。開在在山坡上的小黃花，在陽光下像是金子一樣的閃爍動人。

友蘭和我肩並肩走在一起。突然我的背後好大一聲，一樣很重的東西打在我的後面。我轉過身，看到學政在後彎著腰大笑。他的手套上站著白色的雪花。我的屁股感覺好痛，但是我還沒和他熟到覺得可以在他面前揉我的屁股。他也不夠瞭解我才和我開了這玩笑，但是我也不好對他生氣，因為他也只不過是對我開個玩笑。除了友蘭之外，每個人都覺得很好笑。她的臉沉下來，很明顯的她是忍著沒有把她心裡那時候想說的話說出來。我覺得很奇怪，她為什麼對一件和她沒關係的事生氣。突然我心中有了一個疑問：「難道她是嫉妒嗎？」

一天，當我從英國情報中心走出來的時候，一輛黃包車從我旁邊飛快的經過。原來是學政，他穿的很整齊地坐在裡面。他把黃包車叫住停下來，然後跳下車來。

「嗨，怎麼這麼巧？」我問他，「你到這裡做什麼？」我看到他藍色的西裝和條紋領帶。他總是穿得非常的體面，但是我從來沒有看他穿得這麼正式。

「我剛剛到英國大使館申請簽證。倫敦大學接受了我的申請。我要到那裡去唸教育學的碩士。」

我內心突然一陣心痛。我們這一群人就要拆散了。「恭喜啊！你什麼時候出發？」我問他。

「要到夏天。」他黑色的眼睛閃閃發亮，他又問我：「妳有時間嗎？我們去喝杯茶吧。」

「我要把這些照片放到公告欄上面。」

「我幫妳。」他說，然後就把我手裡的公文夾拿過去。

我很高興他可以來幫忙。公告欄是在一個風很大的角落。風很容易把照片吹掉。有一個人幫忙總是好的。當我們釘照片的時候，學政開始對這些相片很感興趣。這些是諾曼第登陸時的照片。看到我們的同盟國在歐洲打贏，也給了我們打贏日本鬼子的希望。我很驕傲的告訴學政上面的這些英翻中都是我做的。

事情做完後，學政帶我去喝咖啡。那個地方不但乾淨也很安靜，不像大部分的中國館子。桌上鋪著白桌布，蛋糕放在玻璃櫃裡面展示，好像珍貴的珠寶一樣。我自己是絕對不會走進這種地方的。我一個月賺的五萬元聽起來很多，但是實際上只有大約二十五美元而已。

「你要去多久？」我問他，雖然喝咖啡的地方很幽雅，但是這即將變成一場夢的感受讓我不禁難過起來。我以前的男朋友小楊離開我從軍。現在這個坐在桌子對面對著我微笑的人也要走了。

「兩年，第一年，我會修課，還有參加他們的研習訪問。第二年寫論文。如果努力一點的話，我應該可以早點結束。」

我點點頭，但是我的心裡在想，一年或是十年，都和我無關。我曉得他在幾個月就要走了，我不要再為這種事情難過。

「要不要我們晚上一起去吃晚飯？」學政問我。

我晚上正好沒事，我對這個人也沒興趣，吃頓晚飯不會改變我對他的態度，所以我馬上就答應他了。

一直到那個時候，學政和我從來沒有機會單獨的聊天。我們每次出去，都有學哲、為貞，和友蘭在一起。我們的談話，每一個人都聽得到，所以我們從來也沒有談什麼重要的話題。但是現在，只有我們兩個面對面坐在這裡，餐廳裡的喧嘩和擁擠似乎在九霄塵外。我們就像是坐在大海中間的木筏上一樣。這是屬於我們兩個的世界。

我告訴他我童年的故事——我的父親在我三歲時過世，母親一個人把我們四個孩子拉拔大，三姑幫了很多忙。他見過三姑，或者該說，三姑見過他，也同意我們做朋友。他也告訴我他童年的故事，讓我得以一窺一個和我成長環境完全不一樣的世界。我從開始會走路後，就在外面幫母親跑腿，而他卻被關在一個門禁森嚴的大觀園裡。老伯對他的孩子們非常的保護，外出時一定要有兩個大人陪著，不然不准隨便出門。

但是我們兩個卻有一個相同的地方，我們兩個都是病貓子。我以為我的身體不好是因為家境貧窮的關係，但是這個富家子弟卻也有著奇怪的胃病。他的爸爸帶他去看了上海最好的醫生，一個德國人，另外一個是日本人，但是兩個都找不出他的毛病。看他現在這麼壯，很難想像他以前又瘦又黃的模樣。他告訴我小的時候他有個外號叫做「小皇帝」因為和「小黃弟」同音，聽得我大笑。

十四歲的時候，他的健康情形開始改善。那時，他們全家搬到上海的國際租界，他無意中看到對街有一家健身房，這家健身房的老闆是一個白俄人，他邀請學政進去參觀。他馬上就迷上了，每天都要到健身房來練舉重。他的肩膀因此變得堅實，身體也越來越健康。

他如果講到這裡就打住的話，這故事還挺不錯的，可是他繼續一直不停地說，講到他如何舉起有他身體兩倍重的槓鈴和他的「挺舉」的方式。我只好不時點點頭，表示很有興趣，其實我的心已經不知道飛到哪裡去了。

我們在晚餐後各自回家。學政送我上了黃包車後我們就說再見了。如果下次我去汪山的時候他也在，那很好，但是如果見不到他了，也無所謂。六個月後，他就要從我的生命裡消失了。在經歷和我第一個男朋友的分離之後，我不想讓歷史再重演。

在除夕的晚上，為貞突然到我家裡，她是幫老伯捎信來的。她說老伯那天晚上要在餐廳請客，邀請我一起去。我不知道說什麼，老伯對我的慷慨讓我盛情難卻，但是卻給了我一個難題。拒絕他的好意是很不禮貌的，但是接受也不行。除夕是中國人全家團圓的時候，我不是他們家的親戚，也不是這麼熟的朋友，我的身分似乎不適合參加他們的聚餐。

我用三姑做藉口。友蘭和朋友出去了，如果我也出去了，三姑就要一個人在家吃除夕晚飯。為貞聽我這樣說，就連三姑一塊兒邀請，我也沒有藉口再拒絕了。三姑和我趕緊換上藍布旗袍。天藍色的棉布，象徵著勤儉耐勞，是戰時最流行的時裝。

餐廳的老闆指引我們進到一個房間裡。所有住在汪山大宅裡的成員都到齊了。還有兩位我沒有看過的阿姨和姨父。老伯安排我坐在學政的旁邊，要三姑坐他兩個太太中間。服務生跑進跑出忙著把一盤盤的菜端進來。每一道菜都是色香味俱全。餐廳的老闆也不時進來看看老伯是不是滿意他們的菜。大家都不停地稱讚他的菜好！我們都吃得很高興。就連三姑雖然剛開始時有些不知所措，也開始和阿姨和阿媽聊起來了。

老伯是飯局的重心。他只要一開口說話，每個人就停下來聽他說。如果任何人打斷的話，也不過是同意或是稱讚他的話。我覺得這些馬屁似乎也拍得太多了一點，但是我算那棵蔥？我憑什麼說三道四？老伯是國民大會裡的重量級人物，他無黨無派，是一個敢說敢做的人。他從不理會任何的政黨。他的固執，和始終不願意加入國民黨是有名的。但是蔣介石對他非常尊敬，也常常向他請益。

「我生來運氣就好。」老伯用他權威的聲音告訴大家。全桌安靜無聲。「死神已經敲過我的門好幾次，但是我每次都逃過一劫。第一次是在上海，我被綁架勒索。」他的太太們都在搖頭，他開始娓娓道出這段引人入勝的故事。

那時他正坐在一輛黃包車上面要去上班，突然兩個拿著槍的人跳上車，把老伯抓進一輛車子裡。這兩個人拿了一條布把他眼睛給矇了起來，把車開到一個不知名的地方。然後把他鎖在一個小房間裡，那個房間的天花板低到他只能盤腳坐著。就在那天，一封勒索信送到他家。信上說，不要報警，不然王先生的性命難保。

阿媽和阿姨害怕綁匪會撕票，她們找老伯在商務書局的經理來幫忙。後來經理決定打電話給一位在商務書局做翻譯的張先生。這位張先生不只是一位翻譯，他在上海的黑幫裡，職位相當於總經理。他是當時上海青幫的堂主之一，那個時侯，青幫的勢力比政府還要大。上海除了租界以外，青幫就等於是上海的政府。

張先生馬上展開行動。他請了綁匪到上海最好的餐館。在一頓九道菜的盛宴和最好的酒下肚後，他解釋老伯的經濟狀況。原來綁匪以為老伯住的那條街上的整排房子都是他的。當張先生告訴綁匪這完全是一場誤會時，他們願意相信張先生。黑幫也有黑幫的道義，其中之一就是你不能不給兄弟面子。但是這綁匪們也不甘願空手而回。所以兩邊交涉了之後，他們付給兩個綁匪一點「盤纏」。

「我從來不曉得我的命值多少錢。」老伯說。說完後，他的笑聲迴盪在整個房間裡。我們也跟著他大笑。

他接著又驚險的逃過第二次事件，老伯繼續說著：那是在「一・二八」事件的前夕。「一・二八」也就是一月二十八號，那天日本人對上海發動攻擊。那是在一九三二年，原因是一年之前，一群中國的強盜，在暗巷裡殺了兩個日本和尚。為了抗議，日本大使給上海市長一串難看的要求。同時，日本人的軍艦也駛入黃浦江。

老伯擔心日本人入侵，帶著他的家人從上海中國人的地盤，搬到國際租界裡，在那裡租了一棟房子。這棟房子有一部分是由英國人管轄的，他相信日本人沒有這個膽子跨進西方人的租界一步。

為了這件事情，雙方交涉了很久。最後上海市長終於在一月二十七號和解讓步。大家都鬆了一口氣，認為不會打起來了。老伯認為現在正是可以搬回去的時候，於是就回去看房子。他離開他在國際租界的家，和他的小舅子回到中國區，準備在他原來的家過一晚。就在半夜的時候，突然電話鈴響。不知名的人打來告訴老伯日本人要進攻上海。如果他不馬上離開的話，就來不及了。老伯趕緊搖電話給一個報社編輯的朋友。這個人說他看到一個信差，說是日本人要加上最後一條要求，但是電話不清楚，他不願意說，要老伯到他的辦公室自己去看。老伯的小舅子不願意這麼晚半夜無人的時候再出門。但是當老伯正要出門時，小舅子突然改變主意要和他一起去。他們走到附近的「車房」去叫車子。他們的計程車才剛剛開過橋的時候，回頭看到日本人進來把整個地區封鎖起來。然後就開始到處爆破。日本人把商務書局的倉庫和印刷器材全部炸毀，第二天，他們到老伯家把他逮捕。

說到這裡，我突然起了一陣雞皮疙瘩。老伯那時如果落到日本人的手裡，他現在的命運不知道會如何。為了要保命，他必需要和敵人合作。那種日子真是生不如死。

「好人有好命。」席間一個人企圖化解這個不吉祥的故事。

「大難不死，必有後福。」另外一個人說。

每個人都稱讚老伯。就連平常不大容易對事情大驚小怪的三姑都聽得入迷。老伯是一個非常了不起的人，我們被邀請參加他的家庭聚餐是非常大的榮幸。但是當每一個人都把他捧上天的時候，我一句話都沒有說，我不是那樣的人。

「我以前常常每天晚上睡不著覺，擔心我父親，」學政告訴我，「我要是沒有聽到他的車子進門的聲音，我睡不著。」

「學政一直都是一個非常敏感細心的孩子。」阿姨喉嚨哽咽地說。

「父親被綁架的時候，我記得很清楚，」學政說，「那幾天家裡的窗簾都放下來，因為我們怕綁匪看到我們。他們告訴我們不要靠近窗戶。但是大人不在的時候，我就到窗戶旁偷看，想要找出來，街上哪一個人是綁匪。」

老伯很欣慰地看著學政。這一陣子和他們家的人相處下來，我已經可以注意到這一家人彼此之間複雜的關係。老伯的兩個太太裡，他和阿姨，也就是妹妹，比較親近。每次她煮了什麼菜，他總是不停得讚美她。晚餐後，兩個人會坐下來下盤跳棋。我從來沒有看過他和阿媽有這樣輕鬆的互動，但是阿媽似乎也不介意。阿媽對我非常大方，雖然她不需要如此，因為學政是阿姨生的，不是她生的。但是老伯的孩子裡，我看不出來他最喜歡的是誰，因為老伯所有的孩子，我不是每一個都見過。但是我聽到親戚們在討論過這個話題。大部分的人都認為老伯最喜歡學政，我覺得是有他的道理在的，因為學政是他比較喜歡的那個太太的長子。

「Flora，妳放假要做什麼？」阿媽問我。

阿姨沒等我回答就說，「妳今天晚上乾脆到汪山上來吧，學政，你不是向同學借了留聲機嗎？你們年輕人可以開個派對。」

我看看三姑。明天是大年初一，我不想把她放在家裡和友蘭兩個人獨處。

「妳去吧，房東要找我一起去打麻將。」三姑似乎已經知道我在想什麼。

「好，那就這麼說定了，」阿媽對我說，「妳今天晚上就坐我們的車一起回去。」

「喔，但是我沒有拿換洗的衣服。」

「這樣好了，」阿姨說，「妳先回家去整理一下，學政今天晚上留在城裡，明天早上他帶妳上山。你們可以在山腳那兒僱個轎子，學政可以租匹馬和妳一起上來。」

「這樣太麻煩大家了。」我不好意思的說

「一點都不麻煩，」學政說，「我可以睡在商務書局。」

「好，」老伯的聲音如洪鐘一樣，「明天我們午飯見。」

三

大年初一那一天，兩個苦力扛著我坐的轎子一階階的上了汪山。在我旁邊騎在馬上的是英勇的騎士。我不曉得在我下轎子的那剎那，也就正準備要踏進一個把我一生套住的陷阱。

原來老伯老早就要我做他的媳婦。他不但忙碌於國共和談，積極的參與國民大會，並且把「科學管理」的方式介紹給商務書局，還要在百忙之中做媒人。在我第一次到汪山去後，他會寫信去叫學政回家。然後假裝他需要有人幫他打字，叫為貞來把我叫到山上去。每一個人都曉得這件事，阿媽、阿姨、學哲、學醫，和大部分家裡的僕人也都曉得。

我當時並不曉得，學政交過一些名聲不大好的女朋友。他的第一任女友是一個迷人的上海女孩，那時已被一個富商包養，老伯也是從他認識的人裡聽到這些的。學政只不過是她的有錢男友不在時的玩伴而已，所以老伯不讓學政和她繼續再交往。學政的第二個女友是他大哥結婚時的伴娘，學政是伴郎，所以很自然的，婚禮之後，他們兩個就開始約會。老伯調查了一下這個女孩子，發現她有一段荒唐的過去，所以他想盡辦法要把他們兩個分開來。當我無意中進到他們家的生活裡的時候，老伯把我當作讓他們兩個分手的好方法。我外表上得了檯面，個性溫順，沒有什麼過去，而且最重要的是，我是港大畢業的。像是老伯這樣身分的人，一個優秀大學的文憑比什麼嫁妝都重要。因此他開始計劃，幫我著筆我人生的劇本。

儘管我在剛開始的時候，並不清楚老伯的用心，但是如果說到了後面還不知道的話，那我也未免太蠢了。整個假期，這家人一直幫我和學政製造機會。他們的微笑、眼神、話語中間無意的玩笑，我一出現，大家就停下來不出聲。這些都很清楚的看得出來他們全家都在幫忙。

自從我心裡曉得他們在搞什麼鬼後，我不能像在以前一樣假裝了。我面對一個重要的決定，如果我對這個人沒有興趣，那就應該快刀斬亂麻，速戰速決。但是光是想到要做這樣的事就讓我難過。我在重慶的朋友圈，就是他們這一群人。和他們一刀兩斷，也就是和學政一家人從此不往來，這也就包括為貞。我心裡盤算著嫁給學政的可行性，他家裡的背景如此顯赫，我不可能再碰得到一個比他們家的背景更好的人，我也很喜歡他的個性，我很享受他給我的關注和照顧，也親眼看見他就算是對家裡階層最低的下人，也是非常的和藹可親。最後，我還是要考慮他的外表，我沒有辦法嫁給一個長相不吸引我的人。整體來說，他是很不錯的，我也很願意接受他，而且，我也慢慢開始習慣他最大的缺點，也就是他的身高。

經過一番的考量之後，就算分開兩年也不算是太壞。學政和小楊不一樣。小楊給我的只有他口頭的承諾，而學政所能給我的保障是老伯穩若磐石的名譽，老伯絕對不會讓他的兒子丟他的臉的。

終於輪到我表達我自己的意思了。我不能帶他去見我的母親，於是我帶他和我一起去港大的校友會。朋友們看到我帶著他走進大廳時對著我大叫著：「Hi, Flora!」我突然感覺非常的激動，這些人曾經是我的家人。我們一起經歷了在港大成長的時光，香港是顆東方明珠，被中西文化的洪流衝擊，雖然我們和別的中國人沒有兩樣，但是我們的內在是不同的。

趕上來迎接我的是陪著我長途跋涉一起到重慶來的那四個英勇的保鏢們。他們穿著租來的禮服，每個人都打著領結，看起來真是英俊，和我最後一次看到他們真是有天壤之別。但是他們似乎並沒有比以前成熟多少。

「『好狗』，不見。」彼得頑皮地問候我。廣東話的好久，和「好狗」是同音。他那副開玩笑的德行，很明顯是在說「好狗」不是「好久」。「妳交了一個新朋友怎麼都沒有通知我們啊？」

我不理會他的莽撞，驕傲的介紹學政給他。我很想告訴他學政的父親是誰，但是這樣炫耀不是我的本性。而且友蘭也來了。她已經在到處宣傳她和老伯一家的關係。

一陣藍色多瑙河的音樂從留聲機裡傳送出來。彼得向我行了一個九十度的大禮，問我：「我有這個榮幸請妳跳這支舞嗎？」

我看了一下學政，他高興地對著我微笑。我曉得他不介意，於是就和彼得走入舞池。當彼得把他的手放在我的腰上的時候，我馬上把我的手肘撐開來，讓他不會把我摟得太近，彼此之間保持安全距離。自從有一次和一位男士跳舞，他把我拉得很近，近到我可以感覺到他口袋裡放了一塊硬硬的東西，一整支舞我都在想那到底是什麼玩意兒？

當彼得帶著我轉圈的時候，我不停的在找學政。我看到他和友蘭在說話，我就放心了。想說還好他至少有個認識的人。我一直想去找他，但是我的同學們一個接著一個來找我跳舞，跳了六七支舞之後，我就再也看不到他人了。

我好不容易找到一個機會從舞池裡出來，但是發現我又被另外一群年輕人包圍著。突然一隻手從中間把圍著我的人群分開來，學政跳到圈圈的中間來，抓住我的手，把我拉回到舞池中間。

我們兩個的感情就在那一個晚上突飛猛進。我把學政帶到同學會，介紹給我的同學們，那正是他需要我給予他，對於我們之間交往的通行證。他辭去工作，搬進商務書局的宿舍。因為再兩個月他就要去英國了，他決定要利用他走前的每一分每一秒的時間和我相處。我們幾乎每天都見面，平常上班的日子，他會在下班時在英國領事館外面等我，週末時，他就搭老伯的車子去汪山。

學政在他家的玫瑰花園裡向我求婚。當他握著我的手用他那雙又大又深情的眼睛注視著我的時候，我已經猜到他要做什麼。我們不用談當時發生的細節。每個人都有只能存在自己心裡的最私密的回憶。不過我能說的是，學政要我嫁給他，我答應了。

學政馬上跑上樓去告訴他父親這個好消息。老伯把我叫到他房間裡，他書房裡的書香氣息，令人敬畏，那天聞起來，更是讓我感受沉重。老伯坐在一張椅子上，整個房間都能感覺得到他的權威和氣勢。他的眼睛發亮，充滿著快樂，我還沒進到房間，就已經聽到他爽朗的笑聲。他指了一張椅子要我坐下，我聽話坐下來，學政站在我旁邊。

「學政告訴我你們的好消息。」老伯說。「哈！哈！我很高興。我找不到比妳更好的媳婦了。」

我的臉不好意思地紅了起來，只好趕快把頭低下來。學政把他的手放在我的肩膀上捏了一下我的肩頭。

「妳曉得下個月學政就要到英國去唸研究所。但是如果兩顆心願意，是可以守住這兩年的。我花了不少的功夫幫他申請到英國這所非常優秀的學府，他如果唸完後回來，就是中國第一批的教育專家之一，前途無可限量。我不希望他的學業被任何事情影響。學政告訴我他想要在他去英國之前結婚，我認為這個主意不好，一個結了婚的男人就容易分心，他的心就會放在家裡，而不是他的功課。我有一個建議。」

我感覺到學政在我旁邊不安的動來動去，老伯用他銳利的眼光要學政稍安勿躁。「你們兩個可以在學政出國前先訂婚，我幫你們兩個辦一個訂婚儀式，你們可以邀請你們的親戚朋友一起來。等學政念完書回來之後，你們兩個再結婚。」然後他用一種比較嚴肅的語調說；「我想那時候戰爭應該結束了。」

學政和我點頭答應。當然，老伯的建議不只是一個「建議」。婚姻這麼重要的事，父母是有決定權的。

「很好，哈哈！我們下個禮拜就舉辦你們的訂婚儀式。我有一點小意思，算是我給妳的祝福。坐在這裡別動。」老伯跳起來走出房間。

他回來時，他的兩個太太跟著他一起進來。阿媽和阿姨不停地對我們說恭喜祝福的話。老伯給我一只手錶，一只非常細緻的歐米茄手錶，錶面小的只能容納四個數字。金色的錶帶像是一個手環一樣漂亮。

「這只手錶是妳阿姨的，我要妳現在戴起來。」

「多謝老伯！」

「他不是老伯了！」阿姨說。「妳要叫他爸爸了！」

我整個臉紅到耳根去。「爸爸」是所有的嬰兒剛會講話時說的第一句話，但是記憶裡，我從來沒有說過這兩個字。我把嘴唇合在一起，好像在學說話一樣。事實上，那是我有生以來第一次有意識的叫任何人「爸爸」。眼淚突然湧進我的眼裡，我必須要很勇敢的讓眼淚不要流出來。我這個孤兒終於找到一個家了，這種感覺正如我所期待的！

❖ ❖ ❖

「妳太過分了！」友蘭對著我大吼。「是我不要他，如果我要他的話，妳根本沒機會。」她的話像是在我的臉上打了一巴掌。我高興得跳回家宣佈我訂婚的消息。她不但沒有恭喜我，還侮辱我。我不知道該說什麼，只好離開房間假裝出去找三姑。

我在街上徘徊，心裡想著我又沒得罪她，為什麼她要說這些話攻擊我？她怎麼可以這麼貪心？她已經有了一個男友了。為什麼還要一個？我聽到一些關於她男友的閒言閒語，我從來沒看過他，但是很多我港大的朋友們看過。他們描述他個子小，腦袋也小，大概連高中都沒有畢業。他之所以能夠到美國受訓是因為他很會向主人搖尾巴，拍馬屁。換句話說，這個號稱「天下第一」的友蘭，注定要和這個沒什麼文化水準，又沒有教育程度的小白臉過一輩子。她是在桂林遇到他的，她在逃出香港後，在桂林找到一個教職。寂寞又害怕——我可不曉得是什麼感受！她愛上了第一個對她好的男人。我為友蘭難過。戰爭讓她的生活完全變了樣。就算和平到來，她的未來還是毀了。

我回到家裡，我的心裡充滿了原諒。但是當我一踏進家門，友蘭又對著我叫罵：「我不會去參加妳的訂婚派對！」很明顯，她並不打算原諒我，她對我的侮辱排山倒海的過來。從那天開始，她很少回家。如果她回來，她也不看我一眼。一個小房間裡有這麼濃厚的敵意，讓我們的關係很緊張。但是生活的現實，讓我們還是得住在一起，我們誰也沒有錢租整個房間。

學政去了英國一陣子之後，在我宣佈訂婚以來這麼多個禮拜，友蘭第一次和我說話。她告訴我她要搬出去。英國大使館在員工宿舍裡有一個房間可以給她住。我急壞了，再過幾天就要交房租了，如果友蘭沒有付她那份房租的話，我就沒有辦法寄錢給成毅。他那時候在成都的燕京大學，成毅在戰後就從武漢大學轉到燕京大學，雖然他的獎學金可以負擔他大部分的開支，但是他需要一些額外的錢去買一些學校餐廳裡吃不到的東西補充營養。沒有足夠的營養，他的病可能又會發作。

我去找「爸爸」幫忙。他看到我快要哭出來的樣子笑了。對我而言這是一件生死關頭的事，但是對他來說，只是芝蔴蒜皮小事。他把寬大的袖子捲起來，拿起毛筆，寫了一張信條給他的經理。幾天之後，三姑和我已經很舒服的安頓在商務書局的宿舍裡。

我也找到一份新工作。在美國情報局裡的會計部門做事，我的月薪跳了四倍到二十萬元，也就是是一百美元一個月。在學政學成回來之前，我都不用擔心照顧成毅和三姑。可是誰曉得，就在兩個月不到的時間，這世界發生了一件事，把我的生活又上下顛倒的翻了一次。

一九四五年，八月十四號，日軍投降。我知道戰爭就快結束了，因為在這之前，我看了有關兩顆原子彈摧毀日本人的新聞。但是我沒想到真的發生了，我簡直不敢相信我的耳朵。那天晚上根本睡不著覺。一來是因為我太興奮，另一方面是因為美國大兵在外面的廣場狂歡。幾百個人在那裡開著好響的音樂跳舞，然後大聲叫著「頂好」。我整晚沒睡，於是我在快清晨的時候下床看著窗戶外面。外面的景象既奇怪又有趣。那些大兵走路搖搖晃晃像是一群幽魂一樣。他們喝了一晚，全都醉了。有幾個就直挺挺地躺在大馬路上。就在我的窗戶下面，我看到兩個人走路互相撞到對方。一個是美國大兵，一個是一個矮小的中國人，這個中國人只有到這個美國人胳肢窩的高度。這個中國人趕緊道歉，一隻手在大兵的身上摸了一下，好像是在扶他站穩一點。之後那個美國大兵就腳步不穩的走掉了，完全不曉得，他的皮夾已經被摸走了。我不曉得那天晚上有多少個美國人的皮夾就這樣被扒走，但是有什麼關係？戰爭結束了。他們要回家，我也要回家了。

緊接著日軍宣佈投降的那個週末，三姑和我坐著爸爸的車子上汪山。那時已經下了好幾天的豪雨，雨勢絲毫沒有要停下來的樣子。當我們的車子開過長江，看到滾滾的河水已經漲到要淹過河床。三姑看著外面，她通常無懼的眼神，充滿了焦慮。她手指掐著佛珠，嘴裡念念有詞。當我們到達地勢較高的地方時，心裡才放下了一塊大石頭，但是這時卻又遇到別的麻煩。上山的路在天氣好的時候都不是很好開，現在雨勢像瀑布一樣的下下來，造成山裡的土石流，我們看不到路的頭尾。要是一個不小心，就會出意外。

這趟路平時需要兩個小時，今天開了我們四個小時才到爸爸山上的房子。我們步履艱難的走在泥巴路裡，雨也不停地重重的敲擊在我們的雨傘上面。我可以看得出來阿媽和阿姨站在前門走廊。她們對著我們揮手大吼。但是我在雨中只斷斷續續的聽到她們說：「日本人已經投降了，日本人已經投降了，日本……」她們不停地重複著說這一樣的話。無法停下來。

我一進家門就大聲地說：「我們可以回家了！」

雖然爸爸的臉上帶著微笑，但是他告訴我們：「先別高興太早。」他把濕嗒嗒的雨傘拿給阿姨，然後說：「我要每個人都到我的書房來，我有重要的事情要談。」

我們大家在爸爸的書房集合。我多麼希望學政也在這裡。過去兩個月，我已經漸漸習慣每天看到他，現在他在英國唸書，我的生活似乎少了什麼。不知道他現在好不好？他如何慶祝這個好消息？

「蔣介石來找我做經濟部長，我已經接受了。」爸爸向我們宣佈。

每個人高興得大叫。阿姨安靜的坐在她的丈夫旁，她的臉上綻放出驕傲的光芒。阿媽坐得遠遠的，她的兩片嘴唇緊緊抿著揪在一起。我最近常常看到她這樣的表情。自從訂婚後，我能夠從圈內人的角度來看這個家，而我所看到的片段是我以前從來沒看過的一面。

「我將是唯一沒有任何黨籍的閣員。」爸爸告訴我們。他非常驕傲他「無黨無派」原則，讓他覺得他超越其他的政治人物。「政府將會搬回南京。這中間的交接轉換是逐漸的，也要有周全的計劃。現在最要緊的任務是重整交通和通訊設備。公車、火車，還有船運會重新開始運轉。這些都不是一蹴可及的事，所以我們一定要有耐心。」他銳利的眼光切入我們每一個人。

「我曉得我們都急著想回家，但是國家還不能算是平和。土匪、強盜，還有共產黨還是對政府有很大的威脅。我們如何把一個分裂的國家團結起來，將會決定我們國家未來的命運。」

他嚴肅的談話把我們興奮的情緒澆了一杯冷水。房間裡頓然一片寂靜，敲打在窗戶上的雨聲此時更加劇烈。戰爭雖然結束了，但是老天卻還沒有停止哭泣。

「但是今天是個值得慶祝的日子！」爸爸的訓話換了一個振奮人心的語調。「日軍開始撤退。從現在開始，祖先留給我們偉大的土地，就要重回到我們的懷抱！」爸爸開懷的大笑，他的笑聲震耳欲聾。他到酒櫃裡拿出來一瓶干邑白蘭地，金色的字母橫跨在酒的盒子上。每個人都拿了一杯，大家一起舉杯：「為勝利乾杯！」

我想要舉杯說的是：「為和平乾杯。」因為現在的情況對中國來說不是勝利，敵人其實不是我們擊敗的。是美國人讓日本人不得不投降的。

「Flora，妳有什麼打算？」

「回家。」我告訴他，再簡單不過。「回香港。到了那裡我就可以和我在泰國的母親和哥哥們聯絡上。」

爸爸想了一陣子，「我要去南京，但是家人們會回上海。妳可以和我們一起走，但是我也瞭解妳想念妳的家人。可惜學政不在這裡，但是儘早完成學業，對他的未來是很重要的。下次妳寫信給他，一定要鼓勵他好好努力唸書，不要急著回家。時間到了，我自然會安排妳回香港的行程。」

我向他保證我也希望學政能夠拿到學位。

雨一直下到隔天。下山的路比上山時更危險。車子像是螞蟻爬行一樣的慢，中間還經過一處坍方造成的土石流，車子要非常小心的繞過去。車子開到一處軍方的崗哨，他們告訴我們蔣介石的車子已經繞道下山。長江的水已經沖破了堤防，把幾千人的房子都淹沒了。

「這不是真正的和平。」三姑悄悄地告訴我，「麻煩還在後面。」

❖　❖　❖

學政放棄了他的學業，在十一月的時候飛回家來。爸爸氣到臉發青，但是只能怪他自己。如果他不給他兒子這麼多零用錢，他也不會不問任何人就自己買了張機票飛回家來。學政和爸爸的關係在他剛回來時降到冰點，爸爸甚至也對我置之不理，因為他認為我是問題的癥結。因為學政告訴大家他趕回來是因為要在國家這段不平靜的時候照顧我，但是他告訴我，只有我知道他真正回來的原因，是因為他怕我和別的人跑了。

爸爸的氣過一陣子就消了，他又開始安排我們的大事，但是我不能讓他全權安排我的婚禮。我告訴他們父子，我的婚禮一定要在教堂裡舉行，我的新郎也一定要是受洗的天主教徒。爸爸點頭同意，他說雖然他自己沒有宗教信仰，但是他相信所有的宗教都是教人行善，學政也同意。我趕忙去找那位要幫我們證婚的比利時神父，他非常樂意給提供學政天主教教義的密集課程。

接下來的大問題是誰在婚禮的時候帶我走出禮堂？成毅是我在大陸唯一的親戚，但是他和學校一起搬到北京去了。那時的交通仍舊非常不方便，他根本沒有辦法來參加我的婚禮。爸爸在他的職員裡找到一位夠資格做我父親的長輩。他年紀夠大，又是天主教徒。當老闆對你提出這種要求的時候你能說什麼？我猜他也只能點頭答應。

婚禮訂在一九四六年的一月七號，在重慶的一個教堂裡舉行。我從來沒有去過任何天主教的婚禮。不曉得他們的儀式是什麼樣子。我在到達教堂後，他們把我介紹給要帶我走出禮堂的「父親」。然後帶我們走進前廳等待客人坐定下來。教堂裡擠得滿滿的客人都是爸爸商務書局和政壇上的朋友。我很緊張，因為我一向都是穿旗袍，這件沒有領子的新娘禮服，不但覺得好像沒有穿衣服一樣，而且讓我在這個暖氣不足的教堂裡，感覺好冷。這時候我的頭紗又不停地滑下來，三姑不停的把夾子夾在我的頭髮上來固定頭紗。

終於要步出禮堂的那一刻來臨了。風琴手彈出〈齊來崇拜〉的第一個音符，因為他不會彈

1946年1月7日，Flora和王雲五的兒子學政在重慶結婚。

結婚進行曲，我們只好答應他彈這首聖誕歌曲。海倫堂妹是我的伴娘，站在我的前面準備先走出去。不像我，她看起來非常光鮮亮麗，粉紅色的禮服穿在她身上看起來非常摩登。別人常說她厚臉皮，講話不經大腦，但是這些特質現在剛剛好派上用場！

「那個『父親』呢？『父親』到哪裡去了？」有人問起來。

「我看到他走到外面去了。」一個人回答。

「快去找他啊！」

「他剛剛還在這裡的啊！」

「他到底去哪裡了？」

我站在那裡，不敢相信這種事居然會發生，我不知道到底是該哭還是該笑。就在這個時候，〈齊來崇拜〉的第一遍已經快彈完了。幾百雙眼睛往我的方向看過來。學政站在前方，他也往我的方向轉過來。

「三姑，妳為什麼不牽她出來？」海倫對著她大叫。整個教堂都可以聽到她。

「不行，我不行，我是佛教徒。」三姑回她。

海倫往旁邊看有沒有人願意帶我走出去，沒有人自願。「好，那就我來吧，我帶妳走出去，來吧，Flora，我們走吧！」

就這樣，她抓著我的手肘，把我拖向紅毯的另一端。

第六卷
回家

一

爸爸警告我先別急著回香港是對的。有些地方的日軍還在做最後的困獸之鬥。在那些日軍已經撤退的城市，土匪就乘機在這個沒有人管的時候到處搶劫。報導說有一群旅客，在半路被搶，他們的衣服被搶匪脫個精光。男男女女被迫赤裸裸的蜷在一起，讓人聽了就害怕。雖然我非常想要見到我的家人，但是我也必須要顧及我新的家人，也就是我肚子裡的孩子。

我等了六個月才離開重慶。在我三月出發上路的時候，整個國家的重建已經開始上了軌道。火車、巴士，還有渡輪全部都開始正常運作。和四年前帶我到重慶的運煤卡車比起來，這些公共的交通工具實在是一種享受。

三姑、學政，和我平安到達廣州。爸爸已經幫他的兒子在中山大學安插了一個體育系系主任的職位。中山大學在廣州的市郊。雖然我希望能夠回到香港，但是我也曉得我的丈夫的事業是最重要的。中山大學的校譽非常優秀，以學政當時的經驗，系主任這個位子是他那時可以找到最好的職位。雖然他的薪水連一袋米都買不起，但是我曉得爸爸不會讓我們挨餓的。

我們在郊區靠近校園的地方，找到一個安靜的公寓。那裡的環境優雅，種滿了花草和樹。我們住在一樓，面對著大街，可以看到像花園一樣的美景。雖然這個公寓只有兩個臥房，一點也不能算大，但是卻比我這輩子住過的所有地方都要大多了。這是我第一次在自己的家裡做女主人，我很滿足，沒有任何的奢求。我不但已經為人妻，也為人女，現在馬上又要為人母，我的人生夫復何求？

這個家裡只有一件事情是美中不足的。做為丈夫的學政，和做未婚夫的學政是完全相反的。我們兩個交往了半年，不算久，但是我先認識他的家人，才認識他，所以我覺得我對他的個性有一定程度的瞭解和信任。他的父親是鼎鼎大名的王雲五，他的兩個母親似乎也很正常。再怎麼樣，學政也不會和他們差到哪裡去。但是從我們結婚後的第一天開始，他給我的驚訝一個接著一個，從未停過。

我以為我的未婚夫是一個個性溫和的人，但是我的丈夫是一個很容易就突然發脾氣，隨便出口罵人的人。當我們約會的時候，他對每一個人都很和藹可親，不管他們的社會地位或是年紀。但是在我們從教堂裡走出來沒多久，他就開始露出了他的另外一面。如果他的碗裡有一丁點的髒東西，如果他的手帕沒有燙到他要求的水準，他就會把負責的傭人叫過來痛斥一頓。他甚至對阿媽大吼，和為貞起衝突，對爸爸頂嘴。但是這一連串的事件，都沒有比我在火車站碰到的這件事情更讓我張目結舌。他在車站裡，對一個苦力發飆所罵的話，簡直是比野蠻人還要野蠻。這個做苦力的男孩子，頂多十三歲，忍著把眼淚吞下去。這個男孩子把行李從火車上拖下來的速度太慢。學政竟然對他破口大罵，還說這個男孩子想要偷我們的行李。他威脅這個男孩子要把他送去給警察，並且要車站站長開除他。學政不停的罵，好像這個男孩子是一個枕頭，可以讓他對著不停地任意亂打亂踢。每一個打娘胎裡出來的人都是有感受的，我不懂為什麼我的丈夫不了解？

我以為我的未婚夫有很多的肌肉，是一個勇敢的人，可以保護我免於受到傷害，但是我找到的丈夫卻是比女人還要懦弱。如我所說，我們的公寓在一樓。如果有壞人要進來是可以撬開窗戶就進來的，但是我從來沒有想過這種事會發生在我身上。一直到有一天，學政回家來，帶了好幾個鎖和幾條鐵鍊，他把鐵鍊在窗戶上東穿西綁，弄成像是一個網一樣，讓人絕對無法從外面進來。三姑和我看到他的傑作，笑到我們肚子痛。我們把他的窮緊張拿來當作笑話看，一直到第一個熱天到來的時候，我和三姑求學政把窗戶打開，他的回答是，「妳們兩個女人家單獨在家裡太危險，壞人會進來綁架妳們。」因為只有他才有開鎖的鑰匙，三姑和我只能在蒸籠裡流汗。

我也以為我的未婚夫是一個愛玩的人，但是我的先生卻是一個無聊的人。每當我建議去廣州附近的風景區走走逛逛的時候，他總是說：「去那裡做什麼？」他心裡面唯一一件有意義的事就是把自己鎖在家裡面走來走去，像是一個站崗的哨兵一樣。

結婚前，我以為我們有很多共同點。但是婚後，我才瞭解我們兩個有多麼的不一樣，就像是水和火一樣不容。從我們對窗簾所起的爭執，就可以看出我們的不同。我早上起床後，習慣把窗簾打開來。人就像樹和花一樣，需要陽光維持身心的健康。但是學政不這麼想，只要我一轉身，他就把窗簾拉回去。打開，合起來，再打開，又合起來，這樣開開關關一直到他上班去才停下來。等到他下午下班回來，這個遊戲就又開始。

老實說，如果學政沒有在我們訂婚後馬上去英國唸書，他這些毛病也許在我們結婚前就會被我發現。我會改變主意，取消我們的婚禮。可是事情並不是依照那樣的順序發生的。我一直等到生米煮成熟飯後才發現他的真面目。我已經懷了他的孩子，變成王太太。我沒有選擇，只能繼續往下走。就像是河水一樣，我也只能繞過河裡的石頭，流向我想要去的地方。

三姑和我籌劃著回香港的行程，我們一直等到所有事情都計劃好了之後才把這件事告訴學政。不管他喜不喜歡，我們都要去。這個計劃的第 步就是要去打霍亂預防針，這是香港政府的規定。當我們到診所的時候，也沒有人問我任何問題。我那時也沒有想到要告訴醫生我已經有四個月的身孕，打了針後我就回家，當天晚上我全身發燒，我的胃整個翻過來，把晚飯吃的東西全部吐出來。我擔心胎兒會保不住。事實上，那真的有可能會發生。因為後來才曉得，懷孕的人是不應該接受疫苗注射的。

就如同我的猜測，學政不願意我回香港。但是車票已經買了，我肚子裡的胎兒也沒有因為霍亂疫苗而流產，還有什麼可以阻擋我回家？在一個晴朗的六月天，我和三姑搭火車到了香港。當我踏上這片土地的時候，我難過的心充滿了喜樂。香港的變化不大，但是我變了。我去了這麼多的城市，香港還是這個世界上最吸引人的地方。乾淨的街道，整齊的建築物，海裡飄來的新鮮空氣。和中國那些聞起來滿街都是下水道惡臭的城市比起來，香港真的是一個「飄香的港口」。

如果我能夠看到我的母親和哥哥們，我這趟的行程就會更完美。我在戰後和他們取得聯繫，聽到他們每個人都很健康，讓我鬆了一口氣。我希望能飛到曼谷去看他們，但是一張飛機票的價錢是學政好多年的薪水。

二哥成堅本來要到香港來會我，但是他的公事太忙，無法過來。他送了一個朋友來看我。這個朋友告訴我母親的健康狀況，還有二哥在買賣米這份事業上的成功。之後他拿出一塊看起來像是磚頭一樣的東西，外面包著一塊布，告訴我這是二哥給我的禮物。我拿過來的時候，沒想到這麼重，差點沒接好掉下來。二哥的朋友叫我打開來看看。我把布打開來，看到兩塊閃閃發光的金塊。

我們終於可以都去曼谷了！我一回到廣州，我就把金塊賣掉換了幾千元，開始幫大家安排去曼谷的行程。學政同意和我一起去，但是他有一個條件，他要坐船，不要坐飛機。在他恐懼的心裡，搭飛機是一件非常危險的事。

等到我們一上船，我們的船就遇到十年來最大的颱風。船在巨浪裡忽高忽低。學政蹲在船艙的中間，兩隻手各拿著一個杯子。右手是給三姑，左手是給我。每次我一要吐，就以為會把胎兒從嘴巴裡吐出來。我不曉得學政心裡到底在想什麼，但是我記得很清楚我那時在想什麼。我在想，「我們應該坐飛機。」這句話一直在我腦海裡盤旋。

颱風繼續吹打。我緊緊地抓著床旁邊的欄杆，不然我就會被動盪的船丟到船艙外面。就在這個時候，我們聽到船艙外面的聲音。學政搖搖晃晃地走出去看發生了什麼事。船艙的門突然就這麼打開來，我們看到一個和我們寒暄過的旅客站在那裡。「船要沉了！」他大聲叫著。「船長已經下令他的手下打開酒吧裡所有的酒。那些船員都在大喝特喝，他們都準備要死了！

我們都要死了！」他的手掌不停地拍打著走廊的牆壁，不停地大喊著同樣的話。

三姑和我的嘔吐突然停止了，我們互相對看，眼神充滿了恐懼。

「不要害怕。」我不敢相信，這幾個字，居然是從我那膽小的丈夫嘴巴裡說出來的。「如果船開始要翻了的話，我們就到最上面那層陽台。我知道那裡有救生艇。但是現在最好的辦法就是不要動，慌張的到處亂跑是沒有用的。」

我瞪著學政，不敢相信我的耳朵。他的臉雖然變綠了，但是卻非常的平靜。我真的是搞不懂他。只不過說要飛到曼谷，可以把他嚇到幾個晚上睡不著覺，但是現在當我們面對著這樣急劇的危險的時候，他的膽子可倒比任何人都大。我心裡在想，就算我們度過了這個風暴，一起白頭偕老，我大概還是無法理解他。

風漸漸減弱。我也停下來，不再向杯子磕頭嘔吐，我疲倦的頭靠在枕頭上。剛剛正要伸展一下四肢的時候，就感覺到兩隻小手小腳生氣地在我肚子裡亂踢。我很高興，這個小東西在我肚子裡平安無事。我這個孩子是個頑固的角色。不管是霍亂預防針還是颱風，她都沒有投降。

當三姑和我半死不活地躺在床上時，學政出去看看外面的情形。他回來後告訴我們船現在迷航了。那個紅鬍子的挪威船長正在用一根儀器測量水深。學政說那是一種測試船所在地點的方法，找出所在地點的水深，然後和地圖上所標的深度核對。他也說，船員們看起來都沒醉，酒吧裡的酒瓶看起來也都是滿的。

一會兒後，學政又再次出去查看。這次他帶了好消息回來。他說船長已經找到船的所在位置。船被風吹到汕頭北邊的海岸，和我們要走的方向正好相反。現在要往回走，這樣在海上的行程要多三天。我心裡馬上就想到成毅，他用我寄給他的錢買了機票。他大概現在已經好端端地坐在曼谷，享受泰國的風景了。

❖ ❖ ❖

當我帶著這個搖搖晃晃的大肚子走下船板的時候，我看到一張熟悉的臉龐往我這裡看過來。我幾乎認不出來那是二哥，他變胖變帥，臉上綻放著有錢人的光彩。

我二哥的財富說明了泰國政府為人民做的事是對的。這麼多年來的戰爭，泰皇非常聰明的和東京合作。有東亞大哥在身邊，泰國是東南亞唯一倖免成為西方殖民地的國家。泰國和日本的友誼在戰爭中一直持續。他們和日本做朋友，但是並不介入戰爭，因此泰國不但沒有遭到戰爭的殘害，反而拿到日本人非常慷慨的補助。現在中國在戰後的重建，正好又讓泰國坐收取漁翁之利。美國大量的援助受到戰爭摧殘的國家。泰國以她豐盛的天然資源，成為這個地區主要的稻米和糧食來源。

我到達的那一天，可以看出來二哥是這個大好時機的受惠者。他的工作是幫助美國慈善機構採買糧食供給中國，他從農夫那裡買米，在加上佣金後轉賣給這些慈善機構，他賺了很多的錢。他不開車，因為他僱了一個司機來幫他開。他不住在矮房子裡，因為他搬進了一棟有著一大片草地的兩層樓的大洋房裡。

我看到母親激動的哭了。她比以前更胖，對她而言，不是個好現象。大部分的人變胖是因為日子變好了，但是母親是在悲傷難過時才變胖。食物取代了快樂，她越難過，吃的東西越多。她原本平滑的肌膚現在都是皺紋。離開自己的孩子六年，是段不短的時間。她不停的看著我，她充滿淚水的眼睛，似乎在尋找那些我自己穿越過的千山萬水。我離開她的時候，還是一個嬌弱，常會頭痛和發燒，只有九十磅的女孩子；現在我不但嫁人了，成熟長大了，還懷孕了。

「我擔心死妳了，」母親哭著對我說，「這麼多年，妳和成毅一點消息也沒有。我們不曉得你們到底是死是活，還是賣給日本人做奴隸了。」

「妳看我現在回來了，一點事都沒有。毫髮無傷。」我張開雙臂讓母親好好的看看我。成毅坐在旁邊的桌上津津有味的啃著一塊排骨，讓我想起來他差一點就活不下去，我們家的成員就會少了一個人。

母親握著我的手，仔細地看著我的肚子。「是個女孩子。」她說，「妳的肚子圓圓的垂下來，一定是個女孩子。如果肚子尖尖挺挺的，從後面看不出來妳大肚子，那就是個男的。」她不停地說著那些老太太才會說的話。

我把和我一起創造肚子裡這個寶貝的人推到前面。學政非常恭敬的向母親鞠了一個躬，雖然他的眼神閃爍出不是很恭敬的偷笑。我告訴過他母親如何一個人一手把我們帶大，但是我並沒有告訴過他，母親不識字、迷信，非常的老式。和有高中學歷的阿姨相比，我母親只不過是一個鄉下人而已。

「我聽說你父親是一個有名的賣書商人？」

「他是商務書局的總經理，中國最大的出版社。」二哥糾正母親。他是唯一敢說話，而且從小最被打得最少的。「而且他現在還是蔣介石的經濟部長。」

「喔，所以他是個官！」母親說，她層層的下巴隨著她點頭認同時顫動著。「家裡有個官是最好不過的了。要是出了什麼問題，可以有人來擦屁股。」

「我一直都很敬仰你的父親。」我這個學者大哥開口了。「所有查字典的方法裡，你父親的四角號碼是最快的。」

我很高興大哥提到爸爸的四角號碼。母親也許不識字，但是她讓她的孩子們都受了教育。學政最高興不過的就是聽到有人稱讚他父親，但是當他聽到二哥提到他的《健與力》的時候，他更是喜出望外。

「你們的雜誌我看過許多期。」一成堅告訴學政。「我年輕的時候也對運動有興趣，我以前每天都到青年會去受訓做救生員。我要能一口氣游五十圈，還要做重量訓練，鍛練肌肉。」

「我不曉得你救過哪個人，但是你可從來沒救過自己。」母親在旁邊嘟囔著，然後她就告訴學政二哥是怎麼樣把他自己的獎學金給搞砸的。

我可以看得出來，學政等不及母親把她的話說完。我也曉得他想要說什麼。他要說的是：「我是中國第一個能夠舉起體重兩倍的舉重選手。」

我猜的一點都沒錯。雖然我聽他說這個故事聽了一千遍，但是對我的兄弟們來說，卻是第一次，學政馬上就示範給他們看他發明的挺舉。

當男生們談他們的事，母親忙得到處轉，命令傭人拿水果出來。當我看到那些泰國出名的白芒果的時候，口水都流出來了。只要把芒果皮剝開來，就會看到裡面乳白色的果肉，還有那茉莉花和椰子的香味也一股子的往鼻子這兒飄過來。

學政不要吃這個芒果。「你一定愛喝酒。」母親大聲地說，「愛喝酒的人都不喜歡吃水果。」

學政笑了，覺得母親的話很好玩，「妳猜的沒錯，我偶爾喜歡喝兩杯。」

「你喜歡喝什麼？」二哥問他。「我這裡什麼都有，黑牌、紅牌，還有一些當地的酒。」

「別鼓勵他喝酒。」我警告我的哥哥。

「哪個男人不喜歡喝酒？」母親插嘴。「妳不要管他管太多。男人有男人該做的事。」學政用一種勝利的眼光看著我。我早該想到母親是會說這種話的人。

我們把滴在手上和手腕上的芒果汁舔乾淨後，傭人拿溼毛巾來給我們擦手。母親從她的房間裡拿出一個木箱子。這個箱子和她以前放在床下面那個箱子很像，以前她只有在她要用錢的時候才拿出來。

這個箱子裡擺滿了裝著珠寶的袋子。她把我的嫁妝一件件的拿出來給我看；一個鑲著一顆有我大牙那麼大的鑽石戒指，一個雞心形狀的玉墜，一個藍寶石做的愛麗絲花形狀的胸針，一串最上等的珍珠項鍊，還有許多金做的鍊子、耳環，和金牌。當母親把這個箱子交給我的時候，我忍住我的眼淚。她給我的這些首飾，不是家家酒，而是給我在亂世時的保障。經歷過了戰爭，巨大的通貨膨脹，母親曉得，紙鈔最後就只值那張紙的錢。一個女人最大的保障還是珠寶。而且是最容易攜帶的，只要往口袋裡一放，就可以帶著到處走。

我兩個哥哥也一起送我一樣結婚禮物。當我把盒子打開來的時候，我深深地吸了一口氣，盒子裡面一串亮晶晶的寶石。二哥把她拿起來給我看，是一條V字型的項鍊，不只一條，是好多條互相繞在一起，變成一串。上面的鑽石多到我數不清。我的哥哥們叫學政幫我戴在脖子上。當他把頭伸到我旁邊看我的墜子有沒有對準中間的時候，我看到鑽石反射的光芒在他的瞳孔裡跳躍。我心中非常的驕傲，在我先生的眼裡，我不過是個在他父親有權有勢的家庭庇蔭之下的難民，但是他現在終於看到我真正的身分，我是一個富有的王國中的公主。

「還有一樣禮物要給妳。」二哥告訴我，手裡揮著一個牛皮紙的信封。

「還有！有什麼比鑽石還要好的？」

二哥慷慨地笑笑，但是他並不打算告訴我。我從信封口袋裡拿出來一張紙。看起來像是一份正式的文件，上面還蓋了紅色的印章。

「這是你在東南亞貿易公司的股權所有狀。炳叔是這個公司的創始人和最主要的股份持有人。我有這個公司三分之一的股權，現在我把我的一半給妳。以今天的價值來看，這些股權值十萬塊港幣。妳現在也是股東之一了！」我假裝很有興趣的檢視這張文件，但是老實說，我不懂得股東是什麼意思，我寧願要現金放在口袋裡。可是二哥臉上的光芒似乎告訴我，這份嫁妝，比其他人和珠寶，甚至鑽石都要值錢。我那時並不了解他為什麼給我這樣一份禮物。

❖　❖　❖

我們有很多事情要慶祝，包括兩個因為戰爭而沒有慶祝的婚禮。一個是大哥成勇的，一個是我的。大哥的太太是新加坡華人，大哥這幾年來都住在新加坡。我們決定要舉辦一個晚宴，請親戚朋友喝喜酒。李家的家族在曼谷已經有很長一段歷史，我們光是在泰國的表親、堂親們就有上百個。出手一向大方的二哥，要請所有的人都來。但是最後我們決定只請和我們最親的親戚。就這樣，我們席開三桌。

那晚，我發現大哥和我有一點共同之處。那就是當他喝醉的時候，他哭得像個女人一樣。這讓我想起在重慶喝橘子汁那晚上的事。有人喝了酒之後心情變好，但是我是喝多了就會想起自己的悲慘命運的那種人。我完全可以體會大哥的心情，但是我從沒看過一個大男人在大庭廣眾前面哭得這樣稀裡嘩啦的。大哥滿臉淚水，他對著學政一把鼻涕一把眼淚的說：「我希望你能好好的照顧我這個妹妹。她是我唯一的妹妹，所以你一定要對他好！」我很感激大哥這麼疼愛我。但是學政似乎不領情。

「你曉得我差一點被日本人炸死嗎？」成勇回過頭來對我說。他可憐的太太，在一旁對大哥這種情緒化的舉止感覺很不好意思，想要叫他不要再說了，「讓我說，讓我告訴我的妹妹。」他哭著說。

這我才曉得大哥的命是撿回來的。大哥一直都在跑船。在日本軍機轟炸新加坡的那天，他正好上船。當他的船被日本人擊中的時候，他和其他兩個船員跳到一個救生艇上面。炸彈像下雨一樣在他們身旁不停地掉落。他們只能不停的划他們的橡皮艇。突然大哥聽到水裡有人在大叫。他二話不說就跳進水裡。當時浪濤兇猛，當他把頭浮出海面呼吸的時候，他的救生艇和他的朋友都不見了。他不停的游，不停的游，一直到他的腳碰到海底。

同桌的女士們一個個聽到這裡都哭了起來。這個戰爭是多麼的殘忍，多少人的性命就莫名其妙的丟掉了？我們流下悲傷的眼淚，但是也有高興的淚水，因為我們一家最終團圓了！有多少家庭能夠像我們這麼幸運？除了日本人射殺轟炸所造成的死傷，和財產的損失之外，人民大量的遷徙逃難，讓很多人家破人亡。因為家人散佈四方，老的，小的常常就孤寂而終，他們的遺體就被棄置在亂葬崗。容真的父親，那個麵包師傅，就是其中的例子。他逃到廣州去，得了一個不知名的病，臨終的時候，沒有人在他身邊。他有八個太太，十四個孩子，沒有一個能夠幫得了他。

大哥不停地哭，一直哭到母親過來說：「成勇，你是皮癢欠揍嗎？今天是一個雙喜臨門的日子。從現在開始，我只要聽到吉利的話。」

「這個戰爭也不是完全都不好。」一個阿姨說。「如果不是因為打這個仗，這兩個人也不可能認識！」她指著我和學政。「戰爭也可以是個好媒人，看看這兩個人，可不是天造地設的一對嗎？」

學政忍住，不好意思太得意，而我卻是忍住，不好意思哭出來。

二

這麼多年來，第一次，我真正有了回到家的感覺。不像我在廣州的公寓，開個窗戶我還要去和學政吵，在我哥哥的房子裡，我可以愛怎麼樣，就怎麼樣。除了溺愛我的哥哥們之外，還有好幾打的堂姐妹們陪我逛街或是去看風景。學政通常留在房子裡，不過他至少還算聰明，沒有抗議我和她們出去，在這裡是我的地盤，他不能欺負我。

在曼谷的這段時間實在實在是太快樂了，日子一轉眼就到了八月底，是我和學政該回去的時候了。我也必須要把廣州的公寓準備一下，因為我十月就要生了。

一天，三姑和我坐在客廳的時候，母親正好過來餵狗。她一直都很愛動物。雖然房子裡的傭人們什麼都可以做，但是母親就是不信任他們照顧她的狗。我看到她在大熱天裡氣喘吁吁地走來走去，讓我不禁同情她的不幸。她從小在一個抽鴉片的母親旁邊長大，而且這個母親恐怕還不是她的親生母親。然後她做了一個生意人的二房，在那個時候，說不定這是她命中最好的事了，但是沒多久她的安全感就被掠走。丈夫過世後，她一直希望兒子們趕快長大，但是等他們剛剛開始可以賺錢養家的時候，抗戰又開始了。這幾年來，她操心的希望知道她最小的兩個孩子的下落。現在我自己也懷孕了，我能夠瞭解她所忍受的折磨。一想到我又要離開她，讓我突然一陣心疼。

「看看妳，肚子大的跟水牛一樣，」母親一停下來就告訴我，「妳怎麼可以大個肚子跑來跑去？像妳現在的情況應該留在家裡不要動才對。妳知道嗎，我昨天做了一個夢。我夢到妳生孩子的時候，我在妳旁邊，妳生了一個女兒。那表示你應該在這裡生小孩。」

我對母親的建議一笑置之。因為我下禮拜就要上船回廣州了。

「怎麼樣，就在這裡生了吧。」母親繼續給我施加壓力。「我可以照顧妳和妳的孩子。在廣州，不但沒有人可以幫妳，連個鬼都沒有。」

「三姑會幫我。」我說。

母親看著她的老朋友，「她哪懂照顧嬰兒的事？」

「我當然曉得。」三姑說，她不高興有人說她什麼事不會做。「妳忘了嗎？以前妳在打麻將的時候，我可在幫妳帶孩子。」

「可是他們那時不是剛剛出生。」母親輕蔑的看了三姑一眼。

「我很想留下來，」我告訴母親，「但是學政要回去上班了。」

「他得回去，妳不用回去啊。」母親說。

我對母親的話很驚訝，但是更驚訝的是，我居然告訴母親「嫁雞隨雞，嫁狗隨狗」。我把母親的口頭禪說給她聽，她有一大堆這些老掉牙的諺語。我以前覺得這些都是陳腔濫調，沒想到我現在居然頭頭是道的重複這些話。

「我知道，我知道，」她說，「但是那不代表丈夫和太太兩個人一定老是要在一起。妳父親還活著的時候，我三四年看不到他人。」母親看到我動心了，趕快又說，「那有什麼不對？只要丈夫賺錢養家，他不需要天天在妳身邊。」之後她的語氣緩和下來，「對妳來說，也不過分開幾個月。等到妳小孩生下來，坐完月子，妳就可以回廣州了。」

這次三姑站在母親這邊，兩個人一起告訴我嬰兒剛生下來時的日子，像是女人生了一場病要恢復一樣。生完孩子後，要在床上躺個一個月。所以叫「坐月子」。媽媽的責任就是休息和補身體，要吃薑和醋燉的豬腳，還有燒酒雞。最好是在床上吃，早上五點還要多加一餐。要做這麼多的菜，還要照顧嬰兒，都要三姑一個人來做會太累了。我被她們兩個一嘴一舌的說得嚇到了，只好囁嚅地說：「這個不是我說就算，要問學政，他如果沒問題，我也沒問題。」

「那我去和學政說。」母親講。「他看起來像是一個好孩子，他應該會聽我的。」我從來沒有覺得我的丈夫是個「孩子」，但是對母親而言，他不但是個「孩子」，還是個「男孩子」，我已經可以看到母親對他發出母性的光輝。

那天晚上吃晚飯的時候，母親當著大家的面對著我說：「再過幾天妳就要走了。回去生了孩子之後，妳就要靠妳自己了，我太遠，幫不了忙。妳是我唯一的女兒，這也是我第一個外孫。想到妳要走我就心痛。妳可以留下來等到小孩生了再回去嗎？」

母親的眼睛溼了，我的兄弟們也很擔心。

「我的家就是你的家，」二哥告訴我，「妳要住多久，就住多久。曼谷有一個最好的醫院，只有歐洲人可以住在裡面，但是我的美國老闆和那家醫院裡的醫生一起打網球。他應該可以幫忙安排住院。」

大家都看著學政，學政看著我，他方正的肩膀就在我身旁。

「這幾天我一直在想回去的事。」我告訴大家，眼睛看著桌子。「我們來的時候，一路上天氣不好，船很顛簸。誰曉得回去的時候會是什麼樣子？以我現在的狀況而言，我該不該冒這個險？」在和我這個總是杞人憂天的丈夫同住了八個月之後，我找到一個讓他同意的理由。

我從旁邊看他，他的牙齒咬得緊緊的，他那本來就很長的下巴，結婚後，好像變得更長。

在一片沉寂後，學政說：「那看Flora的意思。如果她想留下來，我可以先回去。」

❖ ❖ ❖

從那時候開始，到我生產前，也是我一生中最快樂的兩個月，轉眼就過了。雖然大部分的時候，我和母親留在家裡，但是日子一點也不無聊。我的堂兄弟姐妹們常常來找我，帶我出去走走逛逛。有時候我和他們一起出去，但是大部分的時候，我寧願留在家裡。一個寶寶在我的身體裡成長，我覺得我的身體就像是一個宇宙一樣。全世界的奧秘都在我的肚子裡面，我什麼都不需要了。

一天中午剛過後沒多久，我的陣痛開始了。二哥特別從辦公室回來，親自開車送我到醫院去，這家醫院是一個只收歐洲病人的法國醫院，二哥答應我會在裡面安排我分娩。母親在門口送我，要我「走路小心」，每次我出門逛街或是遊玩，她都會說同樣的話。從她的語氣，聽不出來這趟去醫院和我平常出門逛街遊玩有什麼不同。

為了要能夠儘快到醫院，二哥抄小路，從中國大使館前面的路開過去，他才開進去就知道他做了一個錯誤的決定。他忘記隔天就是蔣介石的生日，蔣介石打敗了日本人，現在是全亞洲崇拜的大元帥。人們大肆慶祝。街上到處都是帶著貴賓去大使館裡慶生的車子。二哥的車子卡在中間，動彈不得。他連想要倒車出去開別條路的選擇都沒有。我的陣痛開始越來越頻繁，我咬著牙不出聲。不想讓二哥著急。

我們在裡面塞了一個多小時之後，好不容易爬出了這堆陣仗。二哥趕緊加快速度開到醫院，他離開之前告訴我：「妳好了之後就打個電話給我，我會來接妳。」他根本不曉得生孩子是怎麼回事，但是我也不曉得。

我把醫院主任的信交給前面的櫃台，醫院主任告訴過二哥這樣的安排是違反醫院的原則，但是他特別給予通融。醫院的婦產科一共只有兩間病房。這位主任警告二哥，如果那兩間正好有人用，那我就只能睡在走廊上。

櫃台的人員叫了一個護士來帶我到樓上去。我經過一個房間，偷看了一眼，看到一位女士躺在床上翻滾。她大聲的用法文在叫，她說的話不是安吉麗娜修女教過我們的那種詞彙。她在說什麼，不難猜測。護士帶我到隔壁的病房，我運氣很好，還好是空的。

我換了醫院的長袍，躺在床上。腹部那種絞痛越來越難過，但是隔壁那位法國女士的尖叫讓我忘記了不舒服。她的尖叫像是在殺豬一樣，我從來沒有聽過大人發出那麼難聽的聲音。我真是為她不好意思。她也不過是要生小孩，為什麼要叫成這副德性？

突然一股「暖流」在我的兩腿間沖下來，我趕緊按鈴找護士。但是幾分鐘過了，沒有人進來。我又按了第二次，還是沒有人理我。我開始想像一些恐怖的畫面。會不會是寶寶流血了？我又再按一次鈴，這次我壓著一直到護士進來才放手。

「怎麼回事？」這個護士很粗魯的問我。她是泰國人，從她一看到我這張黃色臉孔進到婦產科病房的時候，她就已經給我臉色看，因為她只願意伺候白人。

我還不大會說泰文，所以我用英文問她話。「對不起，我把床整個都弄溼了。我不曉得怎麼回事，發生得太快了。」

「就這樣嗎？」她沒好氣的回我。「我還以為有人要死了。那不過是妳的胎水。」

不管是什麼，聽起來很嚴重。我馬上說我要見Dr. Chat，他是二哥幫我找到的接生醫生，是全泰國最好的產科醫生。二哥認為，這個醫生如果夠資格幫皇室接生小孩，一定也夠資格幫他的妹妹接生。

那個檸檬臉的護士用一種不屑的眼光告訴我，「Dr. Chat現在很忙。等妳要生的時候，他自然會來。」

「那我什麼時候才要生呢？」我問她，但是我話還沒說完，護士就離開了。

沒有人告訴過我什麼是胎水。事實上，從來沒有人告訴我任何有關生產的事，我也從來沒有想到要問。母親以前是在家裡分娩的，只有一兩個阿姨和一個接生婆在旁邊幫忙。每次我們聊到這些事，感覺就像是一個熱鬧的聚會一樣。我多希望她或是三姑現在可以在這裡，但是這是一個很高級，只收歐洲人的醫院，訪客一律謝絕。

只要那個法國女人不停地大叫，我的陣痛似乎就沒有這麼難以忍受。但是當醫院的人把她用輪椅推出去了之後，我被一個人留在產房裡面，陣痛開始變得越來越劇烈。我開始瞭解那位法國女士為什麼叫成那個樣子。不過，就算如此，也沒有必要叫得那麼大聲，讓整個醫院都聽到。我決定不管有多痛，我都要保持尊嚴忍住不喊出來。我才剛剛在心裡做了這個決定，突然聽到一聲像野獸一樣的叫聲，是誰發出這麼難聽的聲音？之後又是一聲大叫，從我的耳膜裡面穿出來。原來是我自己發出來的野獸嘶叫的聲音！我的眼睛焦慮的看著門。現在那個護士大概又要進來羞辱我一番。但是我還在乎嗎？我反正都要死了。眼淚突然從眼角流出來，不是因為痛，而是為我短暫而空虛的生命感到悲哀，我的生命大概再過幾分鐘就要結束了。

現在想起來，我還是很氣那時沒有人事先告訴我生小孩是怎麼回事。如果我曉得產前陣痛不會死人的話，我不會這麼害怕。但是沒有一個人向我解釋，讓我第一次生孩子成為這一輩子最可怕的經歷。

蔓谷在一九四六年十月三十一號早上七點鐘出生。我把她抱在手臂裡，昨晚的恐懼一掃而空。我驚喜的看著她。原本還是我身上的一塊肉，現在已經是一個有著一雙轉來轉去的眼睛，還有一張要吃東西的嘴巴的小人。我撫摸這她柔軟，毛毛的頭。我對她發誓，她絕對不會受我以前童年受過的苦。我的父親不在身邊照顧我，我的母親沒有受過教育，她不知道如何帶我們。我將會是一個有知識的母親，我會小心翼翼的引導我的孩子長大。她將來長大後一定能夠善用她的資賦，成為一個優秀的人。我聞著她的體香，輕輕地在她耳朵旁叫著她的名字「Agnes」。我在義大利英堂的時候，有一個同學叫做Agnes，我一直覺得這個名字很美。我也試著叫她的中文名字「蔓谷」。這是爸爸給她取的名字，他發明了一個系統，所有的孫子都以出生地來命名。他這個方法其實是很有遠見的。因為爸爸已經可以預見王家的孫子們將會出生在世界各地不同的城市。

三

當我月子坐到一半的時候，我收到學政的信。郵票上是英國喬治國王的照片。我馬上把信封打開來，等不及想知道他為什麼會在香港。他整齊的字體在信紙上寫著：

純瑛吾妻如晤：

興聞女兒出世，望母女均安。相信岳母大人必能對妳們母女悉心照顧。知此，我可放心。

我有一事需向妳告知：上月底我已辭去中山大學系主任職務。妳必定瞭解，系裡預算分配不足，系務運作困難。系主任之間爭執甚多，吾校校長，為一資質平庸之輩，易被人左右。我毅然決定不再留任，免得徒費光陰。

我已赴港求職。現暫住友蘭父母處，他們夫妻十分客氣，我甚為感激。勿念。妳們母女專心休養。望妳與蔓谷在返港前將身體養好。信仍可寄到廣州地址。房子仍留著，偶爾回去。

愛夫　學政

什麼？他居然沒有和我商量就把工作辭掉了？他上一封信完全都沒有提到他有這個念頭。還有，他哪裡不好住，要去住到友蘭的家裡？他的舅舅舅媽都在香港，他們可以招呼他。和友蘭的父母住，就是和友蘭住。友蘭的未婚夫還在美國，所以她搬回去和父母同住。我把他的信反覆不停地看，想要找出一點蛛絲馬跡。友蘭和學政，學政和友蘭：我腦海中一直出現他們兩個在一起的樣子。三姑警告過我友蘭這個人。她說我這個前任室友心眼多，也很會算計。除了三姑說的，我認為她好勝心更強。她這輩子最高興的就是能把我的丈夫偷走。

我把信的開頭和結尾又看一次。我整個心都沉下去了。通常他的信總是充滿了對我的思念：他是如何的在數著我們下次團圓的日子，他多擔心我的身體之類的話。但是現在有友蘭陪他，他的擔心和思念，就如同陽光裡的水氣，頓時消失無蹤。現在他居然要我好好休息，要休息多久，就多久。我真後悔把二哥給我的金磚交給了他。這筆錢讓他辭去工作，自由自在的在廣州和香港之間跑來跑去，像個沒事的公子哥兒似的。

我希望能夠趕緊飛回去，但是母親一定要我把月子坐足才能走。我要二哥幫我訂十二月初的機票回去，我也告訴母親我希望和學政一起過聖誕節。這個藉口讓她無話可說，因為她完全不了解天主教的世界。她只是搖搖頭重複她以前就說過的話：「如果我知道妳會信教，我就不讓妳去義大利英堂唸書。」

同時，我也回信給學政告訴他「我們」漂亮的女兒「蔓谷」的近況，還有我是多麼的盼望和他團圓，繼續我們以前的生活。也把我的祝福給予我的朋友友蘭，並且問她的未婚夫何時才會回來？

我們終於回到香港，飛機在啟德機場降落，那時的蔓谷只有五個禮拜大。因為只有持票的旅客才能進入機場裡面，我得要一個人拿箱子，還要照顧好女兒。等我一走到機場外面，我看到學政的舅舅舅媽在欄杆後面對我揮手。我四處張望，居然沒有看到我想要看到的人。

「學政呢？」這是我第一個問題。

他們不知如何回答我，不過舅舅腦筋很快，他告訴我學政在半島酒店等我，那裡是機場的巴士上車的地方。學政認為，反正他也不能進來接我，所以乾脆就在酒店裡等我就好。舅舅的解釋雖然過得去，但是有一個很大的疑點。為什麼他的舅舅舅媽大老遠跑到機場外面來接我，而他卻自己不來？我忍著不說話，等到我看到他的時候再來問他。

我一走進酒店的大門，就看到學政在大廳裡面。他舒服的靠在在一張沙發椅上坐著，穿西裝打領帶，一隻手拿著馬丁尼的杯子，一隻手叼根香煙。看到我，他站起來，輕快的向我走過來。他手伸出來想要抱我，但是我把他推開來，怕他壓到夾在我們之間的寶寶。我們互相注視著對方的眼睛，想要找回幾個月前分離時的那個人。他的長臉還是一樣沒變，但是我的已經完全變了。生了小孩後，讓我的五官變得更成熟。以前孩子氣的線條，現在沒有了。我照鏡子

1947年，Flora的結婚紀念日在香港和老大蔓谷合照。蔓谷當時剛出生沒多久。

時，看到的是一個女人，不再是一個女孩子。我也開始把我的頭髮梳上去，做成一個太太們才梳的髮髻。

學政看到寶寶很高興。蔓谷一路在飛機上都在睡覺，現在她醒過來了，眼睛張得大大的到處在看，兩隻小手臂在毯子裡動來動去想要伸出來。學政把她的毯子拉開來，蔓谷的小手握著他的手指，他把這個小指頭拿到嘴巴旁邊親了一下。

我的心一片暖洋洋的，雖然還不足以熔化那層冰。「我以為你會在機場接我。」我對他說。

「舅舅說他會在那裡接妳，所以我決定在這裡等，免得他錯過妳。妳看，她抓著我的手指頭不放，她知道我是她的爸爸。」

舅舅和舅媽不停的讚嘆寶寶，那個話題就這樣沒有再提了。舅舅開車帶我們回到他的公寓，我們預備在那裡一直住到等我們知道下一步該怎麼辦。我想要把我心裡面所有的問題好好的質問學政，但是有別人在，我只能忍到睡覺的時候再問。等到臥房門一關，我的擔心像泡泡一樣飛出來。我們現在兩個人都沒有工作，沒有住的地方，我哥哥給我的金磚變賣的錢，也快花光了。我們該怎麼辦？

「我們不用靠妳哥哥的金磚過日子。」學政說的一副很輕鬆的樣子。「我已經寫信給爸爸了，他還沒有回我，但是我知道他會幫我忙的。如果他可以掌管整個中國的經濟，他一定也可以照顧我們的經濟。」他對自己的話很得意。「好啦，別擔心錢，好吧？這是我們團圓的第一個晚上。」

我開始拷問學政他和友蘭的關係，但是他一直往我身上親過來，害我根本沒有辦法問他。後來的幾天，我以為已經不復存在的未婚夫又活了回來，學政又變成了我在重慶約會的那個無憂無慮又調皮的男人。他不再站在上了鎖的門後面站崗，他帶著我每天晚上出去玩。舅舅舅媽也很高興能夠幫我們看孩子，而且坐了一個月的月子之後，我實在很想動動。學政知道哪裡有最好的餐廳，帶我去吃他發現的美食。這段時間可說是我們兩個的蜜月期，因為婚禮後，我們一直沒有度過蜜月，只是友蘭卻在這個時候來插一腳。

我們第一次三個人一起聚在一起是在「雄雞」，那是一家西餐廳，有一隻大公雞掛在入口的上方。當學政和我一走進去餐廳，就聽到一個沙啞的聲音叫著，「我在這裡！」這種聲音只可能是一個人，因為我從來沒有見過第二個人有她這樣的聲音，好像喉嚨裡卡了一張砂紙在裡面的樣子。友蘭比著手勢叫我們過去。我的先生從我旁邊消失，我聽到他說：「妳等了很久嗎？」

友蘭站起來，我突然有股嫉妒又羨慕的感覺。我的腰圍因為生小孩而變寬，而她的還是苗條的像個小姐。她穿了一件緊身旗袍，這件旗袍的料子上有著顏色鮮豔的大朵牡丹花。友蘭明明就是毫不知羞恥的在那裡炫耀她的身材。她長長的睫毛不停地在她如荔枝一樣大的眼睛上撲動著，但是很可憐的是，她的皮膚也還是像荔枝皮一樣又粗又黑。再多的粉也蓋不住她那粗糙的皮膚。

友蘭把我從頭到腳掃描了一遍，然後驚訝地對我說：「Flora，妳發福了！妳懷孕的時候一定吃得很好！我母親懷我的時候，每天吃三個蛋，因為蛋白可以讓寶寶的皮膚又白又細。」

「她一定是吃了皮蛋了！」我回她。這是她自找的。她的五官膚色，比較接近皮蛋的顏色，不是新鮮的蛋白顏色。

氣氛突然僵住，沒有人說話。但是沒多久她馬上又開始抖動著她長長的眼睫毛，接著她用一種很低很輕的聲音說：「學政兄好想念妳啊！」

他什麼時候變成妳的哥哥了？我心裡想。

這時侍者過來我們的桌子，「王先生，小姐，你們怎麼這麼久沒來了？你們今天還是點一樣的菜嗎？」

我的心頓時好像被榔頭重重的捶了一下。他們到底來這裡吃了多少次，連這裡的服務生都認識他們了？我偷看一下他們兩個人的反應，但是他們好像一點也沒有不好意思。

「給我們來個特大的羅宋湯。」友蘭告訴服務生，「我們今天多了一個人。」

「他們這裡的羅宋湯很道地。」學政解釋給我聽，「餐廳的老闆原來是山東來的，他在那裡向俄國人學的手藝。這裡的牛排也是一流的。他們的廚師曉得什麼是真正的『三分熟』。」

「我不喜歡牛肉。」我沒好氣地說。因為母親信佛，牛對她而言是神聖的動物，所以她從來不讓我吃牛肉。

侍者拿了一份菜單給我。我來來回回看了菜單好幾遍，學政和友蘭兩個人坐在這裡像是一對，而我，反而像是個局外人，這種時候，我哪有興趣吃飯？

「妳該試試紅寶石的黑椒牛排。」友蘭告訴我，「吃起來一點都不像牛排，我打賭像妳這樣不吃牛肉的人都會喜歡吃。他們的牛排肉質很軟，上面抹上了黑椒醬。光是想到這裡我都開始流口水了。記得嗎？」她用手肘撞了一下學政。

「紅寶石？那不是一家夜總會嗎？」我聽到我自己這麼說。我們的對話感覺越來越詭異。

「是啊，他們有個很漂亮的舞池，和一個很棒的樂隊。但是學政覺得他們彈的這些曲子太慢了。」然後她又眨了好幾次眼睛，長睫毛撲哧撲哧的舞動。「他比較喜歡漢宮因為那裡的音樂節奏比較快，那裡的舞小姐也比紅寶石的漂亮。」她爆出了一陣捉狹的笑聲。

「別聽她亂說。」學政告訴我。「她喜歡開玩笑。」

「當然，她們沒有人比你的太太漂亮的！」友蘭加上這句，好像只要她說句稱讚人的好話，以前所有說錯的話就都沒關係了。然後她轉過身來問我：「妳回來一路上還好嗎？和小嬰兒一起坐飛機，一定不容易吧！」

落。」

她真善良，居然還關心我起來了！「還好，寶寶一路上都在睡覺，飛機也準時起飛降落。」

「準時？我以為提早到了。」她回過頭去看著學政。「降落的時候，你午餐還沒吃完呢。」學政看著她，給她一個警告的眼色，但是友蘭並沒有注意到學政的眼神。她繼續說，「那天在半島酒店的服務慢得不得了。我們等了將近一個鐘頭，東西才來。當學政打電話詢問妳的班機時，飛機已經降落了。」

「這就是你沒有來機場接我的原因嗎？」我質問我的先生。

「最重要的是妳平安降落到達。」他告訴我，但是沒有回答我的問題。

服務生把湯拿到桌上，他幫我們把蓋子拿起來。那甜味，還有高麗菜特別的香味，往我的鼻子撲上來，學政和友蘭同時發出讚嘆的聲音。看著他們兩個舔嘴巴的饞相，我又想起來我在產房裡那個恐怖的夜晚，我的身體所承受的劇痛，孤單又恐懼，就是為了要給他這個混帳生個後代。那個晚上，他搞不好就在這裡，和他的女朋友喝羅宋湯，或者更甚，和她在紅寶石或是漢宮轉圈圈跳舞。

友蘭不小心讓學政的謊言穿幫了。原來我的飛機降落的時候，我的丈夫和他的女朋友在吃飯約會。這就是他不能到機場來接我的原因。此時我已經火冒三丈，但是我曉得我一直要等到回家才能發火，在公共場合發脾氣，不是我一貫的作風。我耐心的坐在那裡吃完這頓午飯，然後一起坐計程車回家，當然，我們要先送友蘭回家。

我們一回到舅舅的公寓，我就去看蔓谷。她安安靜靜的睡在傭人的臂彎裡，舒舒服服的。我摸摸她的頭，看看她不會太熱或是太冷後，就回到房間找學政。

「所以你和友蘭每天晚上都出去吃飯？」我很認真的問他。我胸腔裡有一股想要尖叫大哭，和往這個背叛我的人身上摔東西的衝動。

「沒有每天，偶爾一次而已。」

「多到讓服務生都曉得你的名字。我還很驚訝他居然沒叫友蘭王太太。」

學政笑笑地說：「這就是妳對我生氣的原因嗎？」他悄悄地走過來，用他的雙臂要擁抱我憤怒的肩膀。「妳才是我的王太太，友蘭是友蘭，她不過是個朋友而已。」

「一個朋友，我不敢相信你那麼容易就被引誘。我們也不過分開來幾個月，你就已經開始去追別的女人。天下有這麼多女人，你要去找友蘭。」

「我說了，她不過就是個朋友而已！」他對我大吼，好像比較大聲就會比較站得住腳。

我把手指頭放在嘴唇上，然後指著牆。要是讓別人聽到我們吵架，多難為情。

「妳不在，」學政小聲地說，「友蘭的未婚夫也不在，我們兩個都正好很無聊，所以約了一起出去讓互相開心開心。也不過就是這樣而已。」

不出口。

「你確定就是這樣而已嗎？」我問他。其實我要問的是：「你和她上床了嗎？」但是我說

「當然就只有如此。妳完了沒有？」他抓著我的下巴，讓我注視著他。「我和她結束了，我們現在又團圓了，加上一個女兒，而且將來還要有更多個。」

他想要親我，但是我把他推開來。任何男人在這種情況之下都不會承認的。他可以否認所有的事情，但是我的懷疑永遠不會消失。一想到我們還要三個人一起出去吃飯就讓我反胃。就算和她住在同一個城市裡都讓我無法忍受。我希望爸爸趕快幫學政找到一份工作，任何地方都可以，只要遠離那個女人就好。

第七卷

何處是吾家

一

學政把爸爸寄來的信打開，我迫不急待的跑到他的後面和他一起看。我看到信裡面有「美國」兩個字。學政興奮得把我拉過去轉起圈子來。他高唱著：「我們要去美國了！」

我把他手裡的信拿過來。讓他自己在那裡跳個高興，我細細的研讀爸爸這封信。裡面寫的東西，就像密碼一樣令人不解。整篇信中，他所說的就是：這個計畫有點複雜，需要幾個月的時間才會開花結果。信中謹慎的用詞用字，沒有任何的提示，我們不曉得這趟去美國，到底是要唸書還是工作，是永久的還是暫時的。信的最後也沒有任何結論。只是要我們趕緊回上海，等待下一步的指示。

很明顯的，學政認為這是最好的新聞。但是我不這麼認為。早在爸爸開始計劃這件事之前，我就已經對美國有我自己的意見。很多中國人崇拜美國，稱美國是「金山」。他們說美國的月亮比別人的圓，美國人的大便都是香的。他們盲目的追逐美國夢，只看到好的一面，不願意去了解另外一面。我所聽到的是，美國並不是遍地玫瑰。舉例來說，美國的家庭主婦，過著非常辛苦的日子，她們每個人都必須要有三頭六臂，因為她們是家裡唯一的傭人，要做所有的家事。「家事」從來就不是我的拿手項目，到目前為止，我都還可以不用做家事。但是如果我去了美國，就要開始自己照顧孩子、燒飯、清掃、拖地、洗衣服、燙衣服，光想到這裡，我就一個頭兩個大。

但是我的想法又能影響什麼？我的意見和爸爸的意見比起來，不過像是一根羽毛而已。他是家中的長者，他所說的每一個字，都比我說的話重要一千倍。沒有人敢不同意他，我也不想做第一個挑戰他的烈士。所以也只好把話吞回去，讓學政興奮地把他的舞跳完。

沒多久，我和學政就像兩個聽話，返校報到的小孩，一起回去爸爸在上海的家。這個宅院矗立在這個忙碌的城市中間，佔據了一整片的土地，就如同學政所說的那麼令人羨慕。這裡一共有三棟互相聯接的建築物。和一大片圍在鐵欄杆裡的草地。裡面有一個守門的和他的狼狗每天在院子裡巡邏。如果不算傭人的話，這個宅院裡共住了二十多個人。有阿媽、她跛腳的女兒「學醫」，和她的大兒子，有幾個阿姨的兒子，包括那些已經結婚的兒子的太太，一群侄子姪女們，還有一些拉拉雜雜的親戚。爸爸是這個宅院的主人，但是他只偶爾回來這裡。他和阿姨住在南京，那是政府給他們的房子裡，兩人只有在週末和假日才回上海。

第一棟房子是阿媽的範圍。她在二樓有一間很寬大的臥房，現在是她的大兒子、大媳婦，和他們一歲大的孩子住在那裡。阿媽搬到三樓和她的女兒學醫一起住。第二棟房子是阿姨的，但是因為她和爸爸搬到南京去，學哲和為貞現在住在她的房間裡。第三棟房子是爸爸的王國，閒雜人等，不准靠近。

我和學政是最後回到上海住的，所以我們的臥房是在阿姨那棟房子最後面。那個房間位在一條又黑又長的走廊的末端，那條陰森森的走廊裡，擺了歷代祖宗的牌位。這些讓我想到死人的牌位，我每次經過這裡就毛骨悚然，快步走過。我們的臥房是所有房間裡面最差的一間，但我不是太介意，上海只是我們臨時歇腳之處，並不是一個永久的家。

但是讓我更煩惱的是這些親戚們彼此之間的勾心鬥角。這個家分成兩派，就算學政給我解釋每邊彼此的互動，我還是搞不清楚誰和誰是同一邊，或誰和誰是敵對的。有時候他們就公然的吵起來，但是大部分的時候都是笑裡藏刀。爸爸不常在這裡，這個家就像是缺了一個蓋子，無法壓住彼此之間的不滿。

在爸爸搬到南京之前，他指定學醫——他跛腳的女兒，來總管全家。雖然阿媽住在這裡，但是她的大權在多年前就被剝奪。根據學政的說法，阿媽是一個花錢無度的人，她在百貨公司買東西從來沒有節制。每到年底，爸爸都要幫她付清送來請錢的帳單。慢慢的，財務大權就從阿媽的手裡，轉移到阿姨的手中。但是阿姨現在不住這裡，所以爸爸寧願把這個重責大任交給他的女兒學醫，也不要交回給他的大老婆。

不過學醫終究還是她母親的好女兒。她本來應該幫爸爸來管這個家，但是她卻不顧一切的跳進戰場，裁判兼球員。她當然是對她的母親忠心耿耿，就連她要廚師準備給每一組人的菜飯都是有差別的。比方說，爸爸通常收到一些要請他幫忙的人送來的火腿，或是特產等美味。我們在阿姨這邊的人，從來沒有在我們的伙食裡吃到火腿。只有阿媽那邊的人，早餐才可以吃到火腿和蛋。

阿媽的大媳婦是全部人裡面權力最大的。她身高不到五呎，脾氣就像辣椒一樣烈。她在這個房子裡稱王，連她的傭人——老八，都把別的傭人叫來叫去。每天早上，老八會站在客廳中間，其他的傭人就圍著她站，她就像是個慈禧太后一樣分派任務。每個人都要對她畢恭畢敬，不然他們的工作就會不保。

我只能儘量管好自己的事情，不曉得這是幸運還是不幸運，光是蔓谷就夠我忙了。她才幾個月大，就已經曉得如何把她的父母當成玩偶一樣玩弄，學政和我也只能怪我們自己沒有經驗。我們是新手上路，只要她一作聲，就急忙把她抱起來哄她。她的保姆阿興，白天來幫忙，但是晚上的時候蔓谷還是回來和我睡。她習慣了每天被人抱著，只要把她的頭一放到床上，她就開始尖叫。學政就會趕快把她抱起來跳著華爾滋，邊跳邊唱著「蹦恰恰」。等她終於睡著了之後，我們又輕輕的把她放下來，禱告她那雙大眼睛不要再睜開來。嚴重的睡眠不足開始讓我開始恍神，有時候我無法分辨是真的還是做夢。有一個晚上，我在餵蔓谷喝奶，她的圍兜兜掉下來，但是房間太黑，我找不到，所以我把學政叫起來幫我找。結果他把燈打開來，看到我坐在床邊，手臂彎著好像在抱孩子，可是蔓谷還乖乖的睡在她的小床裡面。

有一天阿姨來看我們，她注意到我們帶孩子的方式完全錯誤。「你們兩個是怎麼帶孩子的？把她放在小床裡！門關上，到樓下去，你們兩個把自己關在聽不到她聲音的房間裡。讓她哭到累，就會自己睡著了。」

我們聽了阿姨的話。到樓下去，但是還是不敢走太遠，當她哭的時候，我們把耳朵矇起來，但是又不敢矇太緊，怕聽不到她的哭聲。學政和我兩個人互相拉著，不上樓去看她，互相提醒這都是為了她好。過了沒多久，阿姨的話應驗了，她的哀嚎終於停下來，我們兩個踮著腳尖走上樓，從房間外面偷看她，她的頭轉過來，兩個滿是眼淚的眼睛看到了我，又開始大哭。

我全心全意地照顧蔓谷，正好讓我遠離家裡面這些紛爭。但是有時候，就算妳不想惹麻煩，麻煩還是會來找妳。除了我最親近的家人之外，對我最重要的人就是阿興，要是沒有她，我每天照顧這個難搞的寶貝，氣都會喘不過來。她是一個年輕有耐心的女孩，從不輕易發脾氣，有一天她突然不停地在哭。原來是那個霸道的老八叫她捲鋪蓋回家，我安慰她，並告訴她，我才是她的主人，不是老八。這件事情後來不了了之。但是這件事讓我更想離開這個地方。我對學政施加壓力，要他去問爸爸關於要他去美國的事情。到了美國，起碼我是在自己的房子裡，做自己的奴隸，也好過住在這個險惡的叢林。搬來上海這三個月，對我而言，有如三年一樣長。

我不斷禱告的事情終於有眉目了。爸爸叫學政和我到他的書房。這個房間和汪山上的那個書房差不多，簡單的擺設裡隱藏著豐富的智慧。他的書一本本擺滿了整片的牆。這裡什麼樣的書都有，從現代的書籍，精裝本到老式手縫的書冊，還有古時候的卷軸。我的眼睛停在一套大英百科全書上。這套書歪歪斜斜地在書架上互相靠著，有如受傷的士兵一樣。書的封面已經破破爛爛的了，書脊也已滿是皺摺，但是這些破舊的傷痕不但沒有降低它們的價值，反而更加顯示出歷史留下來的光輝。聽說爸爸不但研讀了共十八冊的大英百科全書，而且還牢記了全部的內容。看到這套書，可以想見這些傳說，所言不差矣。

我們兩個坐在爸爸接待蔣介石的地方，他對學政說：「你最早下個月就可以去美國了。一家商行願意在美國分號給你一份工作。這是個國營企業，你要從初級的職位開始。也就是說，你的薪水不多。但是也不會餓死，不過在付了房租和伙食之後，恐怕沒有太多錢剩下來。Flora晚一點會去找你，她到了美國後，也必須工作。」

「什麼叫做『晚一點』？」學政問。「她不是應該和我一起去嗎？」

「現在去美的簽證，只有你一個人的，但是不要擔心，」爸爸很快的安慰他，「Flora有很多其他的機會可以過去。我可以幫她申請一個學校，之後她就可以拿到學生簽證。這不是問題。唯一不能去的人是『蔓谷』。因為你們兩個都要工作唸書，沒有人可以照顧小孩。美國不是中國，那裡的生活不容易。為了讓你們兩個事業學業都有所成，蔓谷一定要留在我身邊。」

「你怎麼可以要我拋棄我的孩子？」學政問他的爸爸。他的聲音開始變得尖銳刺耳，表示他又要大發脾氣了，「除非我們三個一起去，不然我不去。」

「我會好好的照顧你的孩子。」爸爸堅持，「我不要你在那裡過得太辛苦，沒多久又跑回來。過去你太輕易就放棄目標。美國是現在唯一你可以自己闖出點名堂的機會。我只是要減輕你的負擔，讓你專心在事業上努力。」

「沒有孩子，我就不去。」學政對著他父親吼回去。

「那隨便你，你其他的兄弟們會對能有這樣的機會感激不盡。」

「我有我自己的機會，不用你幫。」學政站起來，大步走出房間，可以看得出來他的氣憤。

我的直覺是趕快跟著學政後面出去，因為我也同意我們不能拋棄孩子，但是他對他父親的態度實在太不恭敬了，我很不好意思的看著爸爸對他說：「我很抱歉他對您不禮貌。您們也都曉得他的火爆脾氣。我等他平靜下來，再和他談談。」

「沒有用，沒有用。」爸爸喃喃自語。他又圓又大的頭慢慢的從一邊轉到另一邊。「妳不曉得我這個兒子。他從小就這個樣子。我請了一位老師來教他四書五經，但是這些精神都浪費掉了。他和野蠻人沒什麼兩樣。」

那天晚上晚飯時，爸爸不停地稱讚學哲，學哲在商務書局做得很好，學哲的兒子是他孫子裡最聰明的，為貞也是唸研究所的材料。但是爸爸連看都不看學政一眼。任何有一點腦筋的人都看得出來，爸爸的額頭上寫著：「學哲要去美國」。

就這樣，我們又回到夾在各家的戰火之間的日子。學政沒有工作，但是他似乎也不在乎。他白天打麻將，和他的親戚聊天開玩笑。如果他不是在閒晃浪費時間的時候，他就對某某人的閒言閒語大肆攻擊。他的頭號大敵人就是阿媽，阿媽只要有機會就找他麻煩。她喜歡這邊捏他一下，那邊戳他一下，雖然不足以傷人，但是足夠讓學政跳腳。然後這樣慢慢累積下去，等到有一天，其中一個人再也忍不住爆發了，兩個人就開始互相開罵，等到該罵的都罵完了，他們就冷戰個好幾天。之後，同樣的劇情又重新上演一次。

很快的，我發現學政其實喜歡和阿媽這樣鬥嘴。他喜歡恨阿媽，要是幾天阿媽沒有拿針刺他的話，他不但全身發癢，而且是那種抓不到癢處的難受。我其實不應該覺得這有什麼不尋常，這是他的家。他在這種環境中長大，他習慣如此。對學政而言，「安全感」是全世界最重要的東西。現在他在他父親的房子裡，是最安全不過了。他可以這樣過一輩子。

想到這裡，就讓我心裡感到害怕。

❖ ❖ ❖

一天，我探頭進爸爸的書房，「對不起，打擾您了，但是我有件事情想和您商量。」

爸爸把手中的毛筆放下來，歡迎我進去。他拉了一張椅子出來，請我坐下。房間裡充滿了紙張和墨水的味道。我坐穩了之後說：「請您原諒學政的不孝。他是一個多愁善感的人。要他把孩子留在這裡，比要他的命還難過。」

「是的，我知道。」爸爸嘆口氣。

「現在我們不去美國了，我們必須有其他的打算。上海是一個繁華的城市，但是我們留在這裡有一個問題。學政和我現在住在這個小房間，在這裡如果只住幾個月是沒有問題。但是蔓谷馬上就要走路了，如果我再有一個孩子，這裡恐怕就住不下了。不知道我們兩個是不是可以搬到您在南京的房子。我曉得如果有您的幫忙，學政可以在那裡找到一份工作。」

我的眼睛垂下來，希望他瞭解我話中的意思。他在上海的家，根本就是個毒蛇窩，不是人住的地方。聰明如爸爸，應該能夠瞭解我真正的意思。

「我瞭解妳的困難。」爸爸告訴我。「我在南京的房子有很多空房間。你們可以隨便挑一間，蔓谷和其他的弟弟妹妹也還有其他的房間可以住。」爸爸聽到可能還會抱更多孫子孫女的時候，眼中閃爍出高興的光芒。接著他又嚴肅地告訴我，「商務書局在南京有一個很大的辦公室，我想我可以幫學政在那裡安插一個職位。」

爸爸不停寫字的手，突然停了下來。雖然他的手一直擺在桌子後面，我看不見，可是我曉得當我們在說話時，他仍不停的在大腿上寫字。「可是會有一個問題，」他說，「你知道我這兒子是非常敏感的，他還在生我的氣。如果我告訴他我要他去南京，他一定不會接受。妳看這樣如何，我去找商務書局在南京的主任。讓他直接來找學政，給他一個工作機會。這樣，學政就不會曉得是我安排的。」

「您說的一定是最可行的方式了。」我恭敬地告訴他，其實心裡已經在大聲歡呼。

爸爸的計劃真的非常完美。我那丈夫高興了好幾天，像是發現了新大陸一樣。他說這個世界終於有人發現他文學的素養。他不僅僅是一個有肌肉的編輯，可以做《健與力》，他還有許多文藝方面的才華。因為如此，南京的商務書局，請他出任他們的南京部門的副主任。

我一秒都沒有延遲，趕緊開始打包。自從我們結婚以來，我一直讓他告訴我他想要做什麼。他像個沒有目的地的船一樣，不知要往哪裡航行。經濟上，我們只剩下我的嫁妝了。事業上，他也失掉了他在教育界的地位。如果我讓他這樣繼續為所欲為的話，我們這艘船再幾年就要遇難了。能夠計劃我們搬到南京這件事，證明以後我可以在他不知不覺的情況下，從他後面掌控這艘船。

二

那天晚上火車到南京時已經很晚了。爸爸的司機到車站來接我們，開我們去南京的新家。車子開進家裡車道的時候，我放眼望去，一片漆黑。讓人毛骨悚然，我身上起了一片雞皮疙瘩，這個地方陰森森的就如同阿姨所描述的一模一樣。

爸爸的房子是在南京城的邊緣，旁邊有一大片荒蕪的空地。這片空地是一個萬人塚，埋葬那些在南京大屠殺時為了保衛中國而喪生的軍人。那時日本軍隊用迅雷不及掩耳的速度，隨隨便便的挖了這個淺坑，把幾千個中國士兵的屍體就丟到裡面。自從附近的野狗發現了這片地方，這裡就變成牠們食物的來源。常常可以在這邊看到野狗在啃人的屍骨，玩弄著還有頭髮在上面的頭顱。我的婆婆發誓她在晚上聽到過軍人在這裡操兵，他們腳步走過的「殺殺殺」的聲

1947年蔓谷和爺爺在南京。王雲五是當時國民政府的行政院副院長。

音，就像是風掃過一大片樹葉一樣。

突然間，我看到一個像是木乃伊一樣的人，從房子裡向我們這裡跑過來，我嚇得心跳差點停止。這個人穿著傭人的中式衣衫，套在一個瘦弱的身軀上，她的臉就像是風乾橘子皮。那個骷髏頭上稀疏的頭髮，勉強的梳起來，在後面綁了一個鬆鬆的髻。我往後縮回去，學政卻跳上前去和她打招呼。她張開嘴，滿口牙掉光了，咕噥咕噥的講了一堆我聽不懂的話。我唯一聽得懂的是「阿奴」，那是學政上海話的小名。然後她就拍他的臉，摸他的手臂，背，然後竟然摸到他的屁股上。完全就是像對待一個小孩子一樣。

這個木乃伊看到我，可沒這麼高興，她心不甘情不願地向我點了個頭。那雙深陷的眼睛，直盯著我手臂裡的孩子。然後她的爪子就向蔓谷伸過來，沒想到蔓谷居然沒哭。她的兩隻小手不停地揮舞，還做了個鬼臉，讓大家都大笑了起來。

「那個老女人是誰？」我小聲地問學政。

「我等下子再告訴妳。」他說，他的眼裡充滿了激動的淚水。

一直到第二天早上，等蔓谷餵飽睡著了，阿興把她帶走，我躺在床上休息，我才又提起這個話題，「昨天晚上那個把你全身上下亂摸一通的那個老女人到底是誰？」

學政大笑，回到床上來躺在他那邊，對著我看：「怎麼，妳還吃老媽媽的醋？她是我的奶媽。從我生下來的第一天，她就幫我洗澡，餵我吃飯。我身上沒有地方她沒摸過的。」

我早該猜到的！這人就是帶他長大的奶媽，「為什麼她說的話那麼奇怪？她不是上海人嗎？」

「她是上海附近的一個村落裡來的，她說的是那裡鄉下的土話，和城裡的人說的話很不一樣。爸爸僱了她，送她到杭州去照顧我。」

「我不曉得你在杭州也住過？」

「我是在杭州生的。剛開始時，爸爸有兩個家：杭州的家是阿姨的，上海的是阿媽的。後來他才把兩個家都搬到同一個屋簷下。」

這我倒是頭一遭聽到。我以為爸爸、阿媽、阿姨，三個人一直都是住在一起的。「那你爸爸怎麼會娶了一對姐妹呢？」我終於問了這個一直非常困惑我的問題。

「和阿媽的婚姻是媒妁之言，和阿姨的則是自由戀愛，就像我們兩個。」學政不正經的笑了起來，通常這就表示他要開始離題了。

我避開他往我身上探過來的手，繼續問：「那是怎麼發生的呢？他和阿媽已經結婚了，然後……他要妹妹也要嫁給他？」

「我怎麼曉得？我又不在場。」

「難道沒有人告訴過你嗎？」

學政滾回他自己那邊，他現在是完全正經了，「他們告訴我，阿姨那時在一個女子中學裡唸書。放假時，她就到她已經結婚的姊姊家裡，爸爸喜歡她……然後她就懷了我。」

「你的意思是說……」，我停下來試圖找一個比較婉轉的方式來問我的問題，「阿姨進門之前就懷了你？」

「我猜是吧。」

我忍住想要大叫問他「你的意思是，你是個私生子？」的衝動。我曉得說話要有分寸，所以我問他：「那你幾歲的時候搬回上海的？」

「我不記得了，大概兩三歲吧。他們對我的年齡一向都講不大清楚。阿姨說我是屬馬的，但是我的出生紙上是寫一九一七年，那是羊年。我自己也搞不清楚。」

我開始漸漸瞭解了：爸爸喜歡他太太的妹妹，兩個人有了感情，讓她懷孕了。他就把她帶到杭州去，在那裡他們和他們的私生子另外組一個家庭。幾年後，等這件事慢慢平息下來之後，他把她帶回家，正式的給她一個名份。這對戀人需要編個故事來隱藏他們相戀的過程和時間，這個孩子的年紀會讓這整件事情馬腳露出來。所以他們對他的年齡一直說不清楚。

「他們從我剛踏進家門的第一天，就讓我的日子不好過。」學政憤怒的說。「阿媽自己已經有三個孩子了，一個女兒、兩個兒子，他們都比我大。大姐是我的噩夢。」

「就是後來自殺的那個嗎？」要記得住我婆家裡這麼多的親戚妯娌，實在不容易。除了學政現在在世的兄弟姐妹之外，還有幾個已經過世了。阿媽和阿姨一共生了十二個小孩，其中有四個小時候就死了，最大的女兒，在二十幾歲時自殺。她愛上一個有婦之夫，爸爸不允許他們兩個交往，這對戀人住進一家旅社後，一起尋短服毒自殺。

「就是她。」學政說。「我對我的哥哥們倒是不介意，我那個時候，又小又病，我也不怕死。他們如果找我麻煩，我就給他們一拳。他們比我年紀大，個子也大，但是我並不害怕。但是大姊就不同了，她說話像是刀一樣利，她老是說我不屬於這個家裡，我不該姓王。」學政一腳把被子踢開。「他們看我不順眼，沒有一個人喜歡我，老媽媽是唯一站在我這邊的。」他的聲音頓時哽咽，我看到眼淚在他的眼角閃爍。

我現在開始瞭解為什麼這家人有這些不合常理的舉止行為。這件不可告人的事，是全家最大的祕密，學政就代表這個大祕密。還有比懲罰這個體弱多病的孩子更讓人痛快的事嗎？他的母親不能保護他，因為她自知理虧。他的父親也不能保護他，因為他必需要去外面賺錢養家。唯一可以保護學政的就只有老媽媽。

接下來的這幾天，我仔細觀察老媽媽和學政的關係。我越看越覺得不對勁，他們並不完全是母親和兒子的關係，也不能說是好朋友，只有一種關係不停地在我腦子裡出現，那就是「戀人」。我常常發現他們兩個在走廊裡說悄悄話。老媽媽一看到我，就停下來，好像我聽得懂她在說什麼似的。吃飯的時候，她不停的在學政旁伺候他，急著等他吃完一碗，所以她可以馬上再幫他盛第二碗飯。學政的衣服也只有她能洗，要是哪一個僕人不小心洗到學政的衣服，老媽媽會像隻發瘋的母雞一樣對這個人不停地大聲抗議。

他們彼此間強烈的情感是互相的。我的丈夫愛他這個老媽媽勝於他自己的媽媽，而且我更確定的是，也一定勝於我。一天當我們正在用早餐的時候，老媽媽端了一碗豆漿到桌上，學政抓住她的手腕把她拉到他身邊。「你臉上這是什麼東西？」他問。

我聽得懂上海話，但是她說什麼我就聽不懂了。學政站起來，離開桌子。

「你不吃完早飯嗎？」我跟著他後面問。

「老媽媽的癤出膿了，我去藥房給她買點藥回來。」

學政走了沒多久，老媽媽也不見了。我鬆了口氣，因為我們彼此也都曉得，我們不喜歡對方。至少現在我可以安安靜靜的自己一個人喝豆漿和吃我的油條。

沒多久，學政手裡拿著一大堆東西回來。他把這些東西攤在餐桌上，把它們一個個地打開。這麼麻煩就是為了那麼一個小小的癤。

「你的早飯已經冷下來了，你上班也要遲到了。」

學政不理我，拿起其中一個瓶子，用力地搖一搖。標籤上面寫著德國製造。當然，老媽媽一定要用最好的東西。然後他要她坐下來，他用一根指頭把她的頭抬起來，輕輕的用一個進口的藥水清這個長膿的地方。「這是清潔用的。」他告訴老媽媽。又拿起另外一個瓶子搖一搖，也是德國出的。他說：「這個藥廠說這是現在最先進的藥方做成的！讓妳的癤乾了之後不會留下疤痕。」

一天兩次，連續擦七天，我的丈夫小心的每天幫老媽媽擦藥，一直擦到她臉上的癤子完全消失為止。他們不尋常的關係讓我實在看不下去。好像老媽媽是那個年輕漂亮的小老婆，而我反而是那個又老又嫉妒的正房。我安慰自己，比起上海那個毫無溫暖的家，和那幫人成天打口水仗，南京算是好太多了。除了學政和為貞之間的緊張關係之外，這棟房子算是很平靜的。不過為貞很快的也就要去美國找學哲了。他們接受了爸爸的安排到美國，把孩子留給爸爸照顧。

這個房子裡，還有另外一個人和我們住在一起。那是爸爸的私人秘書，他是個非常風流倜儻，穿著體面的人。年紀大約四十來歲左右，他們叫他周秘書。他的家不在這裡，但是上班的時候，他就住在這裡，所以爸爸任何時候需要他，他就在旁邊。在我剛到南京的第一個禮拜，有一天，我們晚餐時他走進飯廳。他西裝筆挺的，手臂下夾著一個公事包，他鞠躬哈腰的請爸爸讓他先離開。

「閣下您是個巨人。」他對爸爸說，「您的一大步，我們小的要走十步才追的上。我怕我沒法加入您們的晚餐，因為我還得趕回辦公室把事情做完。」

「哈哈哈！」爸爸仰頭大笑。「你言重了，周秘書，我這兩條短腿怎麼可能跑得比你快？」爸爸叫傭人去把司機叫來，「告訴司機，今晚我不用車了，叫他開車送周秘書回辦公室，在那裡等他事情做完。」

周秘書搖著他那條隱形尾巴，好像他的主人丟給他一塊多汁的骨頭。等他離開了後，爸爸大大的稱讚勤勞和忠誠是一種美德。全桌的人都曉得他在說誰！

那天晚上，我起來餵蔓谷的時候，我聽到樓下周秘書的房間有腳步聲傳上來。那時候時鐘指在四點半！這個秘書的責任感可讓我印象深刻。雖然他油嘴滑舌的，但是我承認他的確是很認真在工作。

周秘書常常上演他這個拍馬屁的戲碼，爸爸總是毫不吝嗇地誇獎他。我一直都沒有對這些事情去想太多，一直到有一天，我聽到傭人們在他們的房裡聊天。

「閣下您就像是個巨人……」那是阿興在學周秘書講話，「您走一步，我們小的要在後面走十步……。」

一個男生大笑說，「他叫我不要告訴任何人。但是他可以做，為什麼我不能說？」那聲音是司機的聲音，他單身，漂亮的阿興也是單身。我注意到他們兩個有時候會眉來眼去。

「他看起來好像是穿著西裝要去上班，其實他要我開車載他去麻將館。」司機說。

「我不懂，為什麼王部長從來沒有懷疑過？如果我把小孩留在家去打麻將，我的女主人一定會馬上發現。這個老周說他晚上去上班。難道王部長看不出來他什麼都沒做嗎？」

我很高興阿興就如我想的一樣聰明，但是我也很難過我公公的缺點被傭人拿來當作閒聊的話題。

「哼」，我清了一下喉嚨，告訴他們我就在這裡。「妳在這裡啊，阿興。我在抽屜裡找不到乾淨的圍兜兜，妳看看是不是在妳這裡？」

這兩個正肩並肩坐在阿興的床上，馬上跳起來去找圍兜兜。我本來想告訴他們兩個不要擔心，我不會把他們的祕密說出去。我不會去爸爸面前告他秘書的狀。就算我說了，倒霉的恐怕還是我自己。在爸爸的眼裡，周秘書從來不會犯錯。爸爸看到的周秘書，就是那個每天用花言巧語：「王部長，如果您加入國民黨，行政院長就非您莫屬。」不然就是：「王院長，歷史將會寫下您是這個世紀的經濟天才。」

我開始懷疑這個我非常尊敬的公公。當一個國家的領導人的判斷力如此之差，會對國家造成何等之影響？溜出去打麻將也許不是什麼了不得的大事，但是不誠實不是件小事。要是周秘書犯了什麼大錯，爸爸看得出來嗎？

❖ ❖ ❖

蔣介石並不在乎我的想法。在我們搬到南京去幾個月後，爸爸就被擢升為行政院副院長。在我才剛剛開始習慣這裡，我們又要打包搬家了。這次是要搬到一個全新的房子，遠離這個萬人塚。新的房子沒有死掉的士兵，但是倒有不少活人包圍整個宅院。我每次進出房子，就算是帶蔓谷到花園裡玩，都有士兵向我敬禮。到百貨公司買東西，我只要指我要什麼，就有士兵拿到櫃台去付錢，記在爸爸的帳戶下。

這和我幾年前的生活真是有著天壤之別。我本來是一個上班的女孩，每天自己跑來跑去，跑得喘不過氣來，還是趕不上通貨膨脹。現在我可以連價錢都不用問，想買什麼，就可以買什麼。我從來不太在乎錢，只要夠過日子就好。每次從我的大轎車的窗戶裡頭看到街上的男男女女們，穿著灰暗的衣服，拖著沉重的步伐，我就滿心感激我現在所擁有的，但是也對中國的這些小人物們感到悲傷。

戰爭結束兩年後，大部分的中國人，仍然為生存在掙扎。因為軍隊和共產黨的對抗讓國民政府的資源流失不少，失業率和通貨膨脹節節上升。晚飯時候，爸爸有時會說一些他對經濟改革的想法。一些我以前在課本上的所學有關經濟的知識會浮現在我的腦海，我總是想把我自己的想法和他們辯論，但是我不敢說什麼，因為我怕一張嘴就丟自己的臉。自從我結婚之後，我的腦袋幾乎就停擺沒用過了。我唯一還看的到印刷品就是國民黨的傳聲筒——中央日報，一個傳達國民黨政策多於真正新聞的報紙。所以說，如果要我去告訴我的公公該怎麼治國，就像要他來教我怎麼哄小孩睡覺一樣可笑。

我決定讓政治歸政治，我還是專心在我「為人母」的領域。我的第一次懷孕，是這麼的不小心，差點就讓小孩流掉了。因此，當我第二次懷孕時，我決定一定要好好的照顧胎兒。我曉得自己的忘性很大，於是我叫家裡一個勤務兵提醒我吃鈣片。這個山東籍的士兵，一點都不含糊，每一餐都把一個白色的藥丸放在一個小碟子裡給我。這個鈣片是直接補到胎兒的骨頭，結果這次胎兒長得又硬又大，捅到我的胃。我每次只能吃半碗飯。只要多吃了一點，胎兒一動，所有的東西就會從胃裡倒流回去。

胎兒長得非常的快，讓我提早一個月就要進產房。載著我的救護車大聲鳴放警笛，軍車在前方開路，一路送我到醫院。護士在門口等我，幫我坐進輪椅裡，雖然我是可以自己走進去的。在醫院的大廳裡，有一小群人正圍在另一個也是要生產的婦人旁邊。我仔細一看，認出來她是行政院長的媳婦。我們以前講過幾句話，就這麼巧，我們竟然在同個時候要生，之後我們就分別被推進不同的病房。

第二天，中央日報的頭條新聞寫著：行政院正副院長的第三代手牽手來到人世。爸爸被逗笑了，我也是。這是第一次我的名字出現在報紙上，我很想把報紙剪下來寄給母親看，但是有個問題，這則消息並不正確。當我在醫院住了一晚之後，副院長的第三代認為時間未到。所有的行動叫停，我回家了。

三個禮拜後，也就是一九四八年的一月二十一號，一輛軍車，緊急把我送到醫院。這次，胎兒等不及要出來，我必須緊縮產道，等醫生準備好才能讓他出來。結果胎兒差點在裡面窒息，出來的時候，他全身是藍色，沒有生命跡象。醫生抓住他的兩隻腳，打一下他的屁股。「哇！」一聲，我的兒子哭了。他藍色的臉頓時變成橙紅色，他向這個殘忍的世界拳打腳踢。大家都在笑，護士假裝在躲他的拳頭和小腳。我也和他們一塊兒笑了，很高興我的兒子沒事。同時我也很高興終於有了一子一女，把「好」字寫完成了。

我的大兒子受洗後命名為Patrick。他的名字是和我以前港大一個同學同名，他現在在英國唸法律，我的兒子以後一定能夠像我的同學一樣，有很好的成就。他的中文名字「建業」是爸爸取的，那是南京城的舊稱。一個男孩子將來要能做「建國大業」，尤其是第一個男孩。中國家庭裡，老一代的希望與夢想都落在長子的身上。他的成就將決定他父母老年後的生活。他的家，就是他父母的家，他的太太要尊敬他的父母就如同尊敬自己的父母一樣。雖然我還沒有到那個年齡，但是我相信教育在出生時就開始。這也是為什麼不管家裡有多少保姆和勤衛兵跑來跑去，我在白天都要花時間和我的孩子在一起，晚上和他們一起睡覺。大部分像我這樣的太太們，都把時間花在麻將桌上，但是我毫無興趣。

❖ ❖ ❖

1948年Flora和老大蔓谷，以及還在坐娃娃車的老二建業合影。建業是在南京出生。南京古稱建業。建業的名字因此而來。

過沒多久，學政的工作上又出問題了。剛開始，我對他的抱怨一耳進，另一耳出，這已經不是他第一次嫌棄他的老闆。但是當他有一天回來告訴我他把工作辭掉了，我只好被迫聽他抱怨。

我的反應是：「又辭了？」

「妳說這話什麼意思？妳這樣說好像我常常這樣似的。」

「上個在中山大學的工作，你也是辭掉，之前在四川那個也是。」我提醒他。

「那情況不同，這麼能相提並論？」他的臉一陣青，他黝黑的皮膚似乎更黑了。

「那你現在準備怎麼辦呢？要爸爸再幫你找新一個工作嗎？」

「妳這是什麼意思？這份工作又不是他幫我找的，那個主任用我是因為我的長才。要是我曉得他是個共產黨，早就不甩他了。」

「你這麼知道他是共產黨？」

「我幫一個學生的雜誌寫了一篇反共產黨的社論，他居然有膽不發表這篇文章！我老早就懷疑這個傢伙是叛徒，那個時候我沒有證據，一定有人給他祕密的指令。我打賭他是個正牌的共產黨員。」

我想告訴他的是，也可能有別的原因他們不要你的社論。但是我知道和他爭論也沒用。

「我還可以找別的工作。」學政繼續說。「以我的天份，人家搶著要我。你聽過爸爸有次帶我到上海去找一個很有名的算命的人的故事嗎？那個人端詳了我的臉後說我就像錐子一樣尖銳。妳曉得錐子是什麼嗎？那是一種很尖的工具，木匠拿來打洞用的。他的意思就是說，不管我做什麼，只要我願意，我就會打這塊木頭，不停的敲，直到完全打穿為止。」

這個算命說的，有他的道理。我看過我的丈夫做事，每次當他要解決一樣事情，他會整個人一頭鑽進去，停不下來，但是一旦碰到困難擋住他的路，他就開始大發脾氣。因此這個算命所說的，有一個很大的漏洞，學政從來沒有意志力繼續做下去，做到把洞打穿為止。

但是我們又怎麼辦？要再爬去求爸爸一次嗎？這讓我覺得很羞恥。他雖然會願意幫忙，但是我的臉皮沒有厚到可以忍受這種羞辱。而且，就等他爸爸幫他再找一個工作，然後做幾個月又再辭掉？不行，我已經受夠了這種一而再，再而三的事情。唯一的方法就是我們離開這裡，只要學政一天在他父親的庇蔭之下，他就永遠沒有辦法學習站穩腳步，自力更生。

我想到請我自己家裡幫忙。二哥一封信上提到過，炳叔在香港開了一家分公司。因為我是股東之一，所以二哥通知我。那張屬於我嫁妝一部分的股權書，突然間變得比任何金銀財寶都貴重。我馬上寫了一封信給炳叔，問他香港的新辦公室需不需要人手幫忙。學政在買賣方面的經驗雖然不多，但是他的腦筋清楚，而且很願意學習。我還開玩笑的加上，因為他的太太是股東之一，他會盡最大的力量幫公司賺錢。

在炳叔回我的信之前，我唯一能做的就是每天想念香港。我在南京有如龍困淺灘，在香港，我就是回到大海裡的魚，能夠和我的同學們一起在大海裡游泳，他們之中，很多人在戰爭結束後的這兩年裡，成為了非常有成就的專業人士。他們是殖民地裡最優秀、最聰明的醫生、律師、老師、政府官員。這些人是我可以在任何時候一通電話就打過去的人。

另外，我當初想遠離香港的原因也消失了。友蘭，我的肉中刺，已經不再鋒芒畢露。她終於和她的未婚夫結婚，而且生了一個女兒。當我們下次再見時，我們會是兩對夫妻一起見面。一張有四隻腳的桌子，總比只有三隻腳的來的穩。

炳叔的回信很快就到了。他正在找一個收銀員，這個空缺的位置對學政而言，再適合不過了。對學政一個剛入行的人而言，是一份很好的工作；對炳叔而言，這個重要的位置給了學政，公司不需要靠外人來管理現金收入，因為只有自己人才能保證不會在錢櫃裡做手腳。

這是兩年以來第四次，我又要準備搬到另一個家，重新開始。雖然我打包的技術已經登峰造極，但是這次的搬家比以前任何一次都要困難。蔓谷只有一歲半大，建業只有四個月。當我們坐火車去香港的時候，我和學政在這兩個人的旁邊忙得團團轉。在那小偷猖狂的年代，我決定把我最值錢的嫁妝——鑽石項鍊，留在爸爸的保險庫裡。其他的嫁妝，我就包在尿片裡面帶走，希望小偷不會對這些尿片有興趣。

在這種時候，我倒真希望有匹驢子。那我就可以把所有家當都放在上面，任何時候要走就走。

第八卷
身在囚籠

一

戰後的香港，想要找到一個公寓住，比淘金還難。雖然全香港正在努力重建，但還是趕不上人口增加的速度。成千上萬的難民每天越過邊界進來，有的是以前的香港居民，為了避逃日本人離開香港，現在回來；有些則是一直住在內地，現在為了要逃共產黨而過來。在香港，只要你有公寓可以出租，不管面積大小，就等於挖到了金礦。

透過三姑的關係，我在跑馬地找到了一個採光良好，有兩間臥房的公寓。房租對學政的薪水來說算是貴的，而且房東還要八千塊的押金，根本是土匪的作風。但是我們非常需要一個住的地方，所以也就和房東簽了合約。我必須要賣掉一些嫁妝來湊現金。三姑過來和我們一起住，她帶了一個傭人來，叫「阿五」，她只有二十二歲，才剛從她廣東的家鄉裡出來，她來香港做傭人。因為那時候香港全面廢除「妹仔」的奴隸制度，這些鄉下來的姑娘代替了「妹仔」，她們穿著相同的白色上衣，黑色褲子的制服，把頭髮綁到後面，編一條辮子。她們決定終身不婚。這些「傭人」這一輩子都要服侍她們的僱主，僱主就是她們的家人。

有了阿五的幫忙，我馬上就把這個新的公寓佈置成一個非常溫暖的家。和南京那個豪宅比起來，這個公寓只不過是一塊豆腐干。但是這塊豆腐干是我自己的家，我想怎麼樣就怎麼樣。這些年來，住在公婆家，我已經忘記那種做自己家裡的女主人的單純和喜悅。在這裡，我可以挑選我喜歡的菜單和家具，而且最好不過的是，還能夠決定誰可以住在這裡。

除了三姑之外，我也讓我童年的好友容真和我同住。她開麵包店的父親一輩子所累積的財富，在戰爭時一掃而空。她和她的媽媽飛到越南和親戚住了一陣子。但是在西貢，她又面臨了越南的獨立戰爭。一天，一個炮彈掉在她住的房子裡面，碎片撕裂了她的手臂，她必須截肢。截斷的那個部位，粉紅色的肉就沒有遮掩的暴露在外，像是在肉店裡看到在賣的肉一樣。自從她回到香港後，她的哥哥們，把她送來送去，沒有人要她，沒有人要照顧一個殘障的人。當容真哭倒在我的肩膀上時，我握著她的手告訴她，「我的家就是妳的家！只要我的頭上還有一片屋簷，妳就不用擔心風吹雨打！」

有些人大概覺得我不應該再讓人住進我這個已經很小的公寓。但是我要告訴他們：只要彼此相處和諧，人多人少不是問題。

三姑和容真是我最忠實的朋友。我們都瞭解彼此的脾氣個性，不但不用擔心說錯話，就算不說話也不會覺得尷尬。而且我們也不需要躲著彼此，一個人進到房間裡，另一個人就得從走廊的另一頭出去，這幾年來，我已經曉得，住得舒不舒服，和房子的大小無關，重要的是住在一起的人。

在這樣一個和睦不計較的家裡，似乎連學政都顯得很高興。他對辦公室裡的人似乎不再抱怨，公司的人也對他沒有意見，我也聽到經理對他的新收銀員非常滿意。終於，學政找到一份工作適合他那格外謹慎小心的個性，他從來不讓裝現金的盒子離開他的視線，每一分進出的錢，他都記錄下來，檢查再檢查。每天結帳的時候，他的收支兩行，永遠都是正確的。

我真的希望這樣的好景可以持續下去，但是在他上班三個月後，他的事業又被打斷。這次是件好事。我的二哥要結婚了！他送來的喜帖裡，有一張支票，金額多到足夠我們全家坐飛機去參加他的婚禮。

我高興得不得了，上次和我的家人團聚是三年前的事了。如果不是二哥的慷慨，我不知道還要等多少年才能存夠錢飛去看他們。我也為二哥高興，他為了我們這個家，努力的專心賺錢，一直等到將近四十歲才結婚。他這輩子最大的願望就是給母親一個不愁吃不愁穿的晚年。

現在她什麼都有，一個大房子，一個大院子給她的寶貝狗、兔子、鴨子，還有任何她想要的動物。現在他終於要成家了，他未來的新娘是一個泰國出生的華僑，祖先也是汕頭來的，年紀比二哥小很多。

婚禮那天，主角不是新娘新郎，而是我的兒子建業。他是一個九個月大的小魔鬼，前面兩顆小門牙才剛剛長出來，我懷他時吃的鈣片全部被他吸收了，好動得不得了，完全一個男孩子的樣子。在建業出生之前，我們家的第三代都只有女孩子。我生了蔓谷，南希堂妹連續生了三個女孩子。建業是家族這一代的第一個男孩子，每一個人都被他那個男孩子的滑稽相逗得很高興。我的親戚們圍過來，就是為了要看他爬，因為他四隻腳爬得比我兩隻腳跑得還要快。大家沒看過小孩子爬得這麼快的。我一個堂哥，拿了張椅子放在他爬行時經過的地方，結果建業一下子就把椅子推倒。

等到這場爬行的馬戲表演完了後，三姑帶建業到洞房裡去參觀。新人的床上垂著織錦的簾子，鋪著紅色絲綢的床罩。上面擺了紅棗、花生、桂圓、蓮子代表「早生貴子」。三姑抱累了這個淘氣的建業，就把他放在床上。才放下去，建業馬上撒了一泡尿，他的尿滲到新人的床墊裡。「好兆頭啊！」三姑大喊著，「床上有男孩子的尿，表示新人以後會生兒子！」南希堂妹的女兒看到大人們臉上的表情這麼興奮，也以為這張床是她們的運動場，跑到上面又滾又跳，在床上尖叫。三姑急著大吼：「我們不要女孩子！」把她們通通趕下床來！

整個慶祝結束時，我們全部到草地中間，站成一排拍照。女士們站在前排，男士們站在後排，小孩子們坐在草地上，我把建業抱在手裡。當大家都看著照相機的時候，建業在我的懷裡扭來扭去，手往後面伸，抓著我們大家長炳叔的鼻子，炳叔被他這個舉動逗得放聲大笑，他一點都沒有因為這個寶貝孫兒的不禮貌而不高興。

母親這個時候已經開始哭了，「我的寶貝孫子要是回去了，我怎麼辦？他是我唯一的孫子。他應該待在我身邊，晚上和我睡在一起，菩薩慈悲，可不可以賞我這個願望，讓我的寶貝孫子每天都能睡在我旁邊，一直到他長大為止。」她邊說邊用袖子擦眼淚，偷看著我。之後那個月，母親給我越來越多的壓力要我留下來。我只是微笑著告訴她：「再看看吧！」其實那時我的心裡已經決定，不管母親的夢，還是她看到了什麼預兆都不能說服我。學政只有一個月的假，他可以拿這麼久的假，也是因為他在炳叔的公司做事。這個月底，我一定得和我的丈夫飛回去。上次我讓他一個人待在香港，結果被友蘭所引誘，這次我不會再犯相同的錯誤！

在我們要離開的前幾天，中國來了一個電報——是給學政的。每個在二哥房子裡的人都很緊張，因為通常緊急的消息就是壞消息。當學政在看這封電報時，我們每個人都站在他的旁邊。他的臉色發白，我以為是我的公公還是婆婆過世了！

「爸爸辭掉了財政部長的職務，他已經搬回廣州和阿媽，阿姨，還有學哲的孩子住在一起，他們現在住在一個親戚家。」

我聽了這消息後，非常的震驚。蔣介石在一年前把這個最重要的財政部長的職位給了爸爸。他把整個國家的希望都寄望在爸爸身上，希望他能夠控制住國家的經濟。因為如果惡性通貨膨脹繼續下去，共產黨不需要一槍一彈就可以打贏這場仗。爸爸的辭職，對國家來說不是一個好兆頭。他是一個愛名譽勝過生命的人，一定發生了什麼事。

二哥是第一個說話的。「這怎麼得了？最近中國來的消息很不樂觀，」他說，「先是國民黨丟了東北，現在共產黨又攻到了南京。要是南京失守，整個國家就會跟著淪陷。」他轉頭看著我，又說，「妳現在不能回香港。雖然香港現在是英國的殖民地，但是共產黨隨時都可能把她拿回去。妳要是現在回去的話，沒過幾個月，妳又要逃難了。」

我的腦袋裡有好多的問題。美國人呢？為什麼他們就眼睜睜的讓共產黨吞噬中國？如果他們可以打敗德國人、打敗日本人，為什麼他們不能把這一群土匪趕走？

學政說：「可是我們不能就這樣把香港的公寓留在那裡，我們付了很大一筆訂金，簽了一年的租約。」

二哥的眼睛突然亮起來，每當他想到什麼好方法的時候，他的眼睛就會發亮，「你們看這樣好不好，學政，你可以請你父親先到香港來住一段時間，他可以先住在你們的公寓裡，看看情勢的變化如何。妳呢，和小孩在這裡比較安全。妳們要住多久都可以。」

1948年，王雲五任國民政府財政部長，赴華盛頓主持國際貨幣基金會年會時留影。

我一隻手扶著牆支撐著自己，我心裡彷彿又聽到遠處飛機引擎轟轟的聲音，深怕入侵香港的歷史又要重演。我彷彿又看到一顆顆的炸彈從日本軍機的尾巴丟下來，香港島又被炸得火光四射。我無助的站在那裡，看著我的命運即將又要捲入另外一場戰爭。

「這樣好了，」學政說，「Flora就和孩子先留在這裡。我去廣州接我父母，讓他們先住在我們香港的公寓裡。」

突然間，我好像充足了電。又變成年輕無懼的我，要去跨越大江南北。

我告訴學政：「我和你一起

去，我可以幫你把房子清乾淨，準備你父母住進來，家裡面有些東西你搞不清楚。」

「但是妳要留在這裡照顧兩個孩子！」他說。

我看著坐在地板上的孩子。建業正在把弄著他的玩具車，蔓谷在幫她的娃娃扣衣服。我的心一下子沉了下去，我怎麼樣才能讓他們了解我只是要離開幾個禮拜，而不是永遠不回來？我曉得如果我不在家，他們一定每天哭著要找我。

我內心的失望就如同那時成毅不讓我和他一起去重慶一樣。雖然那個時候我可以不聽成毅，自己找到路去，但是現在，我的雙手雙腳都如同綁起來一樣，無法行動自如。我作為母親的責任，變成我的手銬和腳鐐。這個世界都要天翻地覆了，而我只能和小孩留在家裡。

「那就聽你的吧！」我默默的說。

母親高興地拍起手來，她一屁股下去，坐在建業旁邊，緊緊的抱住他。「感謝菩薩，讓我如願。我現在可以每天晚上都和我的乖孫睡覺了！」

❖ ❖ ❖

在學政離開之前，我要他答應我，事情一辦完就儘快回來。我擔心他一個人去香港最主要原因就是友蘭，我想我不說，他也曉得我在想什麼。上次看到她的時候，我看得出來，她那放蕩的行為並沒有因為結了婚而有所節制。就算她先生和我在旁邊，她還是能夠那樣深深的注視著學政的眼睛，叫他「我親愛的學政哥哥」。我不敢想像，要是我不在的話，她會做出什麼樣的事。

學政去了香港六個禮拜。就在這短短的幾個禮拜，中國的面貌徹底的改變了。國民黨的戰役節節敗退，步步失守，中國重要的大城市都向共產黨棄械投降。當民心已經失去的時候，希望也就破滅了。在一九四九年的一月二十一號，建業慶祝他的第一個生日，就在這一天，蔣介石辭去國民黨政府總統的職位。

幾天之後，二哥的司機載我到機場去接學政。當他走出機場的時候，我看到他的襯衫和褲子都變得寬鬆了。他變瘦了，他的臉看起來更長，當他看到我的時候，他的嘴唇露出思念的微笑。他走過來把手放在我的肩膀上，我可以感覺他隱隱的顫抖。

我們一坐進車子裡，他就告訴我：「我已經把大家都平安的搬進我們的公寓裡了。雖然他們每個人的身體都很好，但是也什麼都沒有了。爸爸的書、畫、還有古董，和他的字都帶不出來，不過好在爸爸把一些存款拿出來了。」

「好可惜啊！」我心裡非常的同情。「那他現在打算怎麼辦呢？」

「他想在香港開一家出版社。」

「他認為國民黨沒有希望了嗎？」

「玩完了。」學政搖著頭說。

我的心像是被揪了一樣的痛。雖然這盤棋最後的結局在幾天前就已經很清楚了，我還是希望美國人能夠扭轉現在的情勢。

「依現在的情形，爸爸只希望能夠安安靜靜的過日子，看看書，寫些文章，出版一些東西。他不想再回政府做事了，爸爸不願為人作嫁，重回官場。」

「我以為爸爸一生從政，會希望能夠名留青史。」我要說明，這句話不是在諷刺，只不過是重複以前學政告訴過我的話。

學政苦笑，「那也要看是誰在寫歷史。如果是國民黨裡的某些人，爸爸大概會遺臭萬年。他們把金圓政策的失敗完全怪到他身上。他們甚至還怪他讓國家淪落到共產黨的手裡，太可笑了！」

「金圓券到底是怎麼一回事？」我問學政。「貨幣改革政策」是在我離開南京後才開始實施的。報紙上有報導過，但是好像沒有人了解這個政策如何能夠減低通貨膨脹。

「這個原則一開始就是有問題的，這個改革是蔣經國想出來的。你也曉得爸爸對蔣經國的智慧是什麼個看法。」學政露出不屑的表情。爸爸一直對蔣經國的意見很多，這已經是公開的祕密。他喜歡告訴別人，有一次小蔣來看他，他穿著內衣褲出去迎接這位貴客。

學政繼續談貨幣政策的改革：「這個政策是要讓大家把他們手上的金子和外幣賣給政府。然後政府換金圓給他們。誰曉得為什麼小蔣認為這樣就可以阻止通貨膨脹，但是通貨膨脹並沒有停止，那些買了金圓的人把終生積蓄都虧掉了。小蔣要爸爸站到他前面接受政策失敗的責任。爸爸那個時候人根本不在家，他在美國華盛頓主持國際貨幣基金組織的會議。」

也許學政說的有些是事實，但是我也聽到爸爸並不是毫無責任。

「不是說內閣裡有人洩漏消息嗎？有人曉得貨幣改革政策要開始之前，在股票市場上大賣股票。爸爸有沒有查出來到底是誰洩漏的消息？」

學政生氣的哼了一聲，「我們就別提了。」但是他又接著說：「爸爸馬上展開調查，這個放風聲的人被逮捕了。盤問之後，他招出來是誰告訴他的，竟然是爸爸的秘書。」

「那個姓周的，我就曉得他不是個好東西！他老是假裝去辦公室，其實他根本是去麻將館的。爸爸就這麼相信他。你爸爸有的時候也很盲目！」

學政沒有講話，他的臉轉過去朝著窗口。我朝另外一邊看過去，驚訝我自己怎麼批評我尊敬的公公。可是在我的腦袋裡，我不停的說一些我一直想要說的話。爸爸是個自大狂，拍他馬屁的人怎麼樣都不會錯！那些和他意見相左的人，怎麼樣都不對。不管於公於私，他對人的態度都是如此。他的偏心已經造成他自己的孩子間彼此的敵視，讓就算是同個母親生的兄弟，也互相仇恨。我以前認為是阿媽和阿姨要對孩子們這些行為要負責。但是當我和他住在一起之後，我發現爸爸才是真正的始作俑者。

學政一直都沒有說話。他一定是認為我剛才說的話冒犯了他的爸爸，我也覺得很愧疚。爸爸可能就像我所說的一樣做錯了很多事，但是現在不是批評他的時候。只有沒有良心的人才會在這個時候打落水狗。

「容真怎麼樣？」我改變話題。

「她……還可以。」學政說。

他的猶豫讓我不得不接著再問：「她還住在我們的公寓裡吧？是不是？」

「她不住在那裡了，她搬去和她的親戚住了。」

我的心沉了下去。「那三姑呢？她在你離開曼谷後幾天也回去了，她也該平安回家了吧！」

我等他回答我。

「她也搬去和她的親戚一起住了。」

我的整個心都涼了。三姑，我的乾媽，容真是我從小青梅竹馬的好朋友，她們兩個居然都被學政趕出我們的公寓。

「阿五還在那裡幫忙爸爸。」學政加上這句。好像是他給我的恩惠，我該感激他似的。

我明白我不能把任何屬於我的東西託付給他。「你有把我的珠寶帶來嗎？」

「當然沒有，妳不會要我把妳的珠寶放在口袋裡帶來吧。東西還在原來的地方，在保險箱裡。」

「你把保險箱的鑰匙放在哪裡？」我突然想到該問。

「我把保險箱轉到爸爸的名下，鑰匙交給他保管。」

「那是我的嫁妝！你怎麼可以就這樣把它給掉？」我話才說完，就看到司機從照後鏡看我一眼。雖然他聽不懂華語，但是我的聲調讓他不得不好奇。

「我爸爸現在有難。」學政說，「我們欠他這個情，應該盡我們所能來幫他。」

「那我放在南京他的保險箱裡的鑽石呢？他帶出來了嗎？」

「我們的國家現在要分崩離析，我的家人現在正處於危急的狀況，而妳就只想到妳那些亂七八糟的東西。」

他用的是什麼冠冕堂皇的話來貶低我，說我是吝嗇和小氣！好，如果這是你要玩的遊戲，我不會當面給你難堪，但是我有我的方式讓你好看。等到我們兩個又安靜了一陣子後，我假裝沒事的問他：「你這次在香港，看到友蘭了沒有？」看到他那副坐立難安的樣子，讓我心裡很高興。

不過最後，學政終於是把我的鑽石項鍊帶回來給我了，但是我其他的珠寶都沒了。金鍊子、紅寶石、藍寶石、珍珠、還有玉飾，通通都不曉得去哪裡了。共產黨控制了大陸之後，王家在上海的家人，逃到了香港，我們的公寓變成了避難所，每一個人都拿走了一些屬於我的珠寶，學政對他的家人是最慷慨的，我希望他們搞清楚，他們花的錢，全是我的嫁妝。

現在我再回到原來關於爸爸政治命運的故事，當他決定退出政壇搬到香港，做他的一介平民時，國民黨和共產黨都想來拉攏他。國民黨要他再次加入蔣介石在台灣重建的政府，共產黨也想要聯合他。但是爸爸的意志堅定不移，他下定決心不再重返政壇，要回到出版事業。二哥給了他三萬元後，爸爸籌集了足夠的資本，在香港開了一家新的出版社，叫做「華國」，他們的書店叫做「香港書局」。這家公司從來沒有賺過錢，每年二哥都要送一萬元過來，公司才不至於關門倒店。

這家公司就這樣開了三年，一直到一個事件把爸爸又推上中國政治的現實，這就像是加入了幫派，你的手一旦髒了，怎麼樣都洗不乾淨！

話說一天爸爸回到我和學政在香港的公寓，他聽到一個很大的聲音「啪」。他前後左右察看，看不出來那個聲音是從那個方向來的，所以他也沒放在心上。一會兒後，他走到陽台上，那個陽台是整個密封起來，被拿來當做房間使用。他在裡面，赫然發現窗戶上面有一個很乾淨的小洞。他覺得很奇怪，但是還是沒有想太多。一直到阿五來掃地的時候，看到一小顆圓形的金屬從書桌下滾出來，那是一顆子彈。也就是剛才爸爸聽到的聲音來源，是有人要暗殺他。他馬上懷疑是共產黨幹的，因為爸爸幫忙國民政府把北平故宮的寶藏運送到台北，共產黨說他是國賊。但是他越想越覺得不是共產黨，因為他們如果要殺他，他老早就死了。那顆子彈一定是打到他身上，不只打到窗戶而已，一個受過訓練的殺手不會射得這麼不準。很明顯，這個子彈不是來殺他的。只不過是一個警告，提醒爸爸不要做騎牆派，如果他不加入任何一邊，他們很容易就會把他從牆頭打下來。所以爸爸很快的結束了香港出版社的事業，飛到台北，加入國民黨的政府。據說，蔣介石非常高興，因為爸爸回到「祖國的懷抱」。

二

學政回到曼谷之後，做了二哥公司裡的經理。那是一個剛成立的進出口公司，叫做「建業」，以我老二的名字來命名。一直到那個時候之前，學政做過舉重選手和編輯。他在香港幫炳叔做過幾個月的帳房，但是那些經驗都不夠他來管理一個全新的公司。二哥大可以讓他做一個收錢的就好了，但是我二哥的慷慨是沒話說的。他不是一點一點的給，他要給就是給個大的。

自從學政開始在這個公司上班，他可享受到他快樂的日子了！透過一個生意上認識的人，他搭上一票上海人。他們不像那些土土的，早期大批從汕頭來泰國的商人。這些上海人，穿著體面，受過西方教育洗禮，而且都是富家子弟。要是共產黨沒有佔據大陸的話，他們都還在家裡過著有錢人的日子。學政很高興可以和這些人說上海話，玩那些在上海派對裡流行的那些喝酒的遊戲。我也很為他高興，表示我不必再到處遷徙，終於可以安定下來了。我的丈夫終於找到一個他喜歡的地方。

我們搬出二哥的家，在附近租了另一個大房子住。我們邀請這些上海朋友來家裡，他們也邀請我們去他們家。我和這些人的太太們交起朋友，我們把自己的小孩互相許配。有時候，男士們喜歡自己出去玩，因為其他的太太們都讓她們的先生這麼做，我如果不准，會讓自己看起來很小氣。看到我丈夫第一次和這一堆男人一起出去，我鼓勵他好好玩。他不停撫摸我的背好像很捨不得離開我，他也告訴我晚上不要等他回家。那時我又懷孕了，泰國的天氣之熱，我很容易就感覺疲累。

晚上九點多，我的眼皮就已經變得很沉重。我再去看看兩個孩子，看到他們都已經熟睡，我也就寢上床。學政還沒有回家，但是我曉得不到十一點，他是不會回來的。那晚，我突然醒來，覺得手上有一種冰冷不舒服的感覺。我看看旁邊，學政在呼呼大睡，還穿著他出去時穿的白襯衫和灰褲子。那在我手上濕濕的玩意兒到底是什麼？突然我聞到一陣酸味，我整個胃都翻了過來，原來那些是他吐在我的身上的穢物！

從一個禮拜一次，到後來他幾乎每個禮拜出去四五次。家裡沒有人曉得他去了哪裡，要是哪一個孩子突然生重病，我根本沒有辦法聯絡上他。就算司機也無法告訴我他在哪裡。自從學政拿到了駕照之後，他乾脆就自己開車到犯罪地點，省得有目擊證人。

「你昨天晚上去哪裡了？」一個他鮮少在家的晚上，我在睡覺前，終於逮到機會問他。

「招待客戶啊！」他說，深深的吸一口他睡前的必抽的煙。

「每個晚上？」

「我有很多客戶，還有未來可能的客戶，我如果不請他們喝魚翅湯，喝人頭馬，他們就把生意給別人了。」

「為什麼晚飯可以吃那麼久？就算你們八點鐘開始吃，半夜前也該回家了吧？為什麼要到半夜兩三點才回來？你要曉得你偷溜進來的時候，我不見得是睡著的。」

「妳根本不曉得！生意上的飯局要吃好多輪的。我得先招待老闆們，他們吃飽喝足走了。然後是小主管們，等到他們也都飯飽酒足了之後，最後還要招待辦事員。我也要把這些人餵飽，不然他們放個香蕉皮在你腳下。妳根本不曉得我要討好多少人。」

我不曉得要不要相信他。「你帶他們去哪個餐廳？」我問他。

他用懷疑的眼光看我。對沒有做錯事的人而言，這不過是一個無傷大雅的問題，但是對於做了見不得人的事的人而言，這個問題是個陷阱。學政慢慢的把他的香煙頭磨掉，確定沒有一點的火花留下來。

「那裡叫做海天樓。」他說。「那裡的筵席菜做得很有排場，價錢也不貴，老闆是香港來的，餐廳裡所有的侍者都說廣東話。」

從這個餐廳的名字我大概可以猜到，叫「海天」是因為標榜他們的菜包括了從天上飛的到水裡游的。

「你哪天帶我去那裡好嗎？」我準備上床了。

學政猶豫了一下，「當然，他們的飲茶很不錯，找個星期天的中午，我帶妳去那裡吃。」

我側著睡，讓我已經很大的肚子不會直接壓到我的脊椎。在這種時候，學政是不敢來吵我的，生怕傷害到我們肚子裡的孩子。沒一下子，他就睡得很熟，通常是我睡得又熟又穩，而他是那個東想西想，擔心得睡不著覺的那個人，今天居然相反過來。

我躺著沒睡著，心裡想著幾天前我聽到的故事。一個我的上海朋友，她是一個受過良好教育，英文非常流利的女士，有一天她偷偷跟著她先生後面到了一個餐廳。在那裡，她看到她先生緊緊的抱著一個舞女，他們抱得緊到兩個人看起來像是一對連體嬰。那個生氣的太太抓著他先生的領帶，把他拖走。他的臉發紫，別人可以看得出來他被勒到無法呼吸。他們向這位太太解釋，但是她已經氣到不可理喻。結果是那個舞女出來，把她的手架在這位太太的脖子上，然後把她壓在地上。

我想到這幕情景就怕。兩個女人在地上滾成一團，又抓又咬的。大家站在旁邊看著兩個女人對罵。我寧願讓學政做他想做的事，也不會讓我自己做出那麼丟人的事。但是這件事是在哪裡發生的？那家餐廳不是也叫「海天」嗎？

❖ ❖ ❖

我們的司機，一個年輕的泰國人，我一告訴他我要去「海天」他就曉得要去哪裡。等到他開過紅燈區進入城裡的商業區的時候，我心裡放下一塊大石頭。他沿著運河開，曼谷有許多這種像是迷魂陣一樣的渠道，這些渠道的作用是防止曼谷淹水。很多酒醉駕車的人，最後都掉進運河裡面。這也是我這位先生常常讓我晚上擔心睡不著的原因。

司機讓我在一棟兩層樓的建築前面下車。這棟建築的寬度和高度，和旁邊街上一排排矮小的房子比起來，像是巨人一樣的矗立在這裡。一個巨大的看板，在藍色的天空上漆著繾綣的白色的雲。我鼓起勇氣，抓起皮包，推開厚重的門走進去。

一樓裡面到處都是客人。推著點心車子的女孩子穿梭在桌子之間，尖著嗓子叫著她們車子上推的點心名字。我在桌子之間走來走去，假裝在找朋友。在午飯時間，大概不大可能碰到學政。就算我碰到了，我就告訴他是我的堂姐請我來這裡飲茶。

於是，我往樓上走了幾階。沒有人不讓我上去，所以我就一直走到上面。二樓有一個非常寬大的舞廳，現在沒有人在跳舞。我看到三位小姐，圍著一張桌子坐著。她們的衣著暴露，旗袍上的領子翻下來。一個人把腿直直的伸出來，另一個把旗袍的裙襬撩起來，把小腿翹在大腿上面，從她們粗魯隨便的坐相，我可以看出來她們不是什麼好人家出身的。

「我們還沒開門！」其中一個小姐用廣東話對著我大聲地說。「我們要到六點才開門。」

「我是來找人的，別人告訴我他是這裡的常客。」我一邊說，一邊走過去。她們看著我的肚子，我看得出來，她們很好奇像我這樣一個孕婦，來夜總會做什麼？然後我又假裝口齒不清的說我把親戚的地址搞丟了。

「他長什麼樣子？」其中一個說。「我名字記不清楚，但是每一個和我跳過舞的男人，我都記得他們的臉。」說這話的女子相貌不錯，有個瓜子臉。她的聲音沙啞，好像才剛起床一樣。

「他的下巴很長。」我把學政的特徵告訴她們。「他眼睛很圓很深，只比我高一點點，他姓王。」

「王太子！你要找他啊！」那個小姐大聲地說。「他幾乎每天晚上都和他的那個圓臉的上海朋友來報到，我們叫他『糖果』」。

只要聽到這個姓唐的，我就曉得沒錯了。他在學政的辦公室對面自己有一家公司，他也是曼谷出名的頭號花花公子。曼谷是有名的慾望之都，他這個頭號花花公子的名號可不能等閒視之！

「王太子他……」我無法把問題說完。

「他是我們這裡最慷慨的客人。」那個聲音沙啞的小姐說。「他給小費都很大方，所以這裡的小姐都搶著要和他跳舞。」

「妳開什麼玩笑，妹妹！」她的朋友回她，「王太子從來不跟別人跳舞，他只和妳跳。只要妳在，我們誰敢碰他一根寒毛？」

我聽夠了。喃喃的謝謝她們，下樓走出街上。司機在附近的商店等我，他看到我，馬上跑過來，很驚訝我這麼快就出來了。我平靜的叫他送我去母親家。

我想要私下和我母親談談，但是那天二哥正好回家吃午飯，她和二哥以及懷孕的二嫂一起正在用餐。他們叫我坐下來和他們一起吃，我坐下來，忍不住哭了出來。

「學政整天都不在家。」我邊哭邊說。「他以前還會打電話回來說要和客戶去吃飯，現在他連電話都不打了。他下了班，就和那個花花公子老唐直接就到『海天』去。」

「去餐廳有什麼不可以的？」母親的眉頭不解的皺起來問我。

「那裡不只是個餐廳。餐廳的樓上是夜總會，那裡有好多舞小姐在那裡，要她們做什麼都可以。」我把這個臉埋在手裡，不禁又大哭起來。

結果大大出乎我的意料之外，母親居然笑著說：「傻孩子，這就是妳為什麼要哭嗎？那就是男人家的事。妳不曉得嗎？每個男人都要娶個小的。只要他們對妳好，照顧妳和孩子，妳還想要什麼？」

母親說的話簡直無法理喻，我轉去向二哥求助，但是他臉上那副覺得我很滑稽的表情，我看了就曉得他大概也不會幫我什麼忙。我急需找到一個和我是站在同一條陣線上的人。「二哥也是男人，為什麼他沒有壞嗜好？」

「喔，他有的。」我那沉穩的二嫂告訴我。妳可以聽出來她語氣裡的刺，「他喜歡賭錢，有時候可以一個晚上輸掉一百萬銖。」

「我也有一個晚上贏了一百萬銖的時候啊！」二哥馬上抗議。「第二天我馬上買了一個鑽戒給妳，一個給母親。來來來，拿出來給我妹妹看看。」

兩個女人把她們手上的寶石展示給我看。我們的談話似乎解決不了我的問題，她們怎麼能把好賭和小太太相比？

「你也是生意人。」我對二哥說，「為什麼你不需要每天晚上去招待客戶？」

「我的職位不一樣，我是公司的總裁。我只有在有重要的事情的時候才出面，不會參與公司這種日常的交際。學政是經理，他要管整個辦公室，他也對公司的業務有責任，他的成功大部分都要靠他平常能夠交遊廣闊。他不能每天坐在家裡和別人神交吧！一個男人在社會上交朋友，要慷慨，要大方，老是待在家裡會變得娘娘腔。」

我從來不喜歡和人爭執。如果有人不同意我的意見，我就不說話。但是這件事，我一定要爭論到底。

「如果學政真的是要招待客戶，我可以忍受他每天晚上不在家。但是有唐孫在旁邊，他能談什麼生意？」

二哥笑了，「我曉得老唐愛玩，但是他也是個生意人。有時候他幫我們的忙，有時候我們也要還他人情，這就是做生意。而且有他在不錯，因為他懂得怎麼讓大家開心。」二哥用他的手做了一個手槍的手勢。「你看，這就是唐孫的招牌動作。」當二哥做這個手勢，看起來比唐孫做還要好笑好幾倍，我要咬著嘴唇忍住才不會笑出來。

「妳以為妳的日子不好過？」母親說。「妳父親活著的時候，他一出門就是好幾年。我有問過他出門是去做什麼嗎？從來沒有。他反正也不會告訴我實話，就算他說了真話，我也不想知道。好了，別哭了，妳這個眼淚包。這樣子哭對妳的身體不好，還影響到肚子裡的孩子。」

我把眼淚擦乾回家。我自己的母親和哥哥都站在學政那邊，這個話題已經談不下去了。

❖ ❖ ❖

看起來我只好聽天由命，一頭鑽進我的尿片奶瓶，還有繼續做人的日子。一九五〇年的四月二十六號，學政那天在家裡招待他那一批上海哥兒們，客人才走沒多久，我的肚子開始不對勁。學政趕緊帶我上車。他從來沒有送我到醫院去過，他就像第一次做父親一樣緊張。在車上

1950年Flora和老三泰來在曼谷合照。當時共產黨已經控制了中國。

不知所措，好像他才剛剛學會開車一樣，他開車送我到聖路易醫院。那是一家開放給公眾的天主教醫院，不是那家我發誓再也不要回去，只看歐洲人的醫院。我在十點鐘才住進醫院，半夜十二點，我的第三個孩子已經滑了出來。就像上大號一樣容易。這是我四年來的第三個孩子。我的產道已經被撐到可以讓大象從裡面滾出來。

我叫他「Joseph」，他是照顧耶穌和瑪麗的使者。一個男人除了要能夠事業成功之外，當一個好父親，好丈夫也是同等的重要。爸爸給他取名為「泰來」，意為「來自泰國」。

我的生活又要從頭再來一次。我正以為我可以不需要再在半夜起來餵奶，這個老三又是每天在我身邊嗷嗷待哺。泰來是一個吃不飽的嬰兒，他每兩個小時就要吃一次，不管是白天還是晚上。不像建業，全身都是鈣質，泰來全身都是肉。一團一團的肉從他的下巴，到他的手臂，大腿，每個人都很羨慕我。中國人喜歡嬰兒胖胖的，我的親戚們總是問我，我到底是餵他吃什麼。我總是告訴他們，我吃什麼，他就吃什麼。女人們曉得我指的是母乳。

泰來幾乎要把我給吸乾了。我每天除了吃那些所有母親幫我準備的營養品，我的體重還是掉回懷孕前的數字，大部分的人都不敢相信我剛剛才生過小孩。我很容易感覺疲累，坐在椅子上沒一會兒就像個老太婆一樣睡著了。等其他兩個孩子需要我的時候，我已經沒有力氣陪他們。我變得很沒有耐心，還會用難聽的字眼罵他們，雖然我心裡並不是真的這麼想，但是我已經精疲力竭，耗盡了所有的體力。三個孩子加上一個整天在外面花天酒地的丈夫，對任何女人來說，都是一個沉重的負擔。我向上帝禱告，請求祂不要再送小孩給我了！

當泰來五個月大的時候，我的月事又沒有來。我安慰自己，先別緊張。所有的專家都說，在餵奶的母親是不會受孕的。但是為了安全起見，我去Dr. Chat的診所做了兔子驗孕實驗。當我回去聽結果的時候，我整個人哭了出來。

相信我，這個結果對我來說就像是終身監禁。我已經沒有自己的生活了，我不管醒著還是睡著，我的每分每秒都貢獻給這幾個孩子了。我的大學教育根本就是浪費了錢又浪費了時間，我想要寫作的夢想也完全忘了！我多麼懷念那段單身上班的日子。那時候，我一天只要工作八小時，一個禮拜六天，還有人付我薪水。其他的時候，我愛做什麼，就做什麼。我可以去找朋友、逛街、上館子，還有大睡一個晚上都不會有人來吵我。要是我能夠頭碰到枕頭，就能夠睡到太陽出來才睜開眼睛，該有多好！

沒有工作比照顧小孩子們要來的更難，再多的薪水也不夠付我這份工作。但是，他們是我自己的小孩，我只能倒在椅子裡面哭泣！學政有時會安慰我，「多一個孩子也不過是在桌上多加一雙筷子。」這種話說了還不如不說。

當然，那是他感覺到的而已。他做的也不過就是和孩子們玩，但是我要照顧他們，還要在他們頑皮的時候處罰他們。我費盡心力在帶這三個孩子，他卻輕輕鬆鬆的得到孩子的喜愛。

「你曉得我每天的日子是什麼樣子嗎？」我問他。「假如我們可以找一天換個位置做做，你就曉得我說的話是什麼意思。」

「妳要去做我在辦公室做的事？」學政用一種很不屑的語氣問我。

我心裡想：「為什麼不可以？公司是我哥哥的。」但是我沒有說出口，怕他一不高興又要投到別的女人的溫柔鄉。

❖ ❖ ❖

我該怎麼描述我的一天呢？

我的一天該從哪裡算是開始？該從半夜兩點餵奶的時候，還是清晨四點？還是早上六點？那就從早上六點開始好了。就像是一個時鐘的年老齒輪，一陣「喝喝喝」的聲音把我給吵醒。

我的身子往下移一點，把臉翻過去朝著還在熟睡的學政，把我的乳房放進那個要吃東西的嘴巴裡。然後我又昏睡過去，一直到泰來不耐煩的哭聲再次把我吵醒。我的眼睛半睜半閉，然後再把這個又溼又暖和的小東西換到我的另外一邊，繼續吸我另外一邊的奶。

泰來吃完後可以保持兩個鐘頭不吵，但是我已經不能再睡了。我從蚊帳裡起身走出去到走廊對面的房間裡。蔓谷還在睡，但是建業的床已經是空的了。「這孩子！又來了！」我對自己說。我趕快衝到客廳裡，看到建業用全身喝奶的力氣在推沙發椅。

「不要推！」我對他大吼，把他的手拉離沙發。「你看看你做的好事！」我抓著他讓他自己看看他的傑作。我們的客廳像是一個賣家具的倉庫。椅子疊在桌子上靠著牆擺著，漂亮的柚木地板上看得出一條條因為家具拖動留下來的痕跡。「你不准把家具搬來搬去，聽到沒有？」我很用力的搖他，但是他只用那兩隻又黑又亮像個黑色大理石的眼珠瞪著我看，不曉得我在說什麼。我要怎麼樣才能讓這個大塊頭的三歲孩子懂得不能隨便移動家具？也許光說是沒有用的。我拿起一根雞毛撣子揮舞著。

「不要，媽媽，痛痛，痛痛。」建業嗚咽的說。

我的心軟下來，但是我一定要讓他曉得我的意思。

「妳在做什麼？」那是學政的聲音。

「教訓你的兒子，看他下次還敢不敢！」

我不但沒有聽到學政訓斥他，反而聽到他在暗笑，「不要笑。」我說。「你這樣子，他還以為這很好玩。」果真沒錯，我看到建業臉上一抹笑意取代了害怕。

「不要在生氣的時候打孩子。」學政說。「妳會傷到他們。何況，這有什麼大不了的？就算他把家具搬來搬去，叫傭人來把它們搬回去就是了。」

「那你去告訴他們。前幾天我叫蔓谷的保姆去擦地上的尿，她不肯，說那是建業的。你以為她們什麼都會做，還會去花力氣幫你搬家具嗎？」

「好，那我幫妳。只要幾分鐘而已。」他看看在地上的建業，把肩膀聳起來，裝出一副害怕一個壞巫婆的樣子。逗得建業笑出聲音。

等到我終於可以坐下來和蔓谷還有建業一起吃早飯的時候，泰來又黏在我的胸前，到這個時候，我已經覺得好像累了一天了！傭人們在這個時候陸陸續續的來報到，他們在後面有一個專門給他們住的地方。香港的傭人要發誓終生不嫁，泰國的傭人有丈夫、男朋友，或者兩個都有。我從來不知道我們後面的房子裡到底睡了什麼人。

她們一個接著一個進來，鞠躬，然後雙手合十向我們問好。突然一個影子從窗口旁邊溜過去；有人想要從房子後門溜進來。

「蘇姆藍，到這裡來。」我用我會說的簡單的泰語叫她。「我要和妳說話。」

蘇姆藍，我們的廚子，幾乎是爬進來的。

「妳昨天晚上在哪裡？」我問她。她昨天拿了我們給她買菜的錢就不見了，我和小孩只好自己煎蛋吃。

這個廚子跪下來，整個頭趴在地上。我的心中對這個滿頭亂髮還被羞辱的女人充滿了同情。他曾經是泰國駐法國大使的太太，一個有權，有財富，有一屋子的傭人聽她指揮的女主人。但是她有一個致命的惡習，她嗜賭成性。她把她丈夫的財產輸掉了一大部分後，他把她給休了，才不會被她拖下水。但是她沒有一技之長，所以只好利用她在法國上了六個月的烹飪學校學來的技能找工作。她已經來我們家做六個月了。這六個月裡面，我們的桌上不是菜餚豐盛，就是像是鬧飢荒一樣。她如果在賭桌上贏了錢，我們桌上就有最豐盛高雅的法國菜。但是她如果輸了錢，我們桌上就沒什麼可以吃。然後她就會消失個一兩天，要看她需要醉幾天才醒得過來。

蘇姆藍用泰文回答我。我大概聽出來她在說「生病」和「醫生」，她上次失蹤也是同樣的藉口。

我用我生硬的泰文，想要告訴她，我不能再繼續忍受她這樣的行為。看起來她聽懂了，因為她不停地哭，不停地磕頭。我實在不忍心。

「Mai ben rai」我告訴她，這是泰文一個常用語，意思是「沒關係」。只要會說這三個字，就能大事化小。

蘇姆藍又磕了幾個頭，回到廚房去。就在這個時候，蔓谷和建業為了一片土司麵包吵了起來。我總是比較保護小的，所以要蔓谷把麵包給弟弟吃。

蔓谷拿了吐司就跑走了。我把泰來交給保姆，去追蔓谷回來，追她的路上，順便拿起我的雞毛撣子。她爬到我的床上，在上面跳上跳下。我用雞毛撣子打她的腿，但是她跳得太快，我怎麼樣都打不到她。突然她跳下我的床，跑進她自己的房間裡。我在後面緊追著她，這次我記得把我的房門關上。蔓谷被我追到房間裡跑不掉了。她等著我，兩個小手臂往我身上推過來，「妳打啊，打我，我不會痛！」

我把雞毛撣子舉起來。突然一幕景象在我眼前出現：母親盲目的亂打大哥，打在他的臉上，他的脖子上，他的身上。學政的話在我耳邊響起：「生氣的時候不要打小孩。」我在這裡氣得半死，如果蔓谷哭了，如果她害怕，我頂多罵她一陣，也就讓她走了。但是她這樣毫不害怕的瞪著我，拿她的意志力來對抗我的意志力。我們兩個非得要一戰才能解決。

我把她拖進廁所。「妳今天非常不乖。我要懲罰妳。不然妳長大沒有人會喜歡妳。我要把妳鎖在裡面，妳好好想想妳剛才做的事。」

等我回到飯廳的時候，建業在騎他的腳踏車，泰來已經睡著了。是我該換衣服去上泰文課的時候了。我到廁所前面，把耳朵貼在門上。一點聲音都沒有。我從鑰匙孔看到蔓谷坐在浴缸邊邊，她的嘴唇抿得緊緊的，絲毫沒有讓步的樣子。還看不出來她曉得自己做錯了事情，但是至少在我需要運用那些已經所剩無幾的腦細胞的時候，她不會在旁邊搗蛋。

我的泰文老師是一個大學男生，他看到我向我打招呼。我也小心的回以一個適合他身分的禮數。雖然他比我年輕很多歲，但是他是我的老師。所以我應該尊敬他。泰文裡同樣的話，對於不同身分的人有不同的說法，是最困擾我的。一個阿姨有一次教訓我因為我和她說話時，用了比較低級的文法，但是有時候，我又因為稱呼傭人，說成稱呼尊長的詞而被人嘲笑。

課上到一半，保姆匆匆忙忙的大叫「hong nam」（泰文：廁所），我突然想起來蔓谷被關在廁所裡。我趕緊跑到樓梯那裡，看到水正從廁所的門下面流出來。我慌亂的在我的口袋裡找廁所的鑰匙。結果門突然打開來，蔓谷站在馬桶蓋上，用她的兩隻小手，把水從已經滿出來的的洗臉盆裡舀出來往地上潑。水龍頭裡的水不停的噴出來，滿到地上，流到走廊裡。我馬上去把水龍頭關掉。蔓谷的眼神充滿著怨恨，銳利的盯著我看，絲毫不畏懼。下一秒，我跑回臥房，把門鎖起來。因為我不能讓我的女兒看到我哭了而得到滿足。

那天的中飯，大家都很安靜。在快吃完的時候，我們用牙籤把鳳梨一塊塊的戳起來放嘴巴裡。蔓谷直視著我，毫不害怕的對我說：「等我長大，我要把妳剁成很多的小塊，然後用牙籤插起來，放到嘴巴裡吃掉！」

「等妳長大，我希望妳可以找到一個老公來制妳。」因為我曉得我沒有辦法。

孩子們的午覺時間，是我一天最快樂的時候。我昏睡在草蓆上，讓烈日盡情地曬著我們的房子，我們在房子裡的人也一起被陽光烘烤著。這是我一天之中最放鬆的時刻，我沉浸在恍惚的狀態，在那半夢半醒之間，我知道我睡著了，並且正享受著這美妙的夏日午後。我的午覺比晚上睡得還要安穩。我常常半夜做惡夢，看到學政在夜總會小姐的懷抱裡。但是白天的時候，我曉得他在辦公室，做他該做的事。

一個小孩的痛苦的叫聲把我從睡夢中叫醒。聲音好像是從外面傳進來的。我起身往院子裡看，建業整個人躺在地上。我趕緊下樓。

「怎麼搞得？」我大聲的問保姆。她也不停地大聲解釋，又用手指著一個窗戶，這個窗戶的位置距離地上有一個人的高度。原來建業爬到窗簷上，然後往後翻出去，翻到了另外一邊。我很想問這個保姆：他在爬窗戶的時候，妳人在哪裡？但是我得趕快先檢查建業的傷勢。看看他有沒有摔斷骨頭，看起來每塊骨頭似乎都在原位沒動。還好窗戶下面的矮樹叢在他摔下來的時候做了他的墊背。我正在猶豫要不要帶他去給醫生檢查時，我的頭皮突然發緊，我曉得我又要開始頭痛了！

我把這個大哭的孩子抱在我的臂彎裡，他的硬骨頭和筋在靠著我的胸口把我給弄疼了。他只有三歲，但是他的體型已經像是一個小大人。他的身體比他實際年齡成熟，我開始擔心他是不是因為老是撞到頭，腦筋裡有些螺絲被撞鬆了，不然他怎麼會一天到晚身上弄得到處都是傷？

我把他臉上的眼淚擦掉，用我的手指梳弄他那滿頭是汗的亂髮。如果幫他剪頭髮的時候，他能乖乖給我坐著，我可以剪得更好些。「我告訴你不要爬到高的地方。你看看有多危險？你摔下來會把頭摔破的。不要再這樣了，好不好？」我看著他的眼睛，希望從他的眼神裡找到他聽懂的反應，但是我所看到的是一個無法穿透的門。那道通入他腦袋的大門還是緊緊的關閉著。

我帶著建業回到房子裡面，給他一杯果汁，他一口氣就喝完。看起來他不必去看醫生了。我就再觀察他一兩個鐘頭，如果他沒有內傷，我就把他帶到母親那裡。她這個年紀，我們不該剝奪她和她心愛的外孫睡覺的樂趣。

建業已經忘記了他剛剛的傷，一會兒就跑進母親的家，就像是自己家一樣。二哥的太太出來迎接我們。我們兩個都有一個嬰孩掛在我們的身上，但是泰來的腿比她的孩子要寬上三倍。我抱著泰來，她也抱著一個男孩，就是建業在她的新床上撒尿後懷的。

建業投入他舅媽的懷抱，兩隻手緊緊的抱著她。我的嫂嫂問他：「我的大寶貝今天好不好？」把她身上穿的泰國式的裙子用手撥開，蹲下來和建業說話。「你今天又闖了什麼禍？」

「他差點把頭撞破了！」我說。「還好他的頭比水泥都要硬，這個孩子頑皮得不得了，我真是拿他沒辦法。」

「男孩子就是男孩子！」我的嫂嫂說。彎下腰來對建業說：「你要吃冰淇淋嗎？」哪個小孩不喜歡吃冰淇淋？建業的臉一下亮了起來，和舅媽去拿冰淇淋。母親正對著祖宗牌位祈求保佑。看到我，她趕快結束，向我父親的遺像鞠三鞠躬。照片裡，父親停留在英俊的三十三歲，滿頭烏黑的頭髮。母親把香插回到香壇裡。

她的手伸過來，一看到孫子們，母親就無法控制她自己。「今天我的小胖虎好不好啊？」她用力的聞泰來那三層下巴下面的奶香，滿足得笑了。她叫泰來老虎，因為他屬虎。而且正好又是午夜出生，根據母親的講法，半夜十二點是老虎出沒的時候。

嫂子帶了冰淇淋來給大家。母親把一瓢冰淇淋放進泰來的嘴巴裡，我們看到泰來那副用力吸進去的貪心樣子，大家都笑了。和大家聊了一會兒之後，我打道回府。母親非常高興我把建業留在她那裡過夜。

等我回家後，家裡比早上安靜許多。很難想像光是一個小孩，可以讓這個家有這麼大的不同，好像連房子都感覺如釋負重。很快的，蔓谷和泰來也睡了，傭人就回到他們自己的房子，終於，我可以有一些屬於自己的安靜時間。

從晚上八點鐘以後的時間是完全屬於我自己的。我把正在幫蔓谷縫的小洋裝拿出來，開始幫她踩裙邊。當我的手在做事的時候，我的心在想，學政現在人在哪裡？也許正在和他最中意的舞小姐在海天餐廳跳舞。還是他在老唐家，找了一群應召女郎來陪他們玩？不然就是去馬殺雞，讓按摩女跨坐在他身上按摩他的背？或者到酒吧去，讓小姐坐在他的大腿上？老實說，曼谷有上千個聲色場所，他可能在其中任何一家。除非他死在其中一家，不然我也不會曉得是哪裡。只是有時候我還真希望這種事會發生。

我把還沒縫好的衣服丟在一邊，看到我在義大利英堂時的摯友安娜的來信，桌上的信封看著我，好像在等我回信。我坐下來開始寫，但是才寫了幾句我就寫不出來了。她仍是單身，在一個公立學校教書，慢慢的在公務人員的職位上爬升。我是一個盲目製造嬰兒的機器，除了告訴她我又懷孕了，我還有什麼可以提的？

我心不在焉的拿起桌上的一個相框，那是一張成毅穿著畢業禮服的照片，黑色的袍子和一個大蘑菇帽掛在他的耳朵旁邊。這四年過得飛快，感覺只有一天，好像我睡了一覺，一張開眼睛，我的小弟弟就變成了經濟博士。他馬上就要從牛津回來了，拿著他的博士文憑，征服全世界！

但是一個問題在我的臉上打了一巴掌：我在這四年裡，完成了什麼？什麼都沒有！我把我學的東西幾乎都還給學校了！如果我和成毅一起去英國，現在也拿博士。我已經發表論文和學術研究報告，和我同樣學術領域裡的學者都會曉得我。但是我結婚生子，現在卻一事無成！

我在房裡來回地走，像是一個囚犯在計畫著逃亡之路。我想要離開這裡，到外面去，過我屬於我自己的生活。我的人生怎麼會走到這條路上？我做了每一件我該做的事：受好的教育，嫁到個好家庭，做個好妻子和母親，但是我從來沒有這麼的鬱悶。這個家是一個牢獄，這個把我綁在曼谷的人，現在正在外面像匹種馬，到處玩樂。要是他再被我抓到在別的女人的懷抱裡，我就，我就……我該怎麼辦？

我走來走去，突然看到一雙像燈籠一樣發亮的眼睛。泰來已經在小床上醒來了，他的一雙眼睛不停的跟著我移動，溼潤的嘴唇正期待著下一餐。他鼓起來的臉頰把他的眼睛擠成上弦月的形狀。我故意把我的手指放到他的嘴巴裡讓他吸，當他發現我的指頭吸不出奶汁的時候，他的嘴巴撅起來不知如何是好。這幕景象又好笑又讓我憂傷，我趕快餵他喝奶。他的眼珠子轉來轉去，那種滿足感就像是有鴉片癮的人抽到了鴉片一樣享受！

等到泰來喝完奶，我動盪的心思也平息下來了。風已經把我吹得我無法再回頭了。放棄我現在所有的也就是要放棄我的孩子們，我的親生骨肉，這是我做不到的。

但是我也曉得我需要幫助，在這個時候，也只有一個人可以給我這樣的幫助，那就是三姑，她是我唯一的救星。再過幾個月，我又要生了，又來一個要吸乾我的小東西。我沒有辦法自己帶這麼多孩子。我的丈夫完全不幫忙，這些泰國傭人，麻煩太多。如果三姑能夠幫我帶泰來，我也許能夠鼓起勇氣再帶一個！

❖ ❖ ❖

沒過多久，三姑來幫我，我產下了我的第四個孩子。在預產期快到的時候，泰國的反對黨發生政變，在曼谷造成了不小的動亂。在泰國，政變是政府權力交替時一個很平常的現象。大部分的時候都是和平解決，但是偶爾也會有血腥政變，這次的政變就是如此。我們在家裡就可以聽到兩邊對打的槍聲。很多路都封起來了，太陽下山後就開始宵禁。學政不停地在額頭上擦萬金油，他每天都在擔心我可能馬上就要生產。他打電話，找到一個醫生，願意讓我在他們家過夜。我們原來的醫生Dr. Chat的家太遠，我們不想冒險走那麼遠。

這個醫生給我一個小房間住，那晚我睡得很舒服。隔天，兩個對打的政黨達成協議，因此學政來接我回家。又過了一天，這個小東西認為夠安全了，才肯出來。但是因為學政那天一早要回去上班，我叫司機直接開車送我去醫院。我自己掛號住進產房。護士告訴我，如果沒有陣痛，就不要用力。我告訴她我不覺得痛，但是卻有想要用力的感覺。才說完，我的女兒頭就已經探出來了，那是一九五一年的七月三號。

1952年所攝，Flora已經在五年內生了四個子女。照片中最小的是泰瑛（作者）。

那時我已經不知道受洗時該幫她取什麼名字。在她受洗的儀式上，我請這位義大利神父給我一個建議。他翻了一翻聖經，然後告訴我：「Veronica!」就在那時，爸爸幫她取好的中文名字也寄到了。爸爸給她取名做「泰平」，但是聽起來很奇怪，所以我改成「泰瑛」。

我是一個天主教徒，不應該要避孕，但是我已經到了我寧願向天主懺悔，也不願意再懷一胎的地步。教會只准我們用自然的方式避孕，但是我的數學不好，不敢信任我自己算日子。Dr. Chat冒著減低收入的風險，非常的支持家庭計劃的實施，他的太太，只要對著任何女人說：「不行，妳不能再生了！」就能讓那個人感受到羞愧。有了Dr. Chat的幫助，我說服了學政去做結紮手術。手術的前一天晚上，學政開始擔心他的聲音會變尖銳，胸部會變大。所以當他第二天沒有依約去醫院做手術時，我一點也不訝異，我只好把月曆掛起來，開始算日子。求人不如求己。

三

學政的工作又出了問題。二哥和他兩個人是非常易燃的組合，一個是慷慨大方，非常勇於冒險到極端，另一個則是害怕擔心，也是到極端的人。他們兩個唯一共同點就是都非常沒有耐心。每次辦公室裡兩個人爆發的爭執後，學政心情鬱悶好幾天不說話。我如果問他什麼事讓他心煩，他就對著我吼說：「去問妳哥哥。」我一個字都不敢說，我說的任何一句話都會被他認為我不是和他同一國。

每一年，學政都說要去看他的父母，然後就自己一個人去了，把我和孩子們留在曼谷。當我留在曼谷看孩子的時候，他到香港「轉機」一個禮拜，然後再飛到台灣去看他家人。他從來沒有提到友蘭，但是我不相信他沒有去找她。就在這樣的往返中的其中一次，他從台北寫信給我，要我打包到到台北找他，他不回泰國了。就這樣要我把一家通通搬到台北去。我不是不贊成離開曼谷，但是我對他就這樣要我離開曼谷的方式很不以為然。他還要我向二哥借四萬塊，因為他需要這筆錢付他在台北看到一棟房子的頭期款，還有照顧我們一家到他找到工作這段時間的生活費。他向我保證，找工作絕對不是問題，因為爸爸現在又回到政府機關裡的最高層職位。

母親非常的生氣。我們一直住在泰國過著她認為非常快樂的生活。對她而言，她覺得我不能忍受學政在外面花天酒地是我不夠成熟，是我的問題，她不懂為什麼我想搬離曼谷。母親對我非常的失望，對我不理不睬。還好二哥可以理解。他知道公司裡的爭執不過是小火花而已。但是如果他和學政繼續這樣一起工作，他們的衝突會變成不定時炸彈。第一個要犧牲的人就是他自己的妹妹。他毫不猶豫的就開了一張四萬塊的支票給我，不是借的，是給我的。我非常的感動，四萬塊是很大一筆錢。

我真的想要搬家嗎？是的，為了幾個原因。除了學政和二哥的衝突之外，他不適合在泰國做生意，因為要在泰國成為一個成功的商人，必須要有膽量做違法的事，然後要會說謊才不會被逮到。如果每一件事都按照規矩來做，那還不如把店關了算了！像二哥這樣的貿易公司，要能生存下來，就必須要參與走私。沒有別的方法，因為其他的公司都在做。如果你是唯一付進口稅的人，別人都走私進來沒有付關稅，你如何和別人競爭？學政沒有膽量做這樣的事，他是一個誠實的人，而且膽子比老鼠還小。他如果做了什麼違法的事，他大概會在警察來逮捕他之前就已經先焦慮而死。

第二個我想搬離曼谷的原因是那些學政的上海公子哥兒們的朋友，實在玩得太兇了！學政如果和他們繼續這樣混下去，他的命運就會和他其他兩個朋友一樣。一個出差到台灣的時候突然死了，這個朋友才四十出頭而已。他死亡的原因沒有人敢說，但是這個人的太太拒絕到台灣幫他收屍，我曉得只有一件事可以讓女人生這麼大的氣。學政的另一個朋友，老唐，身體也不好。他在很短的時間裡突然滿頭灰髮，整個人變瘦了。有謠言說他得了性病。我害怕學政得了這種病，更怕他傳染給我。就光是這個原因，我想要離開曼谷，而且毫不後悔。

1953年所攝，李家（作者母親李純瑛Flora的家人）在泰國合影。
後排從左到右：學政，二哥成堅，小弟成毅。
前排女生由左到右：二哥成堅的妻子，Flora，Flora的母親，大哥成勇的妻子，小弟成毅的妻子

第三個原因是蔓谷和建業已經到了唸書的年紀了。蔓谷八歲，建業七歲。兩個人在泰國都是唸私立學校，學的是英文和泰文。我不願意讓他們去公立學校，因為他們如果上公立學校，就只學泰文，不會其他的語言。我要他們受中文的教育，因為他們是中國人。不管他們住在哪個國家，他們永遠都是中國人。英文也是很重要的國際語言。香港的雙語系統很理想，但是我這位先生沒有先問我，就自己做了這麼大的決定要搬去台灣。我只好希望能夠在台灣找到一個符合我標準的學校。

學政把所有搬家的事留給我一個人。就在這個時候，政府的工務部門送了一個通知來。我們住的那條街因為要修路，所以要關閉三天，但是沒有說什麼時候可以打開通車。根據我對泰國人的瞭解，他們什麼都「沒關係」的態度，這個工程可能永遠都無法完工。我開始慌了，我怎麼樣才能把這些還都很新的家具賣個好價錢？我馬上換上一件比較好的旗袍，抹了一點淡妝，擦了粉和口紅。每個人都曉得，和人打交道，第一印象通常能夠帶來好結果。

我叫司機開我到二手貨家具市場去。那裡林林總總的店家，每一家的招牌就掛在店門口的上面，我找到一間，他們的招牌看起來像是才漆過的。店裡的一個人向我走來打招呼。他耐心的聽我解釋我的問題。我的泰文那個時候已經說得不錯了，雖然還不是很好，但是別人可以聽得懂我說什麼。當他要看我的家具時，我馬上請他來我們家看。我一定讓他留下了深刻的印象，他不但跟我回去，給我的價錢也非常接近原來的售價。我們馬上就達成了這份買賣，三天之內，一輛卡車開到我家，把所有的家具都搬走了。

在以後的那幾個禮拜，我有一種解放的感覺，好像囚犯得到了特赦。生命又再給了我一次機會。我的情緒高昂，賣了車子，打包好所有的行李，向親戚好友一一說再見。道別時，大家無法克制的眼睛裡的眼淚。他們都為我難過，一個被遺棄的妻子，追逐著脾氣又怪又壞的丈夫，我流著眼淚接受他們的同情。但是我不敢告訴他們的是，其實我流的是高興的淚水。

但是我怎麼能不快樂？再一天我就要走出牢籠了，遠離這個壓抑到我身心麻痺的地方。我抬頭看到廣闊的天空，眼前晴空萬里。不管我的下一個家在哪裡，我曉得至少是一個會比監獄好的地方！

第九卷
為未來打樁

一

我人生中的幾個轉戾點就是像是閃電和打雷一樣，來得毫無預警，讓我總是措手不及。父親的去世，日本人侵略香港，共產黨接管中國大陸，是我人生中幾個里程碑。但是在這之後，我的人生道路就開始全部由我自己掌控。

從曼谷到台灣，我要在香港轉機，正好可以藉這個機會去拜訪一些老朋友。我趁這次轉機的機會，在香港停留了三個禮拜。帶著四個從三歲到八歲的孩子，我走進啟德機場的旅客到達大廳。我左手拉著建業，右手牽著泰瑛，蔓谷和泰來走在我的前面。我在後面看著蔓谷大搖大擺的走在我前面，把泰來的小胖手牽在她的手裡，那個樣子真是好玩。

幾天之後，學政也到了香港，準備和我們一起飛到台灣。我們在香港時，借住在炳叔家。他把家搬到香港，所以好照顧他在香港的分公司「東南亞貿易有限公司」。那時炳叔雖然已六十出頭，可是他仍舊英俊瀟灑，五官突出，看起來年輕又有活力。看的出來，他已達到事業的最高峰。他在香港的大宅院，位於九龍塘金巴倫道上的豪宅區裡。在一個人口密度如此之高的城市裡，這麼大的一棟豪宅，展示了炳叔頂尖的財力。炳叔和他的三姨太住在其中一邊。另一邊住的是他公司的經理，姓陳。炳叔的三姨太有一半泰國人的血統，她是炳叔最寵愛的太太。他在泰國還有三個太太，每個太太都和她們自己的孩子住在一棟自己的房子裡。

就在學政到香港之前沒多久，炳叔發現陳姓經理私自挪用公司資金。炳叔一直沒有開除他，因為找不到合適的替代人選。當我聽到這件事時，讓我想起來中國歷史上重要的一課。成功的三個要素是：天時，地利，人和。我現在正好有了天時和地利。需要的就是人和。

我去找炳叔，告訴他學政可以改變他的計劃。我也提醒他，幾年前，學政幫他公司管過帳，所以很清楚公司內部作業。自從那個時候以後，他幫二哥管理他的貿易公司七年來，學了很多的經驗。之後我再去告訴學政，炳叔公司的這個職位有哪些好處。收入雖然不多，但是有年終獎金，和在金巴倫道的豪宅讓我們住，一毛錢都不要出。就算爸爸，雖然位高於蔣介石的

Flora的丈夫學政和她在曼谷的二哥因在生意上起爭執，全家搬回香港。這張照片是1955年Flora在香港的海灘和四個小孩合照。

顧問，都不可能給他比這個更好的職位。我在他們兩個之間來來回回好幾次，他們雙方終於達成了協定。

於是就在那個月底之前，陳姓經理搬出去，我們搬進去。炳叔的車子每天早上送學政去上班，下班後接他回家。他不需要招待客戶，也沒有花花公子和他在外面到處玩樂。當他喝酒的時候，他是在家喝，而且是在他的孩子的監督之下。當我教孩子們喝酒會傷身體之後，他們學會把學政的酒藏起來當作遊戲。除非他答應那是最後一杯，不然他們不把酒還給他。然後泰瑛會要坐在他的腿上，泰來要玩象棋，建業要和他比力氣，蔓谷要他修她破掉的娃娃。我就坐在一旁快樂地看著這幅景象。我這個在外面花天酒地的丈夫終於回家了。在曼谷那七年，也是我生命裡最痛苦的一章，終於結束了。

這種單純的生活讓學政又開始性趣盎然。雖然我仍舊小心的在計算時間，但還是又懷孕了。這次，我不但沒有哭。而且非常的高興。我感覺我的身體像是一棵大樹，已經好幾個季節沒有長出新枝嫩葉。休息了這一段時間，補足了所需要的營養，我已經為下一胎準備好了。我在香港也有很多的幫手。我以前的保姆阿五，離開她現在幫傭的家庭，回來幫我做。「太太，就算妳到天涯海角，我還是會找到妳。」她用她那口鄉下口音的廣東話告訴我。因為我們是她照顧的第一個家庭。她覺得她虧欠了我們。但是我不並介意，當然，一個忠心耿耿的傭人和一個忠心耿耿的丈夫一樣好，有的時候，甚至更好。

一九五六年八月九號，我聽到我第五個孩子的哭聲，那哭聲是我聽過最美妙的聲音。那聲音代表我完成了這次又長又痛苦的生產，我從前的四次生產，從來沒有一次這樣的難受。打了兩針催生針，這個孩子還是非常固執地在我的肚子裡待了二十四小時不肯出來。當我的產科醫生Christina周宣佈：「是個女孩！」我馬上說：「她就叫做Christina！沒有妳，她大概永遠不肯出來。」根據爸爸的命名方式，她的中文名字就以我們住的金巴倫大道命名，叫做「錦綸」。我看著她紅咚咚的小臉，我發誓這是我最後一個孩子。我已經三十八歲，不再像以前那麼有彈性。是我的身體該退休的時候了。

學政和1956年出生的老么錦綸。

❖ ❖ ❖

當炳叔認為學政可以獨當一面後，他很高興的把香港的公司交給他經營，自己帶著家人去全世界旅行。幾個月後，他旅行回來，把香港家裡的東西收拾了一下，就搬回泰國去住。他搬回泰國後，炳叔以前住的那邊的房子就空出來了。大家曉得炳叔在香港的家有很多房間。親戚朋友們從泰國來香港，都住進這裡，好像那裡是旅館一樣。我們常常都要招待這些親友，還要自掏腰包買吃的，僱人幫忙，開車等等。學政的收入雖然不錯，但是這些訪客讓我們每個月都透支。二哥給我的四萬塊，就這樣慢慢的花掉了。

我向炳叔抱怨，學政和我無法過這樣的生活。學政建議把房子賣掉，炳叔也同意。我們搬到公司還是在九龍塘的喇沙利道上的公寓裡。我們的住處從十間臥房變成四間。對我們的家庭而言是很夠的。但是有一個小問題。就在我們搬進新的公寓之前，我在泰國的堂妹南希寫信問我，是不是可以讓她兩個大女兒和我們一起住，她希望她們姐妹進到香港優秀的學校。當然，我們這麼親的親戚，我不能拒絕她。所以我讓我的孩子們全部都睡在一間大房間裡，我的兩個姪女睡一個小房間，學政和我一間，另外一間做為客房，主要是給炳叔有事過來時住的。我們在他的房子裡白住了這麼久，我們有義務要留一個房間給他，歡迎他在任何時候帶任何一個太太來香港。

我仔細的檢視了我們的財務狀況，心裡突然有一陣涼颼颼的感覺。我們在炳叔家住了一年，提供免費的旅社服務，二哥給我們的錢已經快要花完了。我們家沒有緊急情況時所需的存款。家裡面有這麼多口要餵，學政的收入有限。我們沒有剩餘的錢可以存起來，我們如果繼續下去，日子會越來越困難。

我決定找一份工作。那時候，我的四個小孩都已經上學了。阿五對最小的錦綸照顧得無微不至，她遠比我有耐心。這個最忠實的傭人也是我的眼和耳。我信任她當她警告我關於廚師和洗衣婦的事情，同時我相信她不會無風起浪。她並不是說這些來討好我或是來要錢，而是因為這件事對我們的家庭有影響。有她在，我可以出去開始工作。

教書是我第一個想到可以找的工作。一個港大的校友，剛剛新開了一間學校叫做「新法」。那是一個被稱作「學店」的學校，因為這種學校重視學校的營利多於教育。學校的水準不過是普通而已，但是我只是要一份工作，並不是要送小孩來這裡唸書。校長僱用了我，於是我開始教一群十三歲的學生初級英文。

我才教了幾個月就曉得，我不是做老師的料子。第一，我天生就不是聲音大的人。要讓坐在最後一排的學生聽到我在說什麼，每天六個鐘頭在教室裡聲嘶力竭，用我最脆弱的肺喊出英文文法的規則。第二，從來沒有人教過我該怎麼教書。要能夠管得住一班四十幾個十幾歲的小毛頭，不是每個人與生俱來的本領。每次我一踏進教室，就開始心跳加速，好像走進獅子籠裡一樣緊張。這些學生，看得出來我的害怕，常常找我麻煩。男孩子喜歡爬到窗戶上面跳上跳下，看著我嚇壞的神情。女學生喜歡取笑我，看我呑眼淚的樣子。每天放學後，我都已經筋疲力竭。

我考慮辭職，但是覺得放棄這份不錯的薪水太可惜。這時一件突然發生的事，省了我的煩惱。東南亞貿易的收銀員，也是炳叔其中一個女兒正好要回泰國，炳叔要我接替她的工作。學政對於我要去接這個職位，和他在同一個辦公室上班，並不是特別興奮，我也可以想像整天看著丈夫的臉，大概也會厭倦。但是這份工作的優點讓我實在難以拒絕。除了工作時間自由外，如果孩子生病，我需要趕回家帶他們去看醫生，做我老闆的丈夫一定不會不准。另外的好處就是，我可以就近看著學政。雖然他在離開泰國後，沒有做過出軌的事，但這並不表示我可以就此放心。我聽過很多經理和秘書，醫生和護士在外面有另外一個家的故事。如果我不看好他，這種故事可能就會發生在我身上。

有了炳叔的支持，我的願望實現了。我向學校遞了辭呈，校長是一個瘦小精明的人，他的珠算段數是出名的，校長把我叫到辦公室，對我表達他的不滿。他說在我身上的投資是回報最少的。我不停的向他道歉，心裡暗自在想，希望以後我再也不會要找這個人幫忙。

❖ ❖ ❖

在東南亞貿易行上班的第一天像是放假一樣。我在平時離開家裡去學校的時間才起床。我看著小孩都出門上學了後，坐下來輕鬆的吃個早飯，居然還有時間看報紙，也不用搭公車，因為我可以和我的經理一起搭公司的車去上班。

東南亞貿易行是在香港島的西環區，這個地區有很多汕頭人開的商號。從我剛開始認路的時候，母親就常常差遣我來這裡買東西。當整個香港正開發成一個摩登的現代城市，這裡卻像是被時光凍結，還停留在過去的樣子。我小時候的中藥鋪和賣蛇肉的餐廳還在這裡。那一條條綣在餐廳窗戶後面籠子裡的蛇，仍然在吐著舌頭嚇人。這裡的建築物也都沒有變，只是現在看起來灰灰的，像是佝僂的老人。但是在我的眼裡，它們比那些閃閃發光的新大樓更要好看！

一陣海風把我從遐想中吹醒，車子開到了海邊一排老舊的建築物前。這就是「米行排」，全香港最重要的物資，「米」的批發中心。我下車站在炳叔的店前，轉身過去看著對街。好幾輛裝米的船沿著海邊停泊著。一個個打著赤膊的苦力從船裡面出來，彎著腰，背著比他們體重還要重的麻布袋。他們毫不懼怕的從一條非常窄的木板上走下來，那塊木板之窄，我就算沒有拿東西都會摔下來。這些人的個子都非常小，但是每個人都是鐵骨銅皮。他們的負擔很不人道，不過如果不這樣做，也沒有別的辦法把米搬進倉庫。

我跟著學政走進建築物裡。員工站起來迎接我們。有些人狡猾的偷看我，表示他們已經在私下談論我。我回以微笑，讓他們放心。也許我是老闆的太太，但是我不會在這裡隨便指使他們。我跟著學政上了一個搖搖晃晃的樓梯，往下一看，看得出來這個地方十分的破爛。水泥地上都是泥土的顏色。員工的桌子擺成一團，歪歪扭扭的。這個完全是男生的辦公室，沒有任何一點的裝飾。

在閣樓裡面的辦公室也沒多大。地上的油氈板也鋪得很馬虎，走過去都會有吱吱的聲響。但是這裡卻有一台冷氣保持辦公室的涼爽。比起樓下的員工，我的辦公的地方還算不錯。學政把我的辦公桌指給我看，就走到他在隔間另外一邊的辦公桌去。其實這個隔間牆只隔了一半，從我的位置，我可以清楚的看到學政在做什麼。原來的設計是為了要經理能夠隨時隨地看得到帳房在做什麼。但是因為如此，帳房也看得到經理。

坐在學政對面的吳先生也過來歡迎我。他是學政的秘書，個頭高大，聲音洪亮，而且穿著十分的講究。我馬上就對這個人有好感，任何人可以和我的丈夫在這麼近距離的工作，都讓我尊敬！

這時我突然聽到樓下傳來很大的聲音。學政看到我警覺的表情，帶我到一個窗口旁，從那裡望下去，可以看到有一群人踏步進來。從我的角度看，只看到他們黑色的頭頂，還有舉向空中的拳頭。他們口中大聲地念著什麼東西，我以為他們要開打了，但是我只看到一個人跑到黑板上寫了一些數字，繼續大聲喊叫沒有停下來，黑板上寫得滿滿的都是數字。學政解釋給我聽，我剛剛看到的是一場拍賣。這些在大喊的人是經銷商，他們正在競價出標。黑板上寫的是各種不同米的名字，只要有人拿到最高標，就會把競到的價錢記錄寫在米種的旁邊。我唸了幾種米名字，都是女生的名字，其中一種米叫做「西施」，我想大概男人每天吃飯的時候都在碗裡看到她。

一天下來，我繼續學習這行生意。我越進入狀況，越認為做米的買賣的人，絕對不會餓死。米是中國的主糧，香港政府因此嚴格的掌控米的市場，英國政府害怕如果讓米糧自由交易，共產黨會控制供應面。一旦北京成為香港唯一的米糧供應來源，香港就會被予取予求。因此英國政府批准多家不同的米商在香港做買賣。泰國變成為其主要米糧的來源之一，東南亞貿易也是政府指定的進口商。每一年政府給予我們配額，把米從泰國進口到香港。這也就是說，我們有政府保證的生意，絕對不會出錯。當米運到了之後，每個禮拜三，經銷商就會到我們的辦公室這裡來競標買米。學政不需要擔心沒有客戶，米糧的需求因為香港人口的增加越來越大，我們運到這裡的米，通常一個禮拜之內就能夠競價交易完畢。如果你要問我哪一種生意沒有風險的，那就是米的買賣。我那個總是對一點點風險就杞人憂天的丈夫，這行就像是為他訂做的一樣。我真是感激自己在這個重要的時候，做了一個非常正確的決定。

在我受訓幾天之後，我的經理給了我第一個任務，要我準備一張支票讓他簽名。我非常用心的寫了一張一千五百多元的支票。我檢查了好幾回，抬頭，錢數，一分一毛都正確。我驕傲的走到學政桌子旁，請他簽名。

他看了一眼就把支票撕掉。「數字和數字之間的空隙太大了。」他說。「別人隨便就可以在裡面加個零，回去重寫一張。」

他跋扈的樣子讓我非常沒面子。我偷看了吳先生一眼，他正在專心的研讀一份文件。除非他是聾子，他一定已經聽到我被學政斥責。我覺得非常丟臉，像是一個小學生在全班面前接受懲罰一樣難為情。

我回到座位上，再重新寫一張。這次我很緊張，緊緊的抓著我的筆，慢慢的把數字一筆一筆的寫下來，讓每個數字中間沒有距離。寫好了之後，我把自己當做一個騙子，看看可不可能在任何數字中間加一横或是一個逗點。結果不想還好，一這麼想，看起來有太多的機會會被人把數字篡改。我想重新再寫一張，但是我強迫自己冷靜下來，不然會變成神經病。

我忐忑不安的把支票交給我的老闆，他叫我把支票放在他放信的籃子裡。然後我回到我的桌子等，沒多久之後，他把支票拿起來，瞪著那張支票瞪了好一段時間。我以為他又要找我麻煩，但是他只是把支票放回籃子裡。幾分鐘之後，他又把支票拿起來，就這樣來來回回個好幾次。

當我觀察學政上班的樣子，我發現他有幾個怪癖。舉例來說，他如果嘴巴裡沒有叼根香煙，他沒辦法做事。他整天下來，就用一支煙屁股點另外一支香煙。有一次他在電話上的時候，香煙抽完了，他就變得手忙腳亂。講話開始結巴，臉色黃的像是熟過頭的黃瓜。他趕緊再去點一支新的煙，但是他的手抖得很厲害，沒辦法把菸點起來。好不容易點好之後，他深深的吸了一大口進去，整個人終於平靜了下來。這時候，他才可以繼續和電話那頭的人繼續講話。

我曉得他是一個喜歡擔心的人，但是一直到我看到他在公司裡的樣子，我才曉得他的焦慮是到這個程度。除了他香菸一根接著一根不停地抽之外，他也動不動就擦萬金油在他的額頭上。萬金油的味道充滿了整個辦公室，連我坐的地方都聞得到。害我有時候就算沒有頭痛也好像是在頭痛一樣。從他在辦公室的一舉一動來看，我開始瞭解他為什麼精神那麼緊張。譬如說，學政有一個把所有文件都鎖起來的習慣，這就是他不需要加諸在自己身上的負擔，每個抽屜和文件櫃，都有一個鎖。每一次他要拿一份檔案，他就從口袋裡掏出一大串的鑰匙，把抽屜的鎖打開，拿出檔案，然後馬上又鎖回去。鎖好了之後，他還要把每個抽屜從上到下都拉一拉，確定是真的鎖好了。有時候鎖好之後走開來，又突然走回去，把每個抽屜又再拉一次。

到了下午的時候，他終於核准了這張支票，提起筆把他的大名簽上去。好不容易！照理說，我應該馬上就會聽到他站起來走路，把地板踩著發出嘎嘎的聲響。可是我等了又等，一點聲音也沒有。我望過去，看到他把支票拿起來對著燈光，集中注意力看著右下角他簽名的地方。這時我才瞭解，他不信賴任何人，尤其是他自己。

不久，吳先生問了他一個問題。兩個人開始討論。我聽到學政在喃喃自語，突然間他大吼：「叫老莫上來我這裡！」那個從他喉嚨後面發出來的怒吼，給我一種不祥的預感。沒多久，公司的會計老莫就來了，我可以感覺到整個辦公室都因為他的步伐在震動。我先看到他一頭的稀疏的灰髮，然後是他那副雙光眼鏡。他往我的方向看了一下，但是不曉得他有沒有看到我。他顫抖著全身，好像是要走向斷頭台一樣。

我曉得接下來會不好看，可是我萬萬沒料到學政會用如此兇狠的言語罵他。嘴角都是泡沫，又咆哮又數落的，一直把這個會計罵到尊嚴掃地。可憐的老莫站在那裡像是個破布娃娃，毫無招架之力。吳先生把頭埋在抽屜裡找一個他不需要找的東西。我站起來走去洗手間，只有這樣，我才能夠讓這個會計保持一點面子。

等我回到位子上時，老莫已經走了。我在那裡坐了一會兒，對學政的作為感到非常的不悅。我為老莫難過。不管他犯了什麼天大的錯，學政都不應該這樣對待他。突然我的腦裡閃過一個可怕的念頭，他會不會哪天突然對我就像是對這個會計一樣？他這樣對待老莫是非常沒有良心的行為，中國人是會因為失去面子而自殺或殺人的。也許他認為手下的人，本來就沒什麼尊嚴可言。不過我可不是他下面的人，我不但是他太太，還是公司的股東。他可以在那張支票這麼簡單的事情上羞辱我，可是他應該不會拿剛才對待老莫的態度來對待我。我告訴我自己，那是不可能的。

❖ ❖ ❖

接下來幾天，我的經理繼續的羞辱我。我寫的每一張支票，他都要用放大鏡來檢查。我收到的每一毛錢，他都要數了再數。我做過的每一件事，他都要重做一次。我好像每天只是坐在辦公室裡等著領薪水一樣，我不曉得公司裡其他的同事是怎麼看我的。

為了要證明我不只是個花瓶而已，在公司會議上，我開口表達我的意見。那次會議討論的是要如何運用那個月的佣金，也就是買方每個月付給我們的錢。通常這一筆錢分給辦公室裡二十多個員工做獎金。但是那個月，一共只有五十元。

「這麼少的佣金還不如等到下個月金額多一點，我們再分。」我說。「我們可以把這些錢放在現金箱裡，加到下個月的佣金裡。」

六個行政人員點點頭。但是學政說：「妳把錢留著做什麼？妳想把錢拿來怎麼用？就算拿到銀行，也賺不了什麼利息。這是很貪心的想法。妳有沒有為我想一想，如果錢不見了，我要為這筆丟掉的獎金負責的。妳想給找我麻煩嗎？要是員工向曼谷的總公司抱怨，他們可能對我的操守展開調查，我說不定因為侵佔公款被關起來。看長得妳人模人樣的，怎麼生了個豬腦袋？」

他要是就此打住，我也許就像以前一樣把他對我的侮辱嚥下去不說話。但是他還不停的說，在其他員工面前繼續的攻擊我。他們互相看來看去，希望當場有個洞可以鑽進去。但是這次尊嚴掃地的是我，不是他們。親眼目睹這樣殘忍的場面雖然是難以忍受，但是身在其中，簡直比死還不如。

我旗袍的領子幾乎要讓我窒息，我想把扣子解開，可是我怎麼能在一群大男人面前這麼做。我起身推開椅子，憤怒地衝下樓去，跑到街上，直接就闖進車流中。我聽到剎車聲，汽車喇叭聲，開車的人對我咆哮，罵我的聲音。我繼續穿過大街。看到一輛電車停下來，我往車上就跳上去。當電車大概停了三四站之後，我的情緒稍微穩定下來，發現我的手抓著一根很多人都抓著的鐵棍。我不曉得這輛電車是哪裡來，或是要開到哪裡去。我只想要逃離我的丈夫，也許幾天，也許更久！

我可以藏在哪裡呢？我第一個想到的是安娜的公寓。一想到她，就讓我羨慕。她可以做自己愛做的事，不但不會被丈夫羞辱，也不會每天被五個孩子壓得喘不過氣來。我多麼希望我像她一樣單身。

安娜的公寓裡有好多人在那裡。我到的時候，她家裡開了兩桌麻將。安娜非常驚訝我的造訪，但是做為一個好朋友，她讓出她的位子，堅持要我下去摸幾圈。我才開始沒打多久，電話響了，我聽到安娜大喊：「是啊，她在我這裡，你要不要來一起吃晚飯？」

學政猜出來我藏在那裡。沒多久他到了，他一副笑咪咪的樣子和翩翩的紳士風度讓大家都很喜歡他。不熟的朋友常說我運氣好，嫁到一個這麼好的先生。我總是用不置可否的微笑來回答他們。因為他們只曉得一半的事實。母親有一個朋友在第一次見到學政時也有同樣的幻覺，但是當她多見了他幾次之後，她不懂我為什麼要嫁給一個性情這麼乖戾的人。她後來還給他取了個外號叫做「負氣佬」。

不管安娜曉不曉得到底發生了什麼事，但是她假裝沒事。晚上吃飯時，她讓學政坐我旁邊。我不想在大庭廣眾之下讓人家曉得我的問題，我也就坐下來了。那是一場難受的晚餐，雖然我和其他的客人都聊得很高興，但是我卻又在擔憂，吃完飯後該怎麼辦？當我們大家吃飽喝足後，學政找安娜，請她讓我們先走，不打了。隔天還要上班，他和我得早點回去。安娜兩眼看著我，對我說她很高興我能來看她。當沒有人注意的時候，她給我使了個眼色，表示她曉得發生了什麼事。我微笑著向她暗示，謝謝她的招待，然後和學政回家。

這樣的劇情不斷重複上演。我兩次買了機票要去新加坡，但是等我氣消之後，又把機票取消了。每一次要離家出走時，只要一想到孩子們，我就為他們心痛不已，無法成行。學政應該要被好好的折磨一下，讓他以為我是要跑去自殺。但是把小孩捲進這種事，會讓他們以後噩夢不斷。可是不告而別的這樣就飛走倒是一個不錯的主意。大哥在新加坡的家是我的首選，因為那裡沒有一大堆好奇的親戚，所以我不選擇飛去泰國。而且，學政一定以為我會跑去向母親告狀。他已經對於需要靠我家工作而心裡有疙瘩，從我們離開上海之後，他都是靠我的娘家在賺錢，先是二哥，然後是炳叔。這種依賴讓他有一種複雜的自卑情結，他總是覺得別人在笑他「吃軟飯」。

他越是覺得自卑，就越是拿我出氣。我當時真的想要離開公司，不過那份薪水實在太好了，我無法放棄。雖然只有八百元一個月，可是每個月拿回家的錢，包括佣金，有一千三百元左右。做老師絕對不會有這麼高的薪水。孩子們長大了，他們需要的東西也多了，告訴他們不能花錢買東西，我會比他們還難過。我的童年窮困，什麼都買不起，我曉得這對孩子們幼小的心靈可能造成的傷害。

我也許可以就這樣離開我的丈夫，但是我的字典裡沒有「離婚」這個字眼。身為一個中國人和天主教徒，離婚是我想都不敢想的事。諷刺的是，告訴我這個字的是學政的父親。有一次去台北看他的時候，他告訴我：「Flora，我很感激妳沒有和我兒子離婚。妳是這世界上唯一可以和他生活在一起這麼久的人。我曉得他，因為我是他父親。」

一個離了婚的女人帶著五個孩子能去哪裡？以後的日子怎麼過？我只能搬去和二哥住，靠他吃飯。我不能在自己的屋簷下過屬於我自己的生活。我的孩子會變成靠有錢親戚接濟的孤兒。對他們的身心都會有不好的影響，就像是紅樓夢裡的林黛玉一樣。在這個節骨眼上，我能做的就是隨他怎麼吼，我把耳朵塞起來不聽。給我自己蓋一個隔音室，當他青筋暴露的對我咆哮的時候，我就在裡面盡情的嘲笑他。

二

在結婚這麼多年後，我們終於開始可以存點錢下來。當我存到六萬塊的時候，我曉得這筆錢是要為我的家庭的未來，奠定基礎用的。那不是一筆小數目，但是仍然還需要繼續努力。因為未來的屋頂、牆壁、地板都還沒有建立。在只有兩分利息的情況下，我的房子還需要很久的時間才能完工。有沒有辦法可以快一點呢？我努力的尋找答案。

那時香港的股市一片大好，每天報紙的最大標題都是恆生指數今天又創新高。在茶館和餐廳裡，所有的對話都是有關股票的買賣。從傭人到太太，苦力到經理，每一個人都在買股票賺錢。我每個朋友都笑得很高興，我的堂妹海倫，是笑得最大聲的，她的先生和他的護士在外面又組了一個家庭，可是錢才是她的最愛，她最高興的就是每天看著她的錢在增加。

房地產也是另一個快速增值的市場。中國大陸的難民們害怕共產黨剷除異己的運動，大批從邊境湧進香港。每一次毛澤東開始一個類似「大躍進」這樣的運動，香港的人口就會增加。如果我現在不趕快買下一間住處的話，很快就會買不到了。東南貿易公司現在給我們的住處不是永久的，遲早我們兩個要退休，之後我們要住哪裡？房市的價錢不停的上漲，新房子的設計圖一出來就搶購一空。民眾排隊登記買公寓像是不要錢一樣。我要是買得起的話，就得趕快。

一個星期六的下午，午覺醒來，我覺得我已經做足了功課，可以和學政討論這件事。我對著梳妝台在梳頭髮的時候，從鏡子裡，我看到學政坐在床上穿襪子。他的下巴看起來很輕鬆。那天早上辦公室裡也很平靜。明天又是星期天。他非常期待和建業去俱樂部裡打網球，父子兩個可以和別的父子檔捉對廝殺。

我對著鏡子裡的他說：「現在到處都是錢，就上個禮拜，海倫才告訴我，她在香港地產公司的股票在一天內漲了兩萬塊港幣。你相信嗎？她可以坐在家裡什麼事都不做，就賺這麼多錢。」

「股票市場漲漲跌跌。妳沒聽說以前上海的股市崩盤的時候，好多人跳樓！」

我就曉得他要提這個，「有的股票是漲漲跌跌，但是也有藍籌股比航空母艦還要穩當。除非用原子來炸才會跨。」

「那如果真有個原子彈怎麼辦？」

那時他已經走到我身後，對著鏡子看著鏡中的我，他的下巴左右磨蹭。我繼續慢慢的梳著打結的頭髮。「如果原子彈爆炸，那就更不用擔心了，因為我們每個人都會燒成灰。」我把臉轉過去對著他，很誠心誠意的對他說：「像是香港電力公司還有九龍巴士公司這種股票是絕對不會跨，總會有需求的。我不是要你把所有的錢都拿出來買股票。我們可以先買一點，然後看情形再說。」

他坐下來，看著地板，像是一個迷路的小孩。我抓著他雙手緊握的拳頭。「這樣好不好，我們先拿一萬塊出來，買這種安全的公司的股票。股票可以用我的名字。這樣就和你沒有關係。」

「我是不會在任何文件上簽名的！」他很兇的看我一眼。

「喔，不會，你不需要簽任何的文件。」

他又低頭看著地板，嘴裡喃喃地說：「好吧！」

我怕他看出來我心裡的高興，我回頭對著鏡子把頭髮綁好。他站起來走出房門。

「等一下，還有，」我從鏡子裡看著他的側面對他說，「有一天我經過一個新蓋公寓的銷售中心。這棟公寓的地點很好，就在彌敦道的旁邊。價錢也在我們的範圍之內。頭期款只要一萬塊，月付一千元。海倫說這是全香港最好的價錢了。」

「海倫，海倫，海倫，海倫做什麼妳都要跟著做。海倫的先生是醫生，賺得錢比我多多少？妳為什麼不嫁給一個醫生？」他氣到說話在喘氣。我把轉身面向他，他的手握著拳頭。有時候我真希望他乾脆就打過來好了。

「但是我們買得起的啊。你聽我說，學政。我們需要有一個自己的家。就算是小鳥都懂這個道理。你難道沒有看過麻雀啣著枝子嗎？牠就是要給自己的小鳥蓋個巢。一次一枝，慢慢的堆起來，牠們就可以住在牠們自己的家了。」

「少拿這種鬼話來騙我。我曉得妳。妳反正是妳朋友有什麼，妳也要有。妳不過就是要學她們而已。如果我們把錢全部都拿來買公寓，萬一家裡發生緊急事情需要錢的時候怎麼辦？如果共產黨來了怎麼辦？妳難道不長腦袋想這些事的嗎？如果妳的朋友都下地獄，妳也要跟她們去嗎？不行！我絕對不會在上面簽名。妳每次都要給我找麻煩。妳要送我去坐牢嗎？這就是妳在想的嗎？」

我氣到失去理智，我的手臂把化妝台上的瓶瓶罐罐掃到地上。紅色的指甲油撒在地板上。他又來這套，學政又害怕了。他老是認為有人要陷害他，所有不幸的事情都會發生在他身上。唯一對付這些壞運氣的方式就是躲在他的洞裡。他不管對人對自己都沒有信心。人們之所以能夠從納粹的集中營中存活下來就是因為他們對未來抱持希望，但是我的丈夫完全沒有。因為他的恐懼，我永遠也沒有辦法擁有我自己的家。

❖ ❖ ❖

因為沒有人可以幫我，我只能眼睜睜的看著我未來的基礎就這樣被斷送掉。我跟不上香港經濟的發展。所有我的朋友都招搖的走到我的前面，有些回頭看我，眼中充滿了同情。我可以忍受別人輕蔑，厭惡，甚至怨恨的眼光，但是最難接受的是同情。不過這也讓我更下定決心，我一定會成功。

錢雖然很重要，但是在我的價值觀裡，不是最重要的一環。子女的教育才是這個家庭真正的基礎。教育是唯一別人無法從你身上拿走的資產。不管發生了什麼事情，天災還是人禍，一個受過教育的人永遠可以為自己建立良好的生活。我的目標就是為我的子女們奠定這樣的基礎。

因為我在香港長大，所以我曉得那裡的學校競爭非常激烈。而且人口迅速地增加，只讓入學考試更為緊張。為了要能挑選優秀的學生，香港的學生要經過嚴格的篩選。小學時通過了六年級的會考後，可以進到初中，沒考上的就不能繼續唸。進到香港大學和中六合彩一樣難。小孩子要在小學二三年級就開始補習。我雖然不喜歡這種填鴨式的教育，但是我還是要幫助孩子們準備入學考。大學雖然好像是未來的一小點，還很遙遠。可是如果不及早開始，想要進大學就連門都沒有。

當我們全家第一次回到香港居住時，我幫孩子們在聖泰瑞莎教堂附設的學校註冊。那是一間很好的學校，但是並不是第一流的，而且只有到小學六年級而已。等孩子們大了一點的時候，我帶女兒們去見瑪莉諾的校長，兒子們去見華仁的校長。兩間都是天主教學校。瑪莉諾是美國教會開辦的學校，華仁是由耶穌會教士管理。兩間學校都以他們學生優秀的入學考試成績聞名。因為我們是天主教徒，所以有優先入學權。

我的女兒們在學校裡功課都不錯。蔓谷，我那個脾氣辛辣，不知讓我哭了多少次的老大，個性漸漸溫和起來，變成了一個人見人愛的女孩子。我們母女變成好朋友，常常談心，一起出去逛街。她在學校的功課中上，但是她最出色的是她在學校劇團的演出。她在「小飛俠」裡飾演「溫蒂」的角色。自此之後，同學們都叫她「溫蒂」。妹妹泰瑛的個性正好相反。她不喜歡出風頭，但是她非常安靜，有耐心，而且十分用功。我覺得她俱有成為醫生或是科學家的條件。錦綸那時還太小，看不出來。但是我已經可以感覺到她也很聰明。錦綸嘴巴很快，她可以聽了哥哥姊姊們講的話，馬上重複說出來。有我在引導她，我相信她也能夠在學校裡表現優良。

我的兩個男孩子就不同了。尤其是建業，他是最令我頭痛的孩子。他的體型長得非常壯碩，任何運動都能很快就學會，可是他的心智，唉，我有時甚至懷疑他是不是智商有問題。

當建業在小學四年級的時候，有一次我看到蔓谷和泰來在準備考試。建業拿個球在手上，正要下樓出去玩。我問他：「你明天沒有考試嗎？」「有啊！」他回答我。「哪一科？」我再問。他的眼睛用力的眨了好幾次，很努力的在想，但是似乎仍舊無法啟動他腦袋裡的馬達。然後回答我：「我不曉得，我沒有把考試科目寫下來。」

我不敢相信我聽到的話。他明天就要考試了，但是他不曉得要考什麼？我馬上衝到學校去找老師。好在她還沒走。我向她拿了考試科目時間的單子之後，到操場上去把建業拎回家。

「你明天考試要用中文。」我對著他喊。「你現在就給我回家。」

我不曉得他到底聽到我說的話沒有，因為如果聽到了，那他就是假裝沒聽到。他繼續踢著球跑，好像那是他人生唯一的目的。我正要不耐煩的對他大吼，卻驚訝地發現他身上的白色襯衫在他背後飛舞著，就像一雙翅膀一樣。一陣塵土在他腳下飛起。我的兒子飛起來了！球跟著他在身邊打轉。我發誓是有一根細線把球綁在他的腳踝上。不然他怎麼能踢著球在別人身邊左右穿梭？防守他的人跳起來卻擋不了他。如果不是因為他是我自己的孩子，我就會在場邊大聲叫好！但是他是我小孩，他學校的考試成績比他的足球得分重要。我抓著他滿是汗水的手臂把他拖回家去。

當建業六年級的時候，要參加全香港的會考，我請了三姑的一個姪女來做他的家教。我請她來教算術，建業最差的科目。她一個禮拜來給他補兩次，補了好幾個月。但是對於建業的進展她也只能告訴我：「看起來他腦袋還沒有開竅。」入學考試考完那天回來，我第一件事就是問他數學考得怎麼樣。他說：「我考卷寫完了。」我聽了很高興。心想請家教看起來對他是有幫助的，但是成績出來時，讓我大吃一驚。他拿了零分，鴨蛋，一個大鴨蛋，一分都沒有。我從來不曉得有人可以考零分的，只有我這個兒子有這種本領。這時我終於覺悟，想要建業繼續他的學業，我只能自己幫他，靠別人是不行的。

我請求華仁的神父們不要把建業踢出學校。神父看在他是從一個虔誠的天主教家庭出來的小孩，答應讓他重讀一年。每天晚上下班回家，我就坐在他旁邊，教他數學。但是我也得自己重新學習，因為我也這麼多年沒有碰這些東西了。我發現有些問題出得很狡猾，好像這些出試題的人故意在開這些可憐孩子的玩笑。譬如說（256×45＋36/6－29）×0，每個人看到後面乘以零，就曉得答案當然是零。可是不知道這個訣竅的孩子，就從第一個數字開始計算，一步一步的算到最後才得到0這個答案。寶貴的時間都浪費掉，別的題目也來不及寫了。

我向建業解釋，「建業，你這次一定要考上。不然你就連初中都進不去。我就只好送你出去工作了。你知道你這個年齡能找到什麼樣的工作嗎？『苦力』，你只能做一個『苦力』。不管刮風下雨，每天都要工作，還要搬很重的東西，一輩子都賺不了錢。你現在知道為什麼讀書學習是這麼重要了嗎？你懂嗎？」建業兩眼空洞地看著我。這就是他給我的回答。

有時候我氣到極點，會用難聽的話打擊他，希望他能證明給我看我是錯的。「我從來沒看過向你這麼笨的人。」我希望他聽了會哭，和我爭論，或是聽了之後更加努力。但是不管我怎麼做怎麼說，他也不過就是眨他的那雙小得像豆子的眼睛。

第二次會考的時候，我非常緊張，我在報紙上找他的名字。報紙上會登出所有應考人的排名和分數。從這份名單中，好的學校可以挑選名列前茅的學生。考不好排名在後面的學生，就沒有機會進到這些好學校。每一年都有幾個孩子因為考試成績不理想跳樓自殺。建業不會走這種極端，可是我可能會。我發抖的手比對著報上印出來的考生名單，一行行尋找建業的名字。我並沒有想要他進到最好的學校，有些媽媽祈禱她們的孩子能夠考進前一百名，但是我只要他能夠考過，所以他能繼續在華仁讀下去。當我看到建業的名字的時候，我突然開始耳鳴，他居然考過了！

泰來小的時候功課也落後。當他到香港的時候，我以為他在曼谷上了一年的學，可以進香港幼稚園的中班。但是老師面試他的時候發現他什麼都不曉得。一部分的原因是因為他只會說泰語，另一部分的原因是我算錯他的年齡，讓他早了一年上學。老師讓他回去降級唸小班。

在剛開始幾年的時候，泰來的成績都達不到平均標準。一班三十多個學生，他通常考個二十幾名。他三年級的時候，有一天回家，成績單的右上角寫了一個「1」字。我馬上的反應是：「一定是弄錯了。」我打電話給學校，老師告訴我沒錯，泰來是班上第一名。根據阿五從別的阿媽那裡聽來的消息說，原來一向考第一名的那個小孩，這次變成第二名，被他的母親痛打了一頓，這女人簡直瘋了。

不曉得為什麼，泰來那次突然開始想要唸書了。他以前從來不在乎，但是他現在嚐過考到全班第一名的滋味，他知道一切都值得。從此之後，他總是努力用功保持刀子的銳利。他把所有的東西都背起來，連算術的答案他都背。譬如說他算出來 16 × 32 = 512，他會記住這個問題，以後考試一看到這題，他不用算就寫512。泰來就是這樣的小孩。當他決定要做一件事的時候，他會有一股非做不可的衝勁。

❖ ❖ ❖

我同時也把我的時間專注在孩子們的健康上。從我自己痛苦的經驗，我學到沒有健康的身體，什麼都沒有了。所以當他們任何一個人生病的時候，我一定找最好的醫生，大部分時候我都找我港大的同學校友。

當泰瑛七歲的時候，她得了一種病，不停的咳嗽。那時我們的家庭醫生是鄧醫生，堂妹海倫的先生。小孩子們都怕他怕得要命，因為不管他們生什麼病，他的治療方式都是在屁股上打一針。他的針筒又比別的醫生都要來的大。他又有一個折磨人的習慣，就是讓他們等。他會先用一個棉花棒在屁股上面要打針的地方消毒。然後他就用手在酒精擦過的地方搧搧乾。等乾了之後，他就會拿起那個大針筒，用他發抖的手指拍拍針管，檢查裡面的藥水。當醫生在做這些準備的時候，可憐的病人一直等著，不知道針什麼時候要打下來。我的孩子一聽到鄧醫生就大哭。起初我不願意換醫生，怕海倫不高興，但是我考慮之後，我決定還是我的孩子比較重要。

霍彼得，也就是和我一路從重慶到成都的男同學中的其中一個，他是一個內科醫生。我帶著泰瑛去看他，「你得把她給治好，不然我就再也不理你了。」「妳真不講理！」他說。「那時候我保護妳不被日本人欺負，妳現在是這樣報答我的嗎？」

他那天給泰瑛一連串的測試。她很勇敢，護士的針刺在她手指頭上抽血的時候，她哼都沒有哼一聲。彼得說她得了「百日咳」，他開了兩瓶看很可怕的藥水讓我帶回去，一瓶粉紅色，一瓶天藍色，一天三次。因為我在上班，沒有辦法在家裡看著泰瑛每天在固定的時間吃藥。阿五又要忙著照顧錦綸。我看了家裡的開支，很快的算了一下，我應該可以為泰瑛再僱一個保姆。三姑介紹一個她的親戚給我，這個親戚以前是護士，我們在逃難時到澳門時，就是她的父母收容我們。我想我記得她，但是當我看到她的時候，我一點都認不出來了。她從我上次看到她後，至少胖了四十公斤。因為她是三姑的親戚，不是一般的傭人，我告訴泰瑛要稱呼她「阿姨」，泰瑛看了她一眼就叫她「肥姨」。

除了彼得開的藥之外，我也要泰瑛的保姆給她補身體，增加她的抵抗力。「肥姨」每個禮拜好幾次要去買燕窩，放在雞湯裡面燉，然後餵泰瑛喝。晚上的時候，我用油和薑拌合在一起擦在她的胸口。薑所產生的熱，讓她睡覺時不會一直咳嗽。這是我母親告訴我的祖傳方法。

幾個禮拜下來，她還是不停的咳。終於，我決定要再去找另外一個醫生。他是小兒科的專科醫生，他在英國學醫實習，並且娶了一個英國太太。我和他沒有私交，但是我們都是港大同期的同學。他也是替泰瑛做了一串的的檢驗，給了一大堆的藥。我不曉得是他的配方有效呢，還是泰瑛咳了一百天咳完了，泰瑛的病就這樣好了。

建業也生了一次大病。他十三歲的時候第一次氣喘，為了要能夠就近觀察他，我把他移到我的床上。半夜的時候，他氣喘的聲音大到整個床都在晃。我帶他到彼得那裡去，要他一定要治好他。彼得給他一天打一針，一直到他不喘為止。在建業接受治療的這段時間，他自己發現他的胸部好像有個東西凸出來。我擔心是腫瘤，把這個情況告訴醫生。彼得叫我不用擔心，他說這是因為他正值青春期，所以有胸部腫大的現象，不是只有女孩子才會長胸部，男孩子的胸部也有同樣會發育。然後他拿出一本醫學書籍，講解給我聽。一頁頁各式各樣的乳頭和乳腺，我實在不敢看，但是我又非得看不可，因為醫生不過是在解釋我的問題給我聽。對他而言，不過就是醫學的一部分，但是對我而言，那是我這輩子最尷尬的一次。

我的小女兒錦綸，從小就對不同的東西過敏。她的皮膚特別敏感，很容易長疹子。醫生推薦各式乳液和粉，好像是有點幫助。我也做了一雙棉質的手套綁在她的手上，讓她不會把自己抓傷。

因為她的過敏性體質，錦綸是一個很容易哭鬧的嬰兒。我們因為曉得她的不舒服，都對她特別忍讓。當她累的時候，她會說：「我要睡覺了。」阿五就會把她抱到小床上去睡覺。但是她的頭一碰到床就開始哭著說：「我不要睡覺！」阿五就把她又抱起來。就這樣來來回回，她把阿五弄得團團轉。

當母親來看我們的時候，錦綸像平常一樣發脾氣。「我要去睡覺了！」「我不要睡覺！」母親從來不允許她自己的孩子這樣胡鬧，她把報紙捲起來，然後點了火。我試著解釋錦綸的過敏情形給她聽，但是她瞪我一眼，我只好閉嘴。她走向正在哭鬧的錦綸，拿著報紙做成的火把，靠近錦綸的光著的腳底對她說：「如果妳還要再鬧的話，我就要燒妳的腳。」錦綸嚇得不敢動，她的眼淚也沒有了。

我多麼希望這幾個孩子快快長大，但是等他們長大離家後，我又多希望他們都能回到以前小時候一樣。

住在香港就如像是住在一個災難隨時會發生的地區。我們就如同那些住在火山腳下，或是住在岸邊常遭受河水氾濫邊的人家一樣，每天都要有警戒心。我們面對的風險很大，但是我們拿到的好處更大，這些好處就是吸引這麼多人搬到香港來的主要原因，大家都希望在災難之間大撈一票。

三

我們面對的威脅是我們的歷史。香港，之所以成為今天的香港，是經過一段歷史的演變。這是一個「咬三口」的過程，也就是英國把中國這塊肥肉，咬了一口又一口，一直到他們滿意為止。第一口是咬在香港島，英國在一八四二年，第一次鴉片戰爭打敗了中國海軍，併吞了香港島。第二口是九龍半島還有石匠島，那是在一八六〇年第二次鴉片戰爭之後。第三口是一八九八年咬下新界，這次不是一小口，而是把中國大陸都咬掉一大塊。英國宣稱他們這麼做是為了防衛的目的，強迫中國把九龍以北的地區租給他們。這個租約要九十九年，一直到一九九七年才結束。當新界回歸中國的時候，香港和九龍也要一併還給中國。這三個地區形成了一個三角關係，像是一張椅子的三隻腿，少了任何一隻就會讓整張椅子垮下來。

一九九七年還有三十年才會到，但是對於我們這些住在香港的人，一九九七年就像是明天一樣。政治是一個無法預測的火山。共產黨控制下逐漸高漲的壓力，隨時隨地都會爆發出來。

1957年，學政和Flora在香港的夜總會跳舞。

我們雖然心中還有小小的幻想，認為英國政府會在必要的時候救我們。但是我們的希望其實是在我們自己的手中：我們不能辜負我們香港人不屈不撓的名聲，沒有任何人可以把我們打倒！

但是在同時，我們努力的工作，也盡情的享受現在。我們要求我們的孩子能夠擴展他們的能力，所以當災難來臨時，他們才不會不知所措。我們每分每秒，不停的努力工作。等到一有時間休息，就製造一些噪音和興奮，忘記那些在前面等待我們的動亂。餐廳、戲院、市場，還有海邊，到處都是忙碌的人群。我們要擠在一起才能有安全感，聊天，大笑，把收音機的音量調到最大。禮拜六的晚上，整棟樓都是麻將聲。翻著那一個個的小方塊，把我們的煩惱也翻走了。在災難到來之前的生活，是非常美好的。

八年的太平時光就這樣風平浪靜的過了。我在喇沙利道的家是我最美好的家，我的子女們在那裡生根茁壯，充滿了快樂和安全感。他們的笑聲迴盪在公寓裡，摻進幾滴偶爾的淚水。我那位先生學政，除了他的壞脾氣之外，至少能夠帶給我們這個家穩定的收入。在同一個公司工作了八年，創了他自己的紀錄。他以前總是和老闆吵架就不做了，在東南亞貿易，他就是老闆。

在第九年的時候，炳叔開始蠢蠢欲動，想要有些改變。他天生就有創業家的血液，喜歡冒險和嘗試。米糧的買賣對他而言過於平淡，他想要把觸角伸到貨運上面。學政聽到這個主意，他擔心得昏倒了。我聽到他在廁所裡大叫，我衝進去看到他異常的痛苦，我趕緊打電話給救護車，他們來了之後把他抬上一個擔架。孩子們站在一旁，哭著問說爸爸是不是死了。送到醫院後，醫生說他有胃出血。當他在家修養的時候，炳叔來香港管公司。他一下飛機就告訴我，「學政不會有事的。我已經決定不做貨運這一行。」

學政慢慢康復，炳叔返回泰國。我以為日子又可以恢復正常，但是炳叔一通急電讓我瞭解往後的路要開始顛簸。他要學政把這批剛才運到香港的米，拍賣所得款項先匯回泰國，問題是這批米尚未開賣，所以香港公司也還沒有拿到錢。這是一個不尋常的要求，因為還有幾天這些米才會競價拍賣，然後經銷商們才會付錢。學政認為他應該聽從炳叔的指示，可是因為還沒有收到款項，他只好先把公司的儲備金拿出來用。剛開始時，他並不覺得有什麼不對，因為過幾天拍賣了後，就可以進帳，把儲備金補齊。但是當米一賣了之後，炳叔又要他再寄錢回去。這不是只有一兩次，而是常常如此。因為如此，每次米的船到了香港後，學政要給泰國總公司兩次的錢。學政又開始擔心，不停的吃胃藥。

我不敢問炳叔為什麼突然這樣做。但是我觀察他的來去行蹤，發現有些不對勁。炳叔好像有些躁動不安，當男人想要沒事找事做的時候，他們如果不是把精力和野心放在事業上面，那就會開始走岔。他一向喜歡女人，這幾年來，他被這些女人迷得團團轉。有一次他來香港，居然帶了一個應召女郎來住在我家。她是一個上海人，還蠻漂亮的，有一頭又濃黑又長的頭髮。她穿著非常時髦的旗袍，手上戴著鑽戒，我看炳叔一定把公司的保險箱都送給她了。阿五清完他們的房間出來，噁心的不停搖頭。他們兩個把房間裡的兩張單人床併在一起變成一張雙人床，床單和被子弄成一團。花了阿五好一會兒把這裡整理好，她這一輩子，從來沒有親眼目睹過這麼可恥的事。雖然看到阿五氣成這樣我覺得很好笑，但是其實我也很生氣炳叔帶了一個這種女人住到我家裡來。

這一次學政的擔心是對的。東南亞貿易公司果然開始收支不平衡，要靠香港分公司來補足他們的虧損。學政非常緊張，就像以往一樣，當太陽太熱不舒服的時候，他又跑去找他父親給他庇蔭。

自從爸爸到了蔣介石那裡後，他做得很成功。在經歷了幾個不同的政府職位後，他已經被擢昇為行政院副院長，以他非國民黨籍的身分而言，這已經是他所能做到最高的職位了。如同以前，他有很多忠心耿耿的跟隨者。其中一個是一位非常有錢的生意人，他把爸爸捧得好像他是國寶一樣。這個人正準備建造一個磨麵粉的廠，當他聽到學政考慮要搬到台灣，他說他可以安排學政到這個新公司做一個管理階層的職位。整個廠都已經完成了，只要政府一核准就可以開工，他覺得一切都沒有問題。當然他認為沒有什麼問題，因為只要行政院副院長的兒子一上任到董事會，政府明天就會給他執照開工。

我和學政爭執了三個月。我們現在在香港過著很舒服的日子，小孩也在這裡適應下來，進到最好的學校，連建業的功課也上了我給他鋪好的軌道。就算東南亞貿易要關門，也有別的方法可想，不一定要我們全家都搬離香港。學政和我都是受過教育，有工作經驗的人，我們也已經有一些自己建立的經濟基礎。其他條件沒有我們好的人都可以過的下去，自己找到事情，為什麼我們不可以？

我最反對的就是關於孩子們的教育。他們在香港上教會學校，幾乎都是以英文授課，而台灣完全是中文教育，講的是普通話，我的小孩子們在香港長大，說的都是廣東話。他們到了台灣怎麼適應？我最頭痛的就是建業，他十五歲要十六歲，到了台灣後沒幾年他就要去當兵了。我聽說台灣有錢人家的小孩都到國外去唸書，躲避兵役。但是我們卻把小孩送回去，這不是羊入虎口嗎？

但是沒有事情可以阻止學政的決心。他獨自飛回台灣，同時也把辭呈寄給炳叔。我仍然照常每天到東南亞貿易上班。如果必要，我們就分開成兩個家，我們也不是第一對這麼做的夫妻。之後爸爸寄了一封信來，這是第一次他寫信給我，不是學政。他美麗的開頭寫著祖國的繁榮，還有回到她的擁抱後我們所能享受的優勢，我對他說的這些話都無動於衷。但是當他提到我對學政的忠心時，感動了我。他的洞察力一針見血：學政如果沒有我的扶持，他會毀了他自己。爸爸不需要說別的來說服我。自從我嫁給這個人，我就像是他的私人救火隊。他點火，我滅火。他再點，我再滅。我這次如果不去幫他，他鐵定會把自己燒傷。我這十六年來的努力就會毀於旦夕。

這是我面對過最困難的決定。要在我的先生和兒子中間做選擇，如果我搬到台灣，我可以救了一個，但是就會毀了另一個。有好幾天，我過著左右為難，不知如何是好的日子。一直到有一天，我和朋友吃午飯，他們給了我一個建議。黃醫生是一個非常好客，見識很廣的人，我從在成都的時候就認識他了。「妳可以帶其他四個孩子過去，把建業留在香港。」他說。「他可以留在我家，我有三個女兒，年紀相仿，他們可以互相作伴。」他的太太點頭，她嬌小，圓圓的臉龐散發著善良和容忍的光采。我認識她這麼多年，從來沒看過她皺過眉頭。

我回家想了想。建業馬上就要進到中學第四年，再一年就是會考，如果他能過這關，他就能參加大學的考試。這對他而言是非常重要的時候，我花費了這麼多的心血帶他走到這個階段。我絕不可能讓任何人在這個時候打亂他的教育。我百般思索，每次一想到我要把孩子一個人放在香港，我的眼淚就忍不住流出來。但是我終於接受了黃醫生的提議。我唯一能夠安慰自己的是，我把建業留在一個我放心的人家裡。那時是一九六三年的夏天，我心情沉重的離開建業，帶著其他四個孩子飛到台灣。

第十卷
遠赴重洋

一

爸爸，學政，還有一群沒有穿制服的工作人員在停機坪上等候我們。我從飛機上走下來對大家揮手，好像是國家元首到國外訪問一樣。在我們互相鞠躬，客氣的打過招呼後，空服員帶我們進到貴賓室。我坐下來享用點心，讓工作人員幫我們拿行李，辦理通關。在香港默默無聞地住了這麼多年，我已經忘記了做官的排場。這種特殊待遇像是鴉片煙一樣，在那一瞬間讓你飄飄然，但是長久下來，對健康不好。

爸爸筆直地坐在椅子裡，他對我說：「我很高興妳回來，是該帶孩子們重回祖國懷抱的時候。香港的學校很好，但是他們不教導小孩子愛自己的國家。從現在開始，他們要學習做一個真正的中國人。」

我服從地點頭，可是心裡卻是老大不高興。我雖然生在香港，長在香港，但是我一直認為自己是中國人。不是要住在中國才是中國人，最重要的是心裡對中國的那份感情。

我往學政那兒看過去。他臉上掛著一抹得意的微笑，那是我從離開南京和上海後就沒在他臉上看過的那種笑意。他才離開香港兩個月而已，可是我已經可以看出來他改變了很多。他不再侷促不安像隻受驚的公雞。學政安然地坐在爸爸的旁邊，他的臉借了爸爸的光而發亮。

爸爸把注意力轉移到孩子們身上。他一一地問他們學校裡的功課如何，我很驕傲地看著他們的對話，我的孩子們在學校都是名列前茅。爸爸的小眼睛炯炯有神，他從來不隱藏他的喜惡。我已經聽到他在告訴大家我的這幾個孩子是他最聰明的孫子孫女們，而我是他最好的媳婦。他不停的讚美我們，其他的親戚們對我們嫉妒得不得了。我發現我的臉上也有一抹得意的微笑，我也已經陷入爸爸的天羅地網了。

他用他洪鐘般的聲音說：「我現在清楚你們每一個人了。」他對著孩子們，用他取的中文名字稱呼他們。依年齡順序指著每一個孩子說：「蔓谷的語言方面很有天份，泰來喜歡數學，泰瑛每一個科目都喜歡，錦綸除了下課，什麼都不喜歡。哈哈哈！」他的大肚子因為大笑而上下震動。他那天穿了一套深藍色的西裝，看起來和他穿傳統的中式長袍一樣的自若。

儘管他有他的缺點，我還是非常的敬佩我的公公。他那時已經七十五歲了，但是他的精神和我第一次見面時沒什麼差別。他仍是行政院的副院長，閒暇時也還在寫作教書。他的聲音也還是像以前一樣中氣十足，笑聲有如大炮一樣，大老遠在街上都可以聽到。他說他一顆牙都沒有掉，我絕對相信他，因為如果是假牙的話，不會這麼黃。他還說他從來沒看過醫生，我一點也不會懷疑，因為他非常的自負，他認為生病就表示懦弱，他絕對不會在任何人面前承認的。

說實話，爸爸真的是一個非常不尋常的人。他就像是太陽，而我們則是圍繞在他旁邊的那些行星。我和學政結婚以來，我一直想要逃離他控制的軌道，誰曉得我現在又回到了他的影響範圍之內。當他步出機場外面時，一窩蜂的人湧向他，繞在他身邊，有些跑在前面幫他開門，有些往後讓開，向他鞠躬敬禮，我被這些人弄得團團轉。然後被送進一輛車子裡。

從機場出來的這段路，讓我更加確定我以前對台北的印象。我以前來過台北，總覺得台北和香港比起來是個窮鄉僻壤的地方。安靜的街道，路上的三輪車比轎車要來的多。這裡的建築物沒有特色，灰暗的顏色好像是土做的防空洞。大張的海報高高的掛著，提醒這裡的人民反攻大陸的神聖使命。在失去了大陸這麼多年之後，國民黨仍舊認為他們才是中國真正的合法政府。政府用戰爭和犧牲來控制這裡的人心，而不是和平和富裕。以前我來台灣的時候，是以外來者好奇的心態來看這裡的風景，現在我用一個這裡居民的眼光來看，這個國家不但古板，和我所熟悉的香港完全不一樣，感覺有點落後。

在爸爸家短暫停留之後，司機開我們到新家去。學政租的這個房子是在一個安靜的區域裡，是間非常典型的日式木造房子。我以前來過台灣，所以我大概曉得這種房子是什麼樣子。孩子們看到門口鞋櫃上一排的塑膠拖鞋，不曉得該怎麼辦。我告訴他們就假裝是在日本餐廳，要脫鞋子，然後找一雙合腳的拖鞋穿上。

我穿著比我的腳要大很多的拖鞋在家裡拖來拖去。學政僱了一個鄉下女孩子來煮飯和打掃，還有一個退伍的士兵踩著黃包車帶我們到處走。學政說暫時我們得先湊合著用黃包車。麵粉廠現在只付他非常少的薪水，但是等到整個廠一個月左右後開始作業後，他就會拿到他該拿的薪資。

他接著帶我們參觀整棟房子。我們跟著他走，聽他解釋著和式拉門，還有其中一個房間地板上的榻榻米，後面的院子，可以讓我們養一隻狗。孩子們聽到可以養狗，就開始輕鬆起來，自在的討論起來他們要睡哪一個房間。我看到他們高興，我也很高興。但是不知為什麼，我總覺得心上有塊大石頭，好像有件事困擾著我。

沒多久，孩子們已經做好了他們的決定，三個女孩子要住兩個房間，泰來自己住一間，那建業呢？我在說出口之前把話吞了回去，跑回房間裡。

學政跟著我後面進來。「妳不喜歡這個房子嗎？」他問我。
「不是房子的問題，我只是想到了建業。家裡少了一個孩子就不完整了。」
學政的臉上流露出痛苦的表情。他眼睛用力的緊閉著，當他把眼睛再睜開時，裡面充滿了淚水。他知道這全是他的錯。
那晚，我在這張陌生的床上睡睡醒醒。每次一睜開眼睛，我就以為我又回到香港喇沙利道上的家。但是我一看到旁邊不一樣的家具，我心中的難過就排山倒海而來。我把頭埋在枕頭裡大哭。這不是惡夢而已，我真的放棄了我所珍愛的每一樣東西，搬來這個我不熟悉的地方。
第二天早上，我強迫我自己起床。不管喜不喜歡，還要好多事要做。學校還有一個月就要開學了，我的小孩連一句國語都不會說。學政給我一個教國語的老師的名字。我打電話給她，用我非常不熟練的國語請她第二天就來給我的小孩上課。
幫孩子們註冊也是我馬上該做的事。我以為爸爸會介紹他們進一所好學校，但是當我問他時，他卻轉身不看我，對我說：「每一個人都要憑他們自己的本事。」我對他說的話很不高興。如果不是他的堅持，我不會帶著一家大小搬來台北。我不是要他幫忙走捷徑，只希望他能夠給我一些指引。但是我也瞭解他為什麼對這件事情那麼敏感。他的政治生涯，遭受過很大的波折。多年前，他的政敵把金圓政策的失敗，導致國家被共產黨竊據的責任完全怪罪於他身上。一直到今天，某些國民黨的黨員仍然對於蔣介石重用一個無黨無派的人非常不滿，他們會找藉口指控他。我明白他的難言之隱，我可以不去介意他的冷淡。但是學政可對自己的父親沒有那麼容忍，我又再一次的要在這對父子中間做好人。

在我自己打聽之後，我發現政府有許多吸引華僑回到祖國的獎勵。其中之一就是讓他們能夠進到最好的公立學校，泰來那時十四歲，泰瑛十三歲，都可以進到最好的初中。錦綸那時七歲，也進了一個非常好的小學。蔓谷進到了最好的台灣大學。原來只要你是華僑，就可以進到一所公立大學，不需要看考試成績，這連爸爸都不曉得。

下一步就是準備他們開學。除了制服之外，所有高中，初中生的頭髮都有非常嚴格的規定。男孩子要把頭髮剔得像是軍隊裡的平頭。女孩子則要把頭髮剪到耳上一公分。別人告訴我老師們是用尺來量的。如果不合格就要被處罰。我帶泰瑛到美容院，她坐在椅子上，我看著她如緞帶一樣的秀髮就這樣被一刀剪下去，脖子上的髮根還被剔得青青的。等她剪好轉身過來給我看的時候，我簡直不敢相信我的眼睛，她看起來像是個囚犯。我可以想像整個學校像是一個監獄，滿滿一群頭髮剪得又醜又短的女孩子，像是受刑人一樣在裡面走來走去。不管是誰想到要規定成這樣的，根本就是要故意去打擊孩子的自尊。我本來就不願意來到台灣，現在我看著泰瑛眼睛裡那一層淚水，我原本的疑慮現在更是變成了強烈的反感。

我擔心這裡的學校不曉得會是什麼樣子。泰來和泰瑛開學後，每天都是又長又慘。早上天還沒亮，我就看著他們出門。雖然第一節課九點才開始，但是學生要在兩個小時之前到校做打掃的工作。他們要擦桌子，拖地，還有清洗長滿蟲子的公廁。八點鐘，他們到操場集合，開始踏步，唱愛國歌曲，聽反攻大陸的演講，這是蔣介石自己的白日夢，但是卻要給這群孩子們洗腦。

一天十個鐘頭下來，泰來和泰瑛回家後匆忙的吃完晚飯，家教馬上就要來給他們補習。我請了一位非常優秀的臺大學生來給他們上課。看到他們這麼辛苦，我真是心疼，但是他們需要一些額外的幫助才能趕得上這裡學校的進度。這裡學校的中文程度，比他們以前的學校要高得多。台灣的學校是以中文教學，如果中文不好，每一科都會有問題。

錦綸是最輕鬆的，因為她只有二年級而已。開學一個月後，我看到她拿著一把尺打自己的手心。剛開始的時候，只是輕輕的拍一下，但是後來越拍越重，越打越用力。當我看到她把尺舉得高過她的頭，然後「嗶」一聲的打下來，我看有點覺得不對勁。

「妳在做什麼？」我對著她大聲地問。

她一副無所謂的樣子看著我。

「我要把我的手打麻掉，所以老師打我的時候，我就不會痛。」

「老師為什麼打妳？妳考全班第八名。妳每一科都考得很好啊。」錦綸是一個很聰明的孩子，任何東西都一學就會。她很輕鬆的就適應了新學校。

「我數學考九十五分，老師打我五下。」

「妳一百分裡錯了五分，老是要處罰妳？班上有人沒有被打嗎？」錦綸用國語說了一個人的名字，這是全班四十多個人裡面唯一沒有被打的。她又說，「我們都把手伸出來像這樣。」她打開她的手心，還留著剛剛被自己打得紅紅的印子。「然後老師拿著一根大藤條，一排排的走過去，然後……」嘩，嘩，嘩，錦綸打在自己手心上給我看。我趕緊把尺從她手裡拿走沒收。

我回到臥室裡，氣得不得了。我一定要去找校長。行政院副院長一定要插手管這件事。但是我心裡曉得，抱怨沒用。爸爸一定會說：「這是對妳女兒好。老師是鼓勵她凡事要做到完美。這就是為什麼台灣的水準是全世界最高的。」

上次我抱怨泰來要清理學校廁所，爸爸的回答是：「妳曉得蔣總統視察軍隊的時候做什麼嗎？第一件事，他就是要看廁所。他進去後，袖子捲起來……」爸爸學他的樣子。「然後他把他的手伸進馬桶裡，在裡面摸一圈。如果他的手指拿出來之後是乾淨的，他會說，好！不然他就會命令士兵跪著再刷。」爸爸不需要再多說。他的意思很清楚：如果這個國家的總統願意把手弄髒，妳有什麼權利抱怨？從他的眼裡我也可以很清楚的看到，我已經不再是他最喜歡的媳婦了。

蔓谷面對相反的問題。她的日子太舒服了，她擔心自己的中文不好，唸任何科系都會有問題，所以選擇了英文作為她的主修。結果變成一個大笑話。她從幼稚園開始就唸英文，但是台灣本地的學生只有學過幾年的初級英文。從幼稚園開始，她的老師不是英國人，就是美國人，她小學時最好的朋友就是英國人，後來搬回了英國。蔓谷的英文流利的程度到如果妳在電話另外一頭和她講電話，你會以為是在和一個英國人說話，你絕對猜不到居然是一個中國女孩子在說話。她比班上的同學程度都高太多了，但是當她參加英語演講比賽時，她只拿到第二名。我坐在下面，聽到很多人說他們認為蔓谷應該是第一名。當然，評審是不公正的。拿到第一名的女孩子，是一個台灣學生，台灣長大，說著一口大家都聽得懂的台灣腔調英文。

大家都認為蔓谷好像也適應得不錯，功課也好，也交了很多朋友。她的同學們都很喜歡她，尤其幾個對她有興趣的男同學。但是每次我看到我這個大女兒，跳進跳出家裡，我就無法不搖頭嘆氣。她的教育現在走到一個死胡同裡。台灣的英文環境沒有香港好，她的英文已經開始退步。

我為孩子們搖搖欲墜的未來擔心到生病。我常常躺在床上咳嗽，瀉肚子。一種莫名的感覺讓我全身不對勁。我可以一下子很舒服的在床上睡著，但是下一分鐘，我又會熱到把所有的被子都拿掉。沒一會兒後，我又冷得發抖。我常常整晚就這樣的反反覆覆，我以為我要瘋了。然後我突然兩個月月事沒有來。如果不可能是懷孕，那一定是我到了更年期。我沒有告訴任何人。因為月事，生孩子，和更年期都是不能討論的話題。女人就只能靜悄悄地度過人生這關。

1963年聖誕節所攝。在學政的堅持下，Flora勉強帶著四個孩子搬到台灣。把老二建業留在香港繼續完成中學。這張照片是當時建業在放假時飛到台灣和家人團聚時的合影。
從左到右（後排）：蔓谷，建業，泰瑛（作者），泰來，前面是老五錦綸。

為了讓我自己不再陷於這樣的低潮，我加入了國際女子俱樂部，是由許多不同國籍的女性所組成的。我們一起上烹飪課，每一家輪流請客練習我們學來的廚藝。我從來不喜歡煮飯，但是總比我一個人躲在家裡哭來的好。我在這裡度日如年，除了擔心孩子們的前途，還要煩惱家裡的開銷。我來台灣前，賣了十萬塊的股票。對於當時的情形而言，是足足有餘。學政原本只要一個月就可以領到全額的薪水。但是一個月變成兩個月，兩個月變成三個月。每一次我問他這個麵粉廠的事，他就說政府還要另外的文件，只是一個「程序」，他心情不好時還會對我兇回來，我也不想再多問了。

十二月的時候。我強迫自己把煩心的事放在一邊，把聖誕節的裝飾品拿出來。家裡三輪車的老兵帶我到花圃去買了一棵聖誕樹。我小心翼翼的挑選了一棵葉子最茂密，像金字塔形狀的樹。因為建業要來台北，今年的聖誕節將會非常特別。

我這個大兒子看起來瘦了一點，眼窩更深了，他成績單上的成績似乎不進反退。我沒有說他，因為我們相聚的時間太短。他最喜歡吃雞肉，我要煮一些他喜歡吃的菜，還要花點時間問問他在黃醫生家的生活情形。建業告訴我他和黃醫生的女兒處得很好，我每個月寄給他的錢也夠用。但是他越是向我保證，我越擔心。黃醫生的三個女兒的年紀都和建業很接近。當你有一個十幾歲的男孩子和三個十幾歲的女孩子住在一起，很難不會有麻煩事。我送給他的錢不只是夠用而已，當他告訴我他沒有剩餘錢可以存起來，我就知道他又在朋友身上大方了。我曉得我這個兒子，花錢請朋友吃飯可以減輕口袋裡的負擔。我是不是給他太多太過寵他？但是我不要他因為沒錢買東西而難過。

兩個禮拜一下就過了，我們又要分開一段很長的時間。一個十六歲的孩子自己一個人留在外地，還是太小了，不過我也沒有更好的方法。他要回香港的前一個晚上，我把我們家的人都叫來聚在一起。我們跪在聖母面前一起拿著念珠禱告，我誠心的希望聖母瑪利亞能夠幫我保守我的兒子。學政不是一個虔誠的教徒，每個禮拜天，我得拖著他去教堂，但是他現在也閉起眼睛和我們一起熱切的禱告。毫無疑問，他一定是在禱告麵粉工廠趕快通過檢驗開始啟用。

建業在假期結束返回香港之前，向爺爺王雲五告別。這張照片是在王雲五家前面所攝。

❖ ❖ ❖

舊曆年到了又過，可是台北又溼又冷的冬天卻賴著不走。我可以忍受低溫，但是雨不停的敲打著我們的屋頂，讓我整個人感覺打骨子裡又溼又霉。每一樣東西都開始腐爛，我們日式房子裡的木頭，我的生命，我的家庭，我的存款。我甚至都不敢看我們的銀行存摺。

那時我已經開始瞭解麵粉廠到底是怎麼回事。爸爸在拿到申請書的第一天就可以簽名讓這個廠開始運作。但是他沒有，因為他擔心會給政敵留下話柄，於是爸爸把這件事情推給嚴家淦院長，不過嚴院長也不願意介入這件事。如果他給了綠燈，讓這個廠啟用，整個麵粉界都會對他不滿。因為台灣當時已經有夠多麵粉廠了，為什麼還要再多准許一家來競爭？另一方面，嚴院長也不好完全回絕麵粉廠的申請，因為他知道副院長的兒子是這家廠的經理。他必須要找到一個方式安撫每一個人，所以他就把申請書擺著不碰。因此這個申請就在政府的藉口中一再拖延。

好幾個無眠的夜晚，我仔細的盤算現在的情況。我可以繼續等，但是我怕等到想要回頭的時候已經來不及。孩子們已經離開香港的學校將近一年。我如果再等下去，他們將很難回頭適應香港的制度。我如果再等久一點，我就更沒有辦法挽救建業的學業。他寄給我的成績單讓我吃了一驚。我曉得他這次一定又會被留級，沒有我在旁邊盯著，加上黃醫生家的三個漂亮女兒，這麼多讓他分心的事，他更是無法專心讀書。而且如果再這樣耗下去，我的存款就會見底，如此一來，我就不能再回到香港重新發展。一想到要在這個我無法忍受的地方過一輩子，我整個人就掉入又冷又深的絕望。不行，我不能這樣繼續下去。我必須要用我自己的方式來改變現狀，我已經下定決心，我要和孩子們搬回香港。

問題是我如何去告訴學政？單刀直入只會讓他潛伏的那隻瘋狗脾氣跑出來。如果我讓他發火到那種程度，那是要見血的，我們兩個總有一個要送到醫院去。這樣的吵法不會對事情有任何幫助，我必須要動腦想出其他的方法。

一天晚上，在孩子們都睡了之後，學政把臥房門鎖起來，我問他：「麵粉廠有消息了嗎？」

他全身開始緊繃，手指在那裡抽搐，「爸爸說這幾天就會核准了。」他的聲音講到後面就變得很小聲。我故意不說話，讓他的空口白話在房間中迴盪。等到他不能再忍受這樣的靜默時，他開始喃喃的自言自語：「我明天會過去……看看他怎麼說。」

「你可以再對著爸爸大吵，可是你想那會對事情有幫助嗎？」

學政狠狠的瞪了我一眼，很不高興，但也很驚訝我知道他對爸爸的吼叫。他以為門關著我就聽不見了嗎？我早就可以告訴他別浪費力氣。爸爸只在乎他自己的清譽。他為了要保護自己的名譽，可以犧牲任何事情，任何人。

「我們已經來這裡六個月了，如果麵粉廠再幾個月就會核准，那好，我們就好好的住在台灣。但是如果要再等下去，那我們乾脆牽著小孩子的手一塊兒跳樓好了。」我盡可能的描述這個令人心寒畫面，全家破產，我們的小孩要出去打雜工維生，他們從此沒有未來。和學政睡在一起這麼多年，我怎麼會不曉得他做什麼樣的噩夢？他整個人軟下來坐在床邊，淚珠在他的眼眶裡。打鐵要趁熱！

「你看這樣好不好？我回香港去找找看有沒有什麼別的機會。我們不能在這裡等到房子著火。我被燒死無所謂，但是我不能看到孩子們也跟著我一起在火海裡掙扎……」

「妳要怎麼樣就怎樣吧！」他說了之後就離開房間。他又要花大半個晚上在走廊裡來回踱步。

我回到床上睡覺，自從到了台灣來，這是頭一次我的心情感到平靜。明天我要叫三輪車師傅帶我到中華航空去一趟。

❖ ❖ ❖

四月的時候，我一個人飛到香港。我一下飛機就打給瑪麗諾和華仁的兩個校長。他們看了我幾個孩子的成績，馬上答應了他們轉回來，不需要補課重讀。

之後我就開始去找工作。我不可能再回到東南亞貿易。炳叔已經破產，他的公司也和其他的進口商合併。新的老闆讓所有的老員工都繼續留下來。如果學政那時沒走的話，也許會還有一份工作。

我唯一還能找的事就是教書。我的老師朋友們都非常熱心的幫我。其中一個機會是在一所小學，月薪只有六百元。那連付租金都不夠。教中學的薪水比較高。我想到「新法」，就是那個我以前教一群十三歲學生們英文的學校。唯一的問題就是，我走的時候，校長對我很不高興。如同中國人說的：「好馬不吃回頭草。」我還能再回去找他嗎？

但是我把我的面子放一邊，還是去見了「新法」的校長。他那雙老鼠眼緊盯著我看，一副輕蔑的態度。我已經不在乎，這麼多年來命運的巴掌已經把我的臉皮都打厚了。為了向他保證我的承諾，我把我現在的狀況毫不保留地告訴他。以前，我只是一介家庭主婦，出來找一個工作補貼家用；現在我需要這個工作養家。如果他願意僱用我的話，我會留在這裡，讓他的投資有滿意的回報。

他讓我不停地講，我希望我沒有越講越把自己說得不值錢。如果他不缺人的話，他應該一開始就告訴我了。根據我其他的老師朋友們告訴我，這個校長喜歡每過一段時間就換老師。英文老師到處都是，被換掉的機會是最大的。聽說他對所有教科學的老師都很好，只是對英文老師就不大友善，尤其是在當他們的薪水達到了某個階級之後。他的目的就是，讓這些有年資的老師自己辭職，所以他可以找新老師，付新進人員的薪水來省錢。他似乎不是一個好人，好老闆，但是馬餓要吃草，也就不能挑剔了。

當他終於張開他的金口的時候，他給我一個新老師的薪水，一千塊一個月。我很高興的接受了，在同時，我也對資深的英文老師感到抱歉，不曉得誰是下一個要被迫離職的。

最後我要做的就是找一個地方住，我都是聽人家說，哪裡有空房子出租，或是看到房子上貼出招租的牌子。我從我自己原來住的地方開始找——九龍塘，但是馬上就被迫得到痛苦的結論，那裡的房子價錢都超出我的範圍。比較便宜的地方像是「何文田」，也就是華仁的學校所在，那裡的房租比較符合我的預算。我攔下一輛計程車，告訴司機我要找什麼。很幸運的，這位司機是一位上了年紀的先生，不像那些年輕沒禮貌的司機，我要是上車動作不夠快，門關得太慢他們就會不耐煩。他聽了我的話，想了一下，帶我到一條後面的街道，因為他記得在那裡看到過一個出租的招牌。這棟公寓有十二層樓高，那條路上的公寓都是差不多這樣。我進去要求看房子，發現了一戶三個臥室的單位，八百塊一個月。房間很小，但是男孩子們可以睡一間，女孩子們睡另外一間。地點非常好，就在華仁對面。最重要的是，價錢是我能找到最便宜的了。我馬上付了訂金。同一天，我又到家具公司訂了一些基本的家具，讓這個地方能夠看起來像個家。

不到一個月的時間，我已經把搬回香港的所有的事情處理完畢，學校，住處，工作，甚至還找到了一個傭人，阿五願意減薪回來幫我做。不是說我對我自己常常搬家感到很了不起，但是我敢說沒有幾個人有像我在這方面的經驗。從香港到成都，重慶，南京，上海，然後再到香港，去曼谷，回香港，每一次我都自己收拾我的行李，為尋找一個更好的家而遷移。

❖　❖　❖

回到台北後，我把我在香港的成就告訴學政。我直接了當的就告訴他，我七月就要把小孩帶回香港。他聽了一句話都沒說，因為我沒有給他反對的空間。我沒說的話比我說出來的還要大聲：我準備和他分居。

當四個弟弟妹妹的學校都打點好了之後，老大蔓谷的問題還是沒有解決。她已經錯過了香港的大學入學考，她不能再回去了，留在臺大會讓她成長受阻。我認為最好的選擇就是送她到美國唸書。她申請了幾個學校，每一所都給了她入學許可，但是只有諾特丹大學，一所在舊金山地區的女子私立大學，願意給她獎學金。那裡離學哲和為貞很近。十八年前，他們接受了爸爸的建議到美國發展，現在過得很不錯。如果那時候學政同意把蔓谷留給爸爸，我們也可以拼命工作，買下一棟房子，和兩輛車子。但是話說回來，當南京被共產黨拿下的時候，我們也會對蔓谷的安危而擔心害怕，而且我們會錯過她這麼多年的成長過程。當我考慮到這些事的時候，我覺得還好我們當時留下來了。

拿著諾特丹大學的入學許可，我帶著蔓谷到美國大使館去申請學生簽證。裡面的領務人員面試我們。他很年輕和善，和我們的談話就像是在朋友們晚餐一樣閒聊。一直到蔓谷說出了這句他要聽的話：「我唸完書就要回台灣。」他滿意地和我們握手，保證我們這一件事會像美國人所說的，「ＯＫ」。所以我認為蔓谷的簽證就這樣辦好了，可是沒想到幾個禮拜後，我們又收到一封面試的通知，我懷疑是不是出了什麼問題。

在大使館裡，另外一位領務人員來見我們。原來是上一次面試蔓谷的那位人員離職了，來接他位置的這位官員要把所有他留下來的簽證重新處理。我看了這位新來的人第一眼就對他產生戒心。我在旁邊聽他盤問蔓谷，發現他其實一直在問相同的問題，只是問的方式不一樣，用不同的字眼重新排列組合再問。蔓谷回答得很好，但是這位新來的官員似乎在見到我們之前就已經心裡有成見。他那張棺材臉突然氣勢洶洶的轉向蔓谷，說她在說謊，「我看過太多像妳這樣的女孩子了。」他說。「只要妳們跨進美國國土，就永遠不會再回來。」他當場就拒絕了蔓谷的學生簽證。我們走出使館大門時，蔓谷哭了起來。我摟著她的肩膀，對她發誓，這件事不會就這樣結束。「妳會去美國的！」

我去求爸爸。自從學政告訴他我要帶孩子回香港之後，他就不再和我說話。他認為我背叛了國家，家庭，也背叛了他。可是不管怎麼樣，蔓谷是他的孫女。他一定會希望她能夠有最好的發展和前途。我求爸爸去調解這件事。以他當時的權位，他只要拿起電話，這件事就可以馬上解決。但是爸爸拒絕了我，他說：「如果美國不讓她去，我也幫不上忙。留在台灣有什麼不好？」他認為他心愛的台灣是世界的中心，人類文明的最高點。

我開始動腦筋想其他的辦法。在國際女子俱樂部的一位朋友的臉在我腦海中浮現。在其中一次的聚餐中，我旁邊坐的是美國大使館人事部主任和他的太太。因為那時沒有幾位參與的人能說流利的英文，所以他們都很高興能夠和我聊天。他們是一對非常外向且又和藹可親的夫婦。他們讓我想起來美國電影中某些人物。通常一個人需要臉皮夠厚，才能去請一個不熟的人幫忙。但對我而言，這是非常時期；這個機會會扭轉我女兒的一生。

我又到了美國大使館，要求見人事部主任。他一定還記得我的名字，沒多久他的秘書帶著我進他的辦公室。我在坐下來之前，就已經把蔓谷遭到拒簽的整個故事告訴了他。他想都沒有想，這位和藹可親的美國人願意幫忙，「妳女兒的祖父是中華民國行政院副院長，她在她自己國家會有很好的前途。我相信她學業完成之後，一定會回來。」

不久後，蔓谷拿到了她的簽證。我為她高興，但暗自難過。我一直努力的爭取一家人能夠住在一起，但是我的奮鬥在我先生失去對自己的信心，決定跑回來投奔他父親的那一秒就已

1964年，蔓谷和爺爺，還有兩個奶奶在松山機場合影。蔓谷是Flora子女中第一個來到美國唸書的。

經宣告失敗。我帶著泰來、泰瑛、和錦綸回香港和建業團聚；學政留在台北，希望麵粉廠的使用執照能夠趕快下來；蔓谷隻身飛到千里之外的地球另一端。她會在那裡拿到她的第一個學位和第二個。她很可能和其他的外國學生一樣，在美國找到一份好工作，然後買一個大房子和車子。但是在這些實現之前，她在學校時要努力讀書，暑假時要去打工賺自己的生活費。我沒有能力給她額外的零用錢或讓她飛回來度假，這讓我想到就很心痛。我還要養其他的四個孩子，這個時候，能不能賺夠錢讓他們衣食無缺都是一個大問號。我要一直要到蔓谷能夠買得起自己的機票，我才能再見到她。

如果我能因為爸爸在政府裡的高位沾一點光的話，就是在機場的時候。那天我和一半的家人到香港去，機場人員准許蔓谷一直陪我到飛機門口。她一個月後就要離開台北，飛到美國去了。當機師在飛機上等我們的時候，我緊緊的抱住我的大女兒。

二

我陷入我人生的最低潮。一個四十六歲的女人沒有丈夫在旁邊，自己帶著好幾個孩子，那段日子簡直是低到不能再低。雖然我有一份工作，我的薪水夠付房子租金。剩下來的存款，還夠支付這個家一陣子，但是我有這麼多口要餵，這些錢只夠我再用幾個月而已。當夜深人靜時，我躺在床上，想到小時候母親帶著我去向親戚朋友要錢。那痛苦的回憶是我永遠無法癒合的傷口，我發誓我的子女們永遠不會受同樣的傷害。如果要去求人，是我，絕對不會是我的孩子們。

我寫信給我的兄弟們，請他們幫忙。大哥有他自己的財務問題，沒有錢可以幫我。但是其他兩個兄弟都非常的慷慨，小弟成堅給蔓谷兩千塊美金做為她去美國唸書的禮物。他和他在療養院認識的女孩子結婚，現在是新加坡大學的教授。二哥，仍然在泰國做進出口的生意，答應每個月送給我補助金。這是他給我的回信：「妳的家用的支出，也就是我的家用支出，我每個月會寄一千塊給妳；如果不夠，妳儘管開口。」他的信讓我感動得流下快樂的眼淚，我高興有個這麼好的哥哥，但同時也對自己的沒用感到慚愧。

我的情況幾個月之後稍微改善了一點，因為學政夾著他的尾巴回來了。麵粉廠仍然無法開工，這工廠的命運似乎永遠要這樣拖下去。透過一個上海朋友，學政在香港找到一份工作。我從來沒想到去問他是哪家公司。他告訴我他的工作是和行政有關，做一些會計，和其他的雜事。我知道這些是因為我無法讓他說的話不進到我的耳朵裡。

從外表來看，我們還是和以前一樣，但是在我心裡，我們已經是陌生人了。我對他沒有什麼話說，如果我想要說什麼，那就是提醒他所做過的錯事。「我們現在很好，」我常常在他耳邊說，「我們坐的車子越來越大。從小轎車升等到有司機的大轎車，現在我們又坐更大的公共汽車。」他每次聽到我說這些話，就會咬緊著牙根，氣個好一陣子。

但是日子還是要過下去。帶著五個孩子，我必須要不停地往前走，不管是坐車子或是騎驢子，還是用我的兩隻腳，都不能懈怠，這就是生活。在面臨危難的時候，你必須想辦法活下去。其實，你不只是會活下去，你會整個人活了起來，積極，甚至變得快樂。你不再是一條飄揚在大海上沒有方向的船，而是一條衝過暴風雨的戰艦。有這麼多事情要做，你沒有時間在那裡自怨自艾。這是一個很奇怪的現象，但是在我經歷過這麼多次的危機，每次的感覺都是這樣。

❖ ❖ ❖

雖然我是處於人生的谷底，但是我的能力卻是在最高峰的時候。工作上，我從來沒有覺得更滿意過。雖然我不能說教書變成我一生的最愛，但是我可以說我做的還不錯。家裡有四個十幾歲的孩子，一班十三歲的學生再也嚇不倒我。我對待他們就像是帶我自己的孩子一樣。用我的耐心和慈愛引導他們瞭解複雜的英文文法。當其他的老師用懲罰來管教學生，我從來都不願意送任何一個學生去校長室，罰他們站，或是用難聽的話羞辱他們。我的名聲很快的就傳開來，每一個學生都想來我的班上上課。

在家裡，我和學政的關係已經處於冰點。我根本不在乎他是不是在外面和吧女還是夜總會的舞小姐們跳舞玩樂。諷刺的是，我越是不在乎他，學政變得越在乎我。他每個月把他的薪水都交給我，除了上班，從來不自己出門，而且很少喝酒。令我更驚訝的是他說話的口氣變得緩和多了。如果我不聽他的，他不但不再像是條獅子一樣咆哮，反而還會低聲下氣的像是一個文明人一樣的跟我講理。如果我受的這些苦能讓他變成這個全新的學政，那我流的每一滴眼淚都是值得的。他不可能帶給我任何財富，這點是可以確定的；但是他可以做我的伴侶，幫助我實踐我對孩子們的期望。

我越是覺得低落，就越是希望見到我的孩子們能夠展翅高飛。每一個人至少都要有一個大學學位，雖然對建業而言，需要一點奇蹟才能實現。他考過了中五級的會考，拿到證書，雖然他的英文成績很好，但是其他的科目卻無法達到「華仁」的要求。他如果被學校淘汰，那他進大學的機會就幾乎等於零了。

我去找學校的校務人員，請他們網開一面。在我正要走到副校長辦公室的樓梯上，碰到康寧瀚神父，他抓住我的手腕把我拉進他的手臂裡。這個又高又瘦的神父，有一個鷹鉤鼻和薄薄的嘴唇。大家都曉得他對學生非常熱情，他有一個習慣，就是喜歡把女孩子抓過來坐在他的大腿上，然後用手指在她們的腰上搔癢。我的女兒們都很害怕被教士搔癢，她們十幾歲的時候，每次一看到教士來了，就躲得遠遠的。但是最後不曉得怎麼搞得，總是坐到他的大腿上。

那天我很高興被他抓到，建業是康寧瀚神父最喜歡的學生。所有在華仁裡的教士中，他是我最堅強的後盾。我們一開始就提到相同的話題，「我要和你談談建業！」我們兩個都笑了，但是很快，我們又嚴肅起來，我告訴他我和副校長見面的原因。他緊抓著的我手肘，拉著我走進陳神父的辦公室。

陳神父站起來迎接我，這個中國教士，這幾年來胖了不少。當我第一次見到他的時候，他只是一個年輕的修士，陳神父穿著修士的制服，看起來光鮮英俊。雖然我對他身為一個教育工作者和訓導人員的身分非常仰慕，我總是對他有些戒心。建業是他最不喜歡的學生，他曾經多次反對康寧瀚神父，想要把建業趕出華仁。

我們三個圍坐成三角形，兩位男士的眼睛都看著我。「陳神父，康寧瀚神父」我對兩位分別點頭致意，「您們兩位都認識建業很久了。他在小學的時候成績不好，但是當我開始在家裡幫他之後，他考過了會考。他不是初中裡最傑出的學生，但是至少的成績不是太差。他在第四級的時候，我因為我先生工作的因素要搬到台灣，他的功課因此又落後了。但是自從我搬回香港後，他的成績又開始好轉。如果你們讓他留在華仁，他會恢復以前的水準。我保證他會比以前更加努力用功。」

我話還沒有說完，就看到康寧瀚神父好像也有話要說。他看著陳神父，對我眨眨眼，「建業是一個聰明的孩子。你看他踢足球的樣子。你記不記得他打敗DBS的男孩子？那場球真精彩，太棒了！」當他讚美建業的時候，另外一位神父臉上事不關己的表情，非常冷漠。康寧瀚神父接著說：「建業也是學校話劇的台柱，我從來沒看過任何一個男孩子能夠像他這麼優雅的唸莎士比亞的句子。我已經在明年的話劇裡給他安排了一個角色。明年我們要演《威尼斯商人》，我準備要他演安東尼。他是這個角色的最佳人選，你不覺得嗎？」不曉得陳神父心裡在想什麼，他沒有回答。

康寧瀚神父又說：「還有辯論隊。建業不但腳快，他也非常幽默，在台上的表現令人贊賞。你看到他挺起胸膛雄辯的時候嗎？他以後會是一個優秀的律師！」

陳神父突然大笑。他看到康寧瀚神父臉上不悅的表情，他把嘴蓋起來，收斂一下。當他準備開始說話時，我洗耳恭聽。雖然康寧瀚神父在學校權力很大，但是陳神父是主管學業方面的事情。

「華仁對學生有很高的要求，」陳神父看著我說，「如果我為建業開這個例，別的學生會曉得。他們的家長也會來找我，要我幫忙。這就會降低學校的水準，我不可以這麼做。」

我擔心這就是他要給我的答案。他訂的標準是神聖不能碰的，就連康寧瀚神父也不能改變他的心意，只能建議別的可行的方法。他一如以往熱心的建議了好幾個不同的職業訓練班給建業。他薄薄的嘴唇快速的移動，談著一個訓練航管員，還有另外一個訓練什麼不同的職業。他認為建業可以成為一個優秀的這個那個，但是我都非常禮貌地拒絕了。

我對建業的期望沒有「如果」或「但是」，他一定要留在升學的班上。職業學校是給那些唸不下去的學生。我的兒子可以唸完中學，繼續升大學。他會選擇一個好的職業，有一份好的穩定的收入。要他當律師是話說得太早，連我都同意陳神父，但是一定有別的行業不需要唸得這麼辛苦。如同康寧瀚神父所說，我的兒子有很多不同的天份。問題是，香港沒有適合他的學校。他需要去一個更大的地方，美國就夠大，但是我知道我沒有能力再送另外一個孩子去美國唸書。

我離開前謝謝兩位神父。康寧瀚神父說他會和一些職訓的主任談談，再打電話給我。我沒有反對，但是我也下定了決心，要把建業轉來我的學校。雖然這個學校程度中等而已，但是至少他有機會參加大學入學考試。

❖　❖　❖

我的心一直都掛念著每個孩子的前途。在麻將桌上，我和朋友討論我的問題。我該拿建業這個讓我傷腦筋的孩子怎麼辦？每個人都很同情，但是家家都有本難念的經，我的朋友也沒辦法幫我什麼。我只好看報紙找靈感，但是報紙上說的都是各處的壞消息。美國準備出兵伸手援助越戰。而在中國只有個叫做「文化大革命」的運動正在轟轟烈烈的進行。派系之間彼此廝殺，珠江上到處都漂浮著屍體。香港的左派組織，也蠢蠢欲動想要參加這個運動。

我向聖母瑪利亞禱告，看著天空尋找預兆，分析夢境尋找頭緒。我感覺被困在一個大車站裡面，巴士來來回回，但是沒有一輛能夠帶我到我想去的地方。我回到香港後兩年，仍然在等待。

一個星期天，我做禮拜的教堂舉行了一個特別的彌撒，慶祝聖泰瑞莎的生日，因為這個教堂就是用她的名字命名的。而我受洗的名字也是泰瑞莎，所以我特別來參加這個彌撒。我帶了錦綸和我一起去，錦綸已經從一個一天到晚哭不停的嬰兒，長成一個聽話守規矩的九歲大小孩。當我們走出教堂時，有人拍我的肩膀。那是我在華西大學以前的同班同學，姓鍾。

「我準備要移居美國。」他在出了教堂後告訴我。

他的話讓我很驚訝。鍾先生是一個內向，個性很溫和的人，一點都不像是那種想要賺錢發財或是冒險的人。「你怎麼移民呢？」我問他。「我聽說很難申請。」

「自從甘迺迪增加了移民的名額，最近容易很多。妳要不要到我家來喝杯茶，我就住在這附近。」他指著對街一棟公寓給我看。

錦綸和我跟著他回家，他正準備搬家。這個公寓裡面大包小包的景象對我來說非常熟悉。到處放著紙盒子，膠帶，還有用來包易碎物品的舊報紙。除了室內的凌亂之外，我可以看出來，這是一棟價值匪淺的公寓，所在的地方也是很好的區，我心裡好生羨慕。鍾先生以前是一個害羞的大學生，在銀行做了這麼多年事後，和女士們說話，不會再臉紅了。但是他仍舊是一個非常平凡的人，娶了一個非常平凡的妻子。據我所知，他在銀行裡的職位，也是一般而已。但是他埋頭苦幹，腳踏實地，達到他現在富裕的程度。我在這個普通的人面前，感到自愧不如。

他太太端了茶和蛋糕出來，我們談到美國的移民政策，美國政府給每個國家固定的名額。鍾先生告訴我，美國給香港的名額現在是有史以來最高時候。鍾先生的申請很容易就過關了。他所需要的就是提供一個美國籍的親戚做為他的擔保人，鍾先生的姊姊是他的擔保人，還有證明他健康無虞，沒有犯罪記錄。

在我們離開之前，我祝他在美國的淘金探險一切順利。他低頭看著他的鞋子，「現在去淘金已經太遲了，我移居那裡是為了我的孩子們。我太太和我在香港過得很好，但是小孩子們要上大學了。你曉得這裡要進大學有多難。我們也沒有能力送他們出國唸書，所以唯一的方法就是全家一起去。」

「我曉得你的意思。」我心有戚戚焉。「我也常為孩子們的未來晚上失眠。」

在電梯裡，他剛剛的話「全家一起去」像蚊子一樣不停地在我耳邊響起。當我坐在巴士上面，我想了想今天所發生的事。我一早去參加特別的彌撒，祈求聖泰瑞莎指引我，結束的時候我碰到了鍾先生，還有臨別時他對我說的話，「唯一的方法就是全家一起去。」難道是聖泰瑞莎藉著鍾先生的口告訴我的話嗎？

我看到錦綸把她的雙手安安靜靜的放在她的膝蓋上。我一直在專注想我自己的事情，都把她給忘了。她真的是個很乖的女孩，高高興興的吃著蛋糕，很有耐心地坐在旁邊聽大人說話。她是個早熟的孩子，一定把我們的對話都聽進去了。我把她的手拿起來，往她身上靠過去。

「妳覺得搬到美國怎麼樣？」我問她。

「我可以養隻狗嗎？」她又圓又黑的眼睛閃閃發光的看著我。

「當然可以。在美國，每個人家裡都養狗。」

錦綸眼睛睜得好大，半信半疑的笑著說：「那我們搬去美國！」

我一回到家，就去找學政。他非常輕鬆的坐在房間裡，臉上有著打完網球後的光澤。他稀疏的頭髮濕濕的，聞起來還有洗髮精的味道。和建業在下午打網球是他人生一大樂事。我把門關起來把鍾先生告訴我的事一五一十地告訴他。

「鍾先生是對的，」我說，「要付美國的錢，我們必須要去賺美金。只有如此，我們才能供得起他們的學費。」

「沒那麼簡單。」學政嘟囔著。

我不管他說的話，繼續說我的，「建業是我最頭痛的孩子。除非奇蹟發生，他不可能考上香港大學。他也許可以唸個三四流的大學，但是他那張大學文憑還值不到一張紙的錢。」

學政聳聳肩，好像他一點也不在乎的樣子。我對他說：「我不懂你，你可以擔心那些芝麻小事一個晚上睡不好，但是現在關乎你子女的未來的時候，你卻覺得這不重要？」

「我為什麼要擔心建業？他打網球的時候，把每個人都打敗。能夠做到這樣的人不會笨的。」

「他能夠靠打網球賺錢嗎？」我回他。

「如果他夠好的話，他可以賺好幾百萬。」學政得意的笑著。

「我是說真的。你知道除非建業出國，不然他在香港是沒有希望的。我們現在的情況，沒有能力送他出國唸書。你我都曉得我們的收入已經走到死胡同了。二哥可以幫我們一點，但是我不能還要他幫我們付小孩子的學費。」

學政一聽到我說到他的痛處就不敢說話了。以前他會對著我大呼小叫，但是現在他的把柄在我手裡，是他讓我們陷入現在的困境，他自己心裡明白。

「我到了美國，能找到什麼樣的工作？」學政說。「我已經不年輕了。大部分的人都是二十幾歲的時候去美國。等到我們的申請通過，我都已經要五十歲，妳也要四十九歲了。」

現在變成是我不敢說話了。我幾年前已經開始在染頭髮，但是除了我的美髮師知道外，沒有人曉得。我的皮膚仍然很白很細，所以常常讓人家以為我比實際年齡年輕十歲。

「金山裡多的是賺錢的機會。」我大膽的回答他。「我聽人家說，美國大學生可以幫同學剪頭髮賺錢。那裡人工很貴。就算清潔工的薪水都比我好。所以在美國，每個人可以有房子和車子。」

「不是每個人都會成功，有些人回來就是因為美國的生活太艱困。」

「那只有少數人而已。你聽我說，我有一個十年計劃。在這十年裡，我們兩個同心協力達成我們的目標。我們努力工作。我們只花必須花的錢，我們的唯一目標就是讓小孩上大學和研究所。十年是我的估計，他們拿到學位的那一天，我們的任務也就完成了，我們就可以回香港退休。老實說，去了美國，所有家事都要自己做。但是為了孩子的前途，我們必須要犧牲我們的一切。」

他沉重地嘆氣投降。我這個先生，從來不會幫忙，尤其是任何會有風險的事情。但是為了他的孩子們，他總是能找到他的勇氣。我的丈夫和別人的都不一樣，最平常的小事像是睡覺，起床去上班，都像是上戰場一樣的要他的命。他能夠每天走出他的堡壘就是因為孩子們的生活還要靠他。

「你要哪個兄弟幫你做保人？」我問他。爸爸雖然非常愛國，但是他把大部分的兒子都送到美國去了。一家裡面有五個美國公民，其中兩個和學政是同一個母親生的，他們兄弟經常都有聯絡。

「我想我們可以去問問學哲吧。」他說。

他的建議有道理。學哲和為貞都是我們的朋友，我們在重慶的時候玩在一起，最近他們又邀請蔓谷放假時到他們家去。終於有一次，我們兩個人意見相同。

我的等待終於要結束了。我殷切盼望的巴士已經到達。它正在全速向前行駛，但是也要在沿路的每一站停靠。我告訴自己要有耐心；我在最後會到達終點的。學政寫了一封信給他在加州的弟弟，告訴他我們想要移居美國的願望。學哲答應做我們的保人。他幫我們送了一份申請函。我們在香港，要填一大堆的表格。兩個月後，美國大使館寄來一封信，要我們根據指示去做健康檢查。

到目前為止，巴士的行程就如鍾先生所描述的一樣平順。體檢是我們最後的一道障礙。如果沒有意外，我們的簽證，應該很快的就會通過。我肺結核的毛病是很久以前的了，我已經二十多年沒有任何的症狀。美國政府應該不會這麼嚴格的。

我們六個一起走進醫生的診所。我們檢查心跳血壓和體溫之後，還要抽血，再來照胸腔的X光。全部結束後，我們回家等結果。

我們等了又等。我去了大使館問了好幾次，每一次都是不同的人，但是每個都是一樣的一臉漠然對我說：「你們的申請現在正在處理。回去靜候通知。」幾天過去，幾個禮拜也過去，好幾個月都過去了。我們還是沒有收到那封有著美國國旗的信封，我開始想像最壞的情況。是醫生在我的肺裡發現了什麼嗎？還是我們其中一個人有什麼可怕的疾病？或是大使館裡有人把我們的申請書搞丟了？

我試著不去想太多，過著正常的生活。我最擔心的是校長在我接到美國簽證之前，找到一個接替我的人。那我就沒地方可去了。我的同事裡，只有一個人我可以信任。我們不但同事，也同名（我的受洗名字也是泰瑞莎）；她不僅和我一樣是天主教徒，而且也是港大畢業的。她雖然年輕到可以當我的女兒，但是我們因為信仰和前後期校友的關係讓我們馬上變成了好朋友。她曉得那天我請假是去為移民做體檢。

一個下午，只有我們兩個在教師辦公室裡，我告訴她移民的手續的進展。我這位年輕的朋友在別人對她說話時，總是會放下她手中的事，專心的聆聽。當我開始說的時候，她把手上拿的筆放下來，身體轉過來，臉對著我。她那雙善解人意的眼睛在她有棱有角的臉上，散發出超出她年齡的成熟。

她聽我說完後告訴我：「這聽起來很不尋常。體檢完一年還沒有拿到簽證。如果有問題的話，美國大使館應該至少會通知妳。」

「我不知道在大使館裡應該問誰。那些在櫃台前面的中國人辦事員，鼻子翹得比天還高。就因為他們幫美國政府做事，他們以為他們比我們都要高級。沒有人可以回答我的問題，也沒有人讓我和領事說話。有人說我應該給一個紅包，但是那似乎不大好，我也不曉得要放多少錢。」我很沮喪地聳聳肩膀，把學生的作文放到我的袋子裡。

「我認識一個人可能可以幫忙。」她說。「他是一個美國教士，我在週末的時候幫他處理一些雜事。他現在在澳門，幫忙一群從大陸逃出來的人設立難民營。等他回來時我問問看他。他認識很多使館的人。」

這個教士做的事，是不能說的，但是大家都曉得這些穿梭在難民營的傳教士，其實都是中央情報局的工作人員。雖然泰瑞莎願意幫我去向他求助，但是我對他沒有太大的期望。他大概只會禮貌地說他去看看，然後這件事就這樣不了了之。

一天在下課的時候，泰瑞莎把我找過去，那時我已經忘記她說過要找人幫我忙這件事了。她告訴我，這個傳教士聽到我的故事之後，到使館裡面把所有還在審查中的檔案通通翻開來看。他在一疊檔案的最底下找到我的申請表，他把我們的拿出來放在最上面，對裡面的工作人員說：「這家人一年前已經所有的審查都通過了，為什麼到現在還沒有收到簽證？」其中一個人回答：「喔，他們的申請表格大概不小心埋在裡面沒看到。」

泰瑞莎和我大笑，這簡直是天大的謊話。真正的原因是我沒有給紅包。那些給了紅包的，放在最上面優先處理，沒給的，就放在下面慢慢等。

一個禮拜之後，我們收到這封等了好久的信。因為收到信時已經距離上次體檢時間太久了。信上要我們再去做一次體檢。我們馬上又去醫生那裡做體檢。之後沒多久簽證就寄到了。我馬上送建業去我的理髮師那裡學幫男士剪頭髮的基本技巧。誰曉得他說不定可以靠幫同學剪頭髮來賺自己的學費。

❖ ❖ ❖

在我們離開香港前的幾個禮拜，有一天，我正在教師辦公室準備下一堂課的教材，天空突然一下子變得像晚上一樣黑。一團白色像乒乓球一樣大小的東西穿過窗戶外面。還有一連串很大的碰撞聲。聽起來好像是一群人很生氣的向房子上丟東西，聲音非常可怕。我聽過冰雹，但是我在香港這麼多年從來沒看過。我凝視著天空，想要解釋這個現象，我看到的是我出生之處，到處都是災難。

事實上，在我到達美國一個月後，香港發生暴動。港人陷入文化大革命的狂熱，香港的左派份子強烈要求英國政府把香港歸還給中國。炸彈在公共場所爆炸，暴民用貨運的鉤子攻擊殺死警察。股票市場和房地產大跌。民眾來不及逃到美國、加拿大，還有澳洲。

我不敢說我有預測未來的能力。如果我有的話，我就不會搬到台灣去。但是有時候，一個做母親的，可以在空氣中聞到危險。那天下午下冰雹的時候，我心裡更加確定我的孩子在香港不會有任何前途。這個殖民地是一個出租的地方，只要房東要把她收回去，他只要給房客一個月的通知。我一想到我的孩子們要生活在不穩定的中國政權之下，我整個人就發抖顫慄。我經歷過動盪，我的孩子們不能再受同樣的苦。我對移民美國所有的懷疑，在這時全部一掃而空。我知道我做了一個正確的決定。

一九六七年的四月十八號，我向我的親戚朋友們在機場道別。一波情緒突然從心裡席捲了我。我很難過要離開我生長的地方，同時我也很高興要到一個新家去。在那裡，我的孩子們可以長出堅強的翅膀，振翅而飛。我這趟橫跨太平洋的旅途，是在我人生的遷徙裡，旅途最長的一次。一個充滿未知的新大陸在等著我，但是我從來沒有這麼無畏無懼。這麼多年來，我一直在尋找一個「家」，我學了一件事，學政也是：你不能靠你的爸爸，叔叔，或是兄弟來建立你的家庭。你要用自己的雙手去蓋。他們說在美國，只要你有兩隻手，兩條腿，願意工作，每一個人都能夠致富，每一個人都能達到他們的目標。如果你相信，那就是真的。因為我相信！

作者後記

在我父母到了加州後，他們做到在來美國之前的十年計劃。他們努力工作，為我們存大學的教育基金。他們吃飯，睡覺，呼吸，都是為了我們的大學學費。媽媽在一個資料處理公司做打卡的工作，爸爸在美國鋼鐵公司的一個辦公室做行政經理。他們非常的努力，終於一點一點的完成了他們的十年計劃。蔓谷，我的大姊，成為一個社工人員。建業，受到康寧瀚神父的啟發，向不相信他的人證明他們是錯的，成為了一名執業律師。泰來，是一名牙醫，接近了媽媽希望家裡能有一個醫生的夢。我讓母親失望，成為一個新聞工作者，不是她所希望的醫生或科學家。錦綸雙主修會計和藝術，成為一個會計師。

一九七八年我的父母衣錦還鄉。在香港，所有的親朋好友一大票的來看這對海外榮歸的朋友。最大的稱讚來自於一位百萬富翁，媽媽的堂妹海倫，「Flora，我羨慕妳！」她脫口而出。雖然母親說她不了解為什麼她有錢的堂妹要羨慕她，但是她臉上高興的表情卻說著不同的答案。

最讓她感到驕傲的稱讚是來自她的公公、我的爺爺，王雲五先生。在香港待了兩個禮拜後，我父母飛到台灣去慶祝我爺爺的九十歲大壽。他對我媽媽說的第一句話就是：「Flora，妳是對的。帶著孩子們到美國去，是妳能為他們做的最好的事。」這是他所能說出口，最接近道歉的一句話。對媽媽來說：「那比夏天的一陣涼風還要讓我感覺舒服。」

1978年，王雲五九十大壽，媒體在其臺北住所採訪。

這張照片是1988年，Flora七十大壽時于舊金山所攝。照片中是Flora和她的兒女和他們的家人。

我父母後來不久就退休了。爸爸是被迫退休，因為他的公司決定關閉在灣區的辦公室。媽媽希望能夠做到六十二歲開始領社會福利金。但是在一個擺滿巨大的機器（在那時是最尖端的科技）的房間裡工作了十年之後，她已經半聾半瞎，也有高血壓和嚴重的背痛。建業要她提早退休。「妳不需要靠社會福利金。」他寫給她。「我們是妳的五個社會福利金。」媽媽聽從他的建議，但是她原先的計劃是退休後回到香港，她後來決定留下來和她的兒女在一起。

在我完成這本書的手稿時，我的父母仍然和我住在一起。爸爸被診斷出有憂鬱症、偏執狂，和強迫症。在和他心中的魔鬼作戰了八十多年後，他終於投降，願意接受醫生的幫助。母親身體越來越虛弱，常常需要吃藥來止住她的關節疼痛。就算她身體是這麼的虛弱不舒服，她仍然繼續的說著她的故事。當所有的藥都起不了作用時，她的故事，就這樣延續了她的生命，繼續走下去。

2006年，Flora和學政結婚六十週年紀念。Flora 87歲，學政88歲。攝于泰瑛（作者）維吉尼亞家中。

本書所有的照片都是從我父母珍藏的相本裏節選出來的。感謝我父親這麼多年來如此細心的整理標示這些照片，讓這些照片得以保存下來。我從中挑選出在我父母每一個階段的生活中最具代表性的照片。下面珍藏照片中的人物是我的祖父王雲五先生。因為這些照片不屬於書中任何一個章節，所以我將祖父的照片集中在這個部分，和對我祖父的一生有興趣的讀者一起分享。

1966年，王雲五授予蔣中正總統當選證書。左起為嚴家淦（副總統），蔣宋美齡。

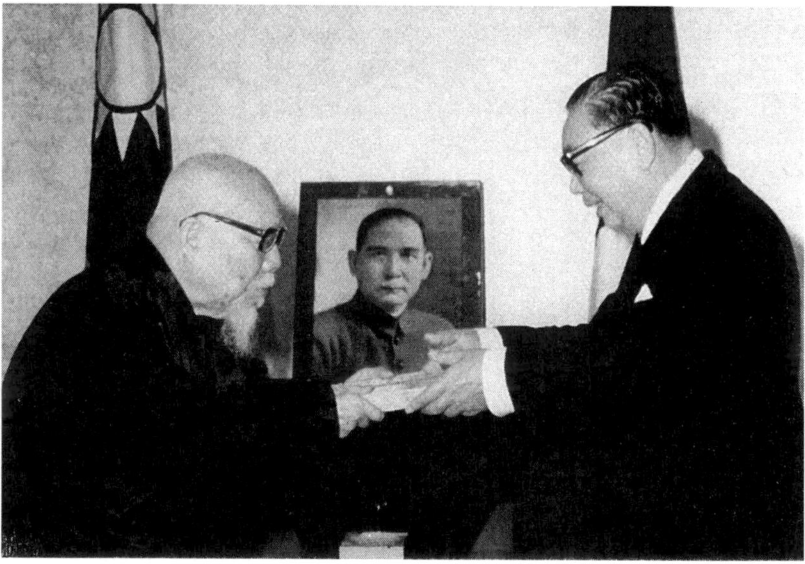

1978年，王雲五授予蔣經國總統當選證書。

1969年，王雲五接受漢城大學所授予的法律榮譽博士學位。

1920年，王雲五在他上海住所的書房和他的兩個孩子，以及親戚合影。

1927年，王雲五和他的二房（阿姨）以及他和阿姨的兩個孩子合影。坐在中間椅子上的男孩子就是學政，Flora的先生，他是一個瘦小的孩子，但是長大後卻成了一名舉重選手。

譯者的話

《烽火・亂世・家》是一本值得仔細品味的作品。感謝作者王泰瑛女士不但給我這個機會，也信任我，把對她最重視的一部作品的翻譯工作交給我。中文譯本的完成及出版，除了達成王女士多年的心願，也是我對她母親最高敬意的表達。

在翻譯的過程中，雖然我做了許多的背景研究，一些軍事用語實在非我專長，八十年前的名詞，和現在大不相同，感謝我的同學蓋一傑，不但不厭其煩解答我的問題，讓我能夠更貼切的將那個時代的情景以當時的用語還原，並在百忙中幫我校正手稿，給予我許多非常有幫助的建議。大恩實在無法言謝！

這本書能夠出版，還要感激我的手帕交黃芳星的熱心牽線。沒有她的引見，這本書的譯本手稿現在可能還放在我的書桌上。她不只給了這本書一個機會，也給了眾多的讀者一個機會一窺這個在大時代中所保存下來的口述歷史。

王女士的母親是用廣東話錄下她一生的故事，因此原文所記載的也是以廣東話譯音記錄。好在我有一個出生在潮州，並在廣州和香港長大的母親，母親耐心閱讀我的譯稿，給予我許多幫助和建議。她是我的廣東話有聲字典，翻譯時的「特快車」。

另外，也要感激我的先生和兩個女兒的支持和體諒。在我翻到停不下來的時候，識相地躲開讓我能夠專心的翻譯。感謝我的黃金獵犬 Cheerio，總是安靜的睡在我的腳邊陪伴我，不管多晚。

最後我要把這本書獻給我已去世的父親，很多人都知道他是一個很有成就的工程師，但是很少人知道父親也是一個喜好寫作的人。當他來美看我們的時候，總是隨身帶著稿紙來（這裡買不到）。他常常在臥房裡寫東西。但是他從沒有投稿發表。希望有一天，我也能夠把他的手稿收集起來，為他出一本書。

Do人物17　PC0420

烽火・亂世・家
——王雲五家族口述史

作　　者／王泰瑛
譯　　者／朱其元
責任編輯／劉　璞
圖文排版／高玉菁
插　　圖／李小米
封面設計／蔡瑋筠

發 行 人／宋政坤
出　　版／獨立作家
地址：114 台北市內湖區瑞光路76巷65號1樓
電話：+886-2-2796-3638　傳真：+886-2-2796-1377
服務信箱：service@showwe.com.tw
http://www.bodbooks.com.tw
印　　製／秀威資訊科技股份有限公司
http://www.showwe.com.tw
展售門市／國家書店【松江門市】
地址：104 台北市中山區松江路209號1樓
電話：+886-2-2518-0207　傳真：+886-2-2518-0778
網路訂購／http://www.govbooks.com.tw
法律顧問／毛國樑　律師
總 經 銷／時報文化出版企業股份有限公司
地址：333桃園縣龜山鄉萬壽路2段351號
電話：+886-2-2306-6842

出版日期／2015年2月　BOD一版　定價／460元

|獨立|作家|
Independent Author
寫自己的故事，唱自己的歌

烽火．亂世．家：王雲五家族口述史 / 王泰瑛著；朱其元譯. -- 一版. -- 臺北市：獨立作家, 2015.02
面； 公分. -- (Do人物；PC0420)
BOD版
譯自：Journey across the four seas : a Chinese woman's search for home
ISBN 978-986-5729-40-0 (平裝)

1. 李純瑛 2. 家族史 3. 傳記

782.7 103019990

國家圖書館出版品預行編目

讀者回函卡

感謝您購買本書，為提升服務品質，請填妥以下資料，將讀者回函卡直接寄回或傳真本公司，收到您的寶貴意見後，我們會收藏記錄及檢討，謝謝！

如您需要了解本公司最新出版書目、購書優惠或企劃活動，歡迎您上網查詢或下載相關資料：http:// www.showwe.com.tw

您購買的書名：____________________

出生日期：________年________月________日

學歷：□高中（含）以下　□大專　□研究所（含）以上

職業：□製造業　□金融業　□資訊業　□軍警　□傳播業　□自由業

□服務業　□公務員　□教職　□學生　□家管　□其它_____

購書地點：□網路書店　□實體書店　□書展　□郵購　□贈閱　□其他

您從何得知本書的消息？

□網路書店　□實體書店　□網路搜尋　□電子報　□書訊　□雜誌

□傳播媒體　□親友推薦　□網站推薦　□部落格　□其他__________

您對本書的評價：（請填代號　1.非常滿意　2.滿意　3.尚可　4.再改進）

封面設計____　版面編排____　內容____　文／譯筆____　價格____

讀完書後您覺得：

□很有收穫　□有收穫　□收穫不多　□沒收穫

對我們的建議：____________________

____

____

____